Rente in Sicht

Ihr Finanzratgeber für den Ruhestand

Immer aktuell

Wir informieren Sie über wichtige Aktualisierungen zu diesem Ratgeber. Wenn sich zum Beispiel die Rechtslage ändert, neue Gesetze oder Verordnungen in Kraft treten, erfahren Sie das unter:
www.ratgeber-verbraucherzentrale.de/aktualisierungsservice

Rente in Sicht

Ihr Finanzratgeber für den Ruhestand

JOACHIM FOX | THOMAS HAMMER | GUDRUN REICHERT

verbraucherzentrale

10 Gesetzliche Rentenversicherung

64 Einkommensteuerrechtliche Fragen

Inhalt

128
Finanzen und private Versicherungen

Die wichtigsten Fragen und Antworten

→ Wer jahrelang seine Beiträge zur Rentenversicherung mehr oder weniger automatisch eingezahlt hat, kann auf den Gedanken kommen, dass der Eintritt ins Rentenalter auch wie von selbst abläuft. Doch das ist leider ein Trugschluss. Bis die erste Auszahlung auf dem Konto eintrifft, ist eine Menge zu tun. Schon beim Rentenantrag gilt es, sich mit vielfach unbekannten Begriffen zu beschäftigen und die Formulare zu studieren. Und auch nach der ersten Rentenzahlung ist einiges zu beachten, sowohl was die Besteuerung als auch was die Geldanlage angeht.

Die Verbraucherzentralen beantworten in ihren bundesweit rund 200 Beratungsstellen jährlich Hunderttausende von Fragen und helfen bei der Lösung von Problemen, die Verbraucherinnen und Verbraucher an uns herantragen. Deshalb können wir auch denjenigen, die ihre „Rente in Sicht" haben, in vielen Dingen wertvolle Ratschläge geben. Dazu gehören unter anderem rechtliche Hinweise sowie Antworten auf Fragen zu Altersvorsorge, Kapitalanlage und Versicherungen.

Sechs wichtige Themenaspekte haben wir hier aufgeführt – jeweils mit Seitenangaben, die zu den ausführlichen Erläuterungen im Buch führen.

Wir wünschen Ihnen einen guten Start in Ihren neuen Lebensabschnitt.

Wann ist für mich der günstigste Zeitpunkt, eine Altersrente in Anspruch zu nehmen?

Die Beantwortung dieser Frage setzt eine Reihe von Informationen voraus.

- → Können Sie selbst bestimmen, wann Sie in Rente gehen?
- → Was ist der frühestmögliche Rentenbeginn? Ist darin ein Abschlag enthalten und wie hoch ist dieser gegebenenfalls?
- → Wie hoch ist Ihre aktuelle Altersrente?
- → Besteht überhaupt die Möglichkeit, dass Sie Ihre Altersrente vor der Regelaltersgrenze abschlagsfrei in Anspruch nehmen? Falls ja, wann?
- → Wie hoch wäre Ihre Altersrente dann, wenn Sie weiterhin das aktuelle Arbeitsentgelt unterstellen?
- → Wie wirkt sich ein in der Altersrente enthaltener Abschlag auf die Betriebsrente (falls Sie darauf Anspruch haben) aus?

Grundsätzlich ist der frühestmögliche Rentenbeginn nicht immer der günstigste, insbesondere dann, wenn sich nur wenige Monate später eine höhere Altersrente ergibt. Dies sollten Sie also auf jeden Fall prüfen.

Warum fordert die Rentenversicherung die Geburtsurkunden meiner Kinder, obwohl die Kindererziehungszeiten bereits anerkannt sind?

Als Rentner unterliegen Sie der Versicherungspflicht in der Krankenversicherung der Rentner, wenn Sie eine bestimmte Vorversicherungszeit bei einer gesetzlichen Krankenkasse oder Ersatzkrankenkasse nachweisen können. Wenn Sie diese Vorversicherungszeit nicht nachweisen können, besteht im Regelfall die Möglichkeit der freiwilligen Mitgliedschaft bei einer gesetzlichen Krankenkasse oder Ersatzkrankenkasse, was aber mit einem höheren Beitragsaufwand verbunden sein kann.
Seit August 2017 werden für leibliche Kinder, Adoptiv-, Stief- und Pflegekinder drei Jahre pro Kind bei der Berechnung der Vorversicherungszeit berücksichtigt. Bei der Meldung zur Krankenversicherung der Rentner im Rahmen des Rentenantragsverfahrens werden die persönlichen Daten der Kinder durch die den Rentenantrag bestätigende Stelle der zuständigen Krankenkasse mitgeteilt. Dafür werden die Geburtsurkunden der Kinder noch einmal benötigt.

→ Seite 44

Bin ich als Rentner stets dazu verpflichtet, eine Einkommensteuererklärung abzugeben?

Wenn das Finanzamt Sie zur Abgabe einer Einkommensteuererklärung auffordert, müssen Sie diese abgeben, selbst wenn Sie nur so geringe Einkünfte erzielen, dass dadurch gar keine Einkommensteuer entsteht. Falls Sie keine Aufforderung erhalten haben, hängt die Antwort von mehreren Faktoren ab: Erstens kommt es darauf an, ob Sie alleinstehend oder verheiratet sind, und zweitens darauf, ob Sie beziehungsweise Ihr Ehegatte neben der Rente noch lohnsteuerpflichtige Einkünfte aus nichtselbstständiger Arbeit (= als Arbeitnehmer oder in Form von Ruhestandsbezügen wie beispielsweise einer Beamtenpension) beziehen. Entscheidend ist vor allem, ob der von Ihnen erzielte Gesamtbetrag der Einkünfte den steuerlichen Grundfreibetrag von zurzeit (2019) 9.000 Euro pro Person und Jahr übersteigt, wobei die Ermittlung des Gesamtbetrags der Einkünfte schwierig sein kann.

→ Seite 68 f.

Muss ich meine Rente voll versteuern, obwohl ich sie nur erhalte, weil ich lange Beiträge an die gesetzliche Rentenversicherung bezahlt habe?

Ihre Rente aus der gesetzlichen Rentenversicherung wird nicht in voller Höhe, sondern nur in Höhe des Besteuerungsanteils erfasst. Wie hoch dieser Besteuerungsanteil ist, richtet sich danach, in welchem Kalenderjahr Sie erstmalig Ihre Rente beziehen; er steigt bis 2020 von Jahr zu Jahr um 2 Prozentpunkte, danach jährlich um 1 Prozentpunkt. Für 2018 beträgt der Besteuerungsanteil 76 Prozent, für 2019 78 Prozent, für 2020 80 Prozent, für 2021 81 Prozent etc. Der demnach im zweiten Jahr des Rentenbezugs steuerfrei bleibende Betrag wird als lebenslang geltender Rentenfreibetrag festgestellt, sodass sämtliche spätere Rentenerhöhungen voll besteuert werden.

→ Seite 67

Beachten Sie bitte, dass dies nur für die gesetzliche Rente und die Rürup-Rente gilt; für private, nicht steuerlich geförderte Renten, Renten aus der betrieblichen Altersversorgung und die Riester-Renten gelten andere Grundsätze.

→ Seite 77 ff.

Kann ich als Rentner noch in Aktienfonds investieren?

Generell sollte im Rentenalter die Anlagestrategie stärker auf Sicherheit ausgelegt sein als in den aktiven Berufsjahren. Das bedeutet jedoch nicht, dass Sie beim Eintritt ins Rentenalter sämtliche Aktien oder Aktienfondsanteile verkaufen und nur noch auf absolut sichere Anlageprodukte setzten sollten. Wichtig ist, dass eine solide Vermögensplanung vorhanden ist, die sowohl die Ertragssicherung als auch die punktuelle Wahrnehmung von Renditechancen berücksichtigt. Idealerweise vollzieht sich die Umstellung auf einen ertrags- und sicherheitsorientierten Vermögensmix über einen längeren Zeitraum, um ohne Zeitdruck planen und entscheiden zu können. Welche Kriterien dabei wichtig sind und auf welche individuellen Faktoren Sie achten sollten, erfahren Sie im Kapitel „Wie der Wechsel ins Rentnerdasein Ihre Finanzstrategie beeinflusst".

→ Seite 155 ff.

Welche Versicherungen brauche ich als Rentner?

Unabhängig vom Alter gilt: Eine private Haftpflichtversicherung sollte in jedem Haushalt vorhanden sein – schließlich kann Ihnen auch im Ruhestand ein Missgeschick passieren, bei dem jemand anderes geschädigt wird. Sonst aber ist der Wechsel vom aktiven Berufsleben in den Ruhestand ein guter Zeitpunkt, um den Bestand an Versicherungspolicen mit kritischem Blick zu prüfen und überflüssige Verträge zu beenden. Unter Umständen kann jedoch auch der frühzeitige Abschluss einer neuen Versicherung ratsam sein. Das gilt etwa für die private Unfallversicherung, die Neukunden häufig nur bis zu einer bestimmten Altersgrenze zugänglich ist. Welche Policen sinnvoll sind und auf welche Offerten Sie getrost verzichten können, lesen Sie im Kapitel „So ordnen Sie Ihre Versicherungen neu".

→ Seite 170 ff.

RENTE

Gesetzliche Rentenversicherung

Die Beantragung der Rente, sei es Alters-, Hinterbliebenen-, Erwerbsminderungsrente oder eine andere, ist keine Kleinigkeit. Es geht um Ihr Geld, und es gilt vieles zu beachten, damit Sie wissen, was Sie wann tun sollten. Auf den folgenden Seiten erfahren Sie, was wichtig für Sie ist.

Überblick über die Begrifflichkeiten

Mit der gesetzlichen Rentenversicherung kommt früher oder später fast jeder in Kontakt, entweder als Beitragszahler oder als Empfänger von Leistungen, zum Beispiel als Rentner. Die Informationen in diesem Buch gelten nicht nur für abhängig beschäftigte Arbeitnehmer, sondern für jeden, der Beiträge in die Rentenversicherung gezahlt hat und beabsichtigt, in den nächsten Monaten in Rente zu gehen. Dazu gehören also insbesondere auch in der Rentenversicherung pflichtversicherte Selbstständige, wie beispielsweise freiberufliche Künstler und Publizisten, die in der Künstlersozialkasse versichert sind, freiberufliche Hebammen und Physiotherapeuten.

Maßgebend für die Berechnung der Rente ist immer das Recht, das zum Zeitpunkt des Rentenbeginns gilt. Wenn Sie im Zusammenhang mit einer Rentenauskunft in früheren Jahren eine Information über die Höhe Ihres bis dahin erworbenen Rentenanspruchs erhalten haben, wurde dieser nach dem zu diesem Zeitpunkt geltenden Recht errechnet.

Mit dem Bemühen des Gesetzgebers, sowohl Beitragsgerechtigkeit – jemand der viele Beiträge gezahlt hat, soll auch viel Rente bekommen – als auch soziale Faktoren zu berücksichtigen, hat sich das Rentenrecht im Lauf der Zeit teilweise sehr kompliziert entwickelt. Die Schwierigkeiten für den Laien beginnen schon beim Vokabular. Zum besseren Verständnis daher an dieser Stelle bereits einige Begriffe, die Ihnen beim Lesen der folgenden Kapitel häufig begegnen werden und die Ihnen einen groben Überblick verschaffen, was für Sie relevant ist. Die Seitenverweise zeigen Ihnen, wo genau Sie mehr dazu finden.

Altersrente ist ein Sammelbegriff für unterschiedliche Renten, die beansprucht werden, wenn ein bestimmtes Lebensalter erreicht ist (→ Seite 27 ff.). Die **Regelaltersgrenze** ist der Zeitpunkt, von dem an die Regelaltersrente in Anspruch genommen werden kann. Bei vor 1947 Geborenen ist dieser Zeitpunkt mit Vollendung des 65. Lebensjahres erreicht; bei später Geborenen wird er schrittweise auf 67 angehoben (→ Seite 30).

Hinterbliebenenrenten sind Renten wegen Todes. Dazu gehören die Witwen-/Witwerrenten, die Erziehungsrente und die Waisenrenten (→ Seite 38 ff.). Die **Erziehungsrente** wird im Zusammenhang mit der Erziehung eines Kindes gezahlt, wenn der frühere geschiedene Ehegatte verstorben ist (→ Seite 42). Sie ist aber keine Hinterbliebenenrente. **Erwerbsminderungsrenten** beziehen Menschen, die gesundheitsbedingt nicht oder nur eingeschränkt arbeiten können (→ Seite 33 ff.).

Die Berechnung der Rente erfolgt nach der **Rentenformel** (→ Seite 47). Sie besteht aus den Faktoren: Entgeltpunkte, Entgeltpunkte (Ost), Zugangsfaktor, Rentenartfaktor und aktueller Rentenwert beziehungsweise aktueller Rentenwert (Ost). Wer ein Jahr lang den Durchschnittsverdienst erzielt hat, erhält dafür 1 **Entgeltpunkt,** wer das 1,5-Fache des Durchschnittsverdienstes erzielt hat, erhält 1,5 Entgeltpunkte. Entgeltpunkte werden auch im Rahmen der Gesamtleistungsbewertung für die Bewertung beitragsfreier Zeiten berechnet (→ Seite 45 f.). **Persönliche Entgeltpunkte** (PEP) ergeben sich aus der Summe aller Entgeltpunkte in Verbindung mit dem Zugangsfaktor (→ Seite 48). Durch den **Zugangsfaktor** wird geregelt, ob in der Rente ein Abschlag oder ein Zuschlag enthalten ist (→ Seite 48). Der **Rentenartfaktor** bestimmt die Rentenhöhe nach der Art der Rente. So hat zum Beispiel eine Altersrente den Faktor 1,0 und eine Rente wegen teilweiser Erwerbsminderung den Faktor 0,5. Der aktuelle **Rentenwert** entspricht einer monatlichen Altersrente, die jemand erhält, der ein Jahr lang Beiträge entsprechend dem Durchschnittsverdienst an die Rentenversicherung gezahlt hat (→ Seite 48 f.). Da die Durchschnittsverdienste in den alten und neuen Bundesländern noch unterschiedlich sind, gibt es auch einen aktuellen Rentenwert (Ost) (→ Seite 49).

Einfluss auf die Rente haben auch weitere rentenrechtliche Zeiten. Die **Mindestversicherungszeit** wird auch als **„Wartezeit"** bezeichnet. Sie ist nicht für alle Renten gleich, sondern hängt von der Rentenart ab. Je nachdem müssen in unterschiedlichem Umfang bestimmte rentenrechtliche Zeiten nachgewiesen werden, um eine Rente beanspruchen zu können (→ Seite 30 ff.). **Anrech-**

nungszeiten sind für die Höhe der Rente von Bedeutung, obwohl während dieser Zeiten grundsätzlich keine Beiträge gezahlt worden sind. Dazu gehören zum Beispiel Zeiten der Arbeitsunfähigkeit, der Arbeitslosigkeit oder Schul-, Fach- oder Hochschulausbildung nach dem 17. Lebensjahr (→ Seite 45 f.). **„Beitragsfreie Zeiten"** ist ein Sammelbegriff für Zeiten, für die keine Beiträge gezahlt worden sind, die für die Begründung des Rentenanspruchs und die Rentenberechnung trotzdem von Bedeutung sind (→ Seite 45 f.). Die **Zurechnungszeit** gehört zu den beitragsfreien Zeiten. Sie ist für Erwerbsminderungs- und Hinterbliebenenrenten von Bedeutung (→ Seite 45 f.). **Beitragsgeminderte Zeiten** sind Zeiten, in denen sich beitragsfreie Zeiten mit Beitragszeiten überschneiden. **Berücksichtigungszeiten** sind Zeiten, die im Zusammenhang mit Kindererziehungszeiten oder mit Pflegezeiten entstehen (→ Seite 46 f.).

Der Countdown läuft

In jungen Jahren machen sich die wenigsten Gedanken über ihre rentenrechtliche Situation im Fall der Erwerbsminderung, im Alter oder im Todesfall für die Hinterbliebenen. Ob alle Beitragszeiten oder andere rentenrechtliche Zeiten in ihrem Versicherungskonto beim Rentenversicherungsträger enthalten sind, spielt eine untergeordnete Rolle, weil andere Dinge Vorrang haben. Dabei bemühen sich die Rentenversicherungsträger schon sehr früh um die Klärung der Versicherungskonten bei ihren Versicherten. Dies geschieht mithilfe des Kontenklärungsverfahrens.

Mit einem geklärten Versicherungskonto ist es sehr viel leichter, ein Rentenverfahren durchzuführen, als bei einem ungeklärten Versicherungskonto. Wenn Versicherte das 27. Lebensjahr vollendet haben und über sechzig Beitragsmonate verfügen, erhalten sie jedes Jahr eine Renteninformation über ihre aktuelle Rentensituation. Die in der Renteninformation dargestellten Daten über

> **!** WICHTIG
>
> ### Kontenklärungsverfahren
>
> Mit dem Kontenklärungsverfahren werden alle Ihre Versicherungszeiten und Ihre persönlichen Daten beim Rentenversicherungsträger geklärt und gespeichert. Sie können leicht kontrollieren, ob alle Daten richtig erfasst sind. Fehlen rentenrechtliche Zeiten, lassen sich Nachweise in jungen Jahren sehr viel leichter besorgen als im Alter. Spätestens im Zusammenhang mit einem Rentenverfahren wird eine Klärung Ihres Versicherungskontos erforderlich.

einen Rentenanspruch basieren auf den dem Rentenversicherungsträger vorliegenden Daten und dem zum Zeitpunkt der Auskunft geltenden Recht. Ein Kontenklärungsverfahren muss vorher nicht durchgeführt worden sein.

Der Nachteil ist, dass die Renteninformation irreführend sein kann, wenn Ihr Versicherungskonto unvollständig ist. Bei der gesetzlichen Rentenversicherung kann durch Unwissenheit das Rentenverfahren verzögert und durch nicht vollständige oder falsche Angaben sogar die Rentenhöhe beeinflusst werden. Was Sie als Rentner oder jemand, der sich dem Rentenalter nähert, beachten müssen, lesen Sie auf den folgenden Seiten.

Dieses Kapitel beginnt mit Hinweisen und Tipps, die für alle Rentner von Bedeutung sind, gefolgt von den Informationen für die Bezieher der einzelnen Rentenarten. Die Besonderheiten der knappschaftlichen Rentenversicherung werden nicht angesprochen, da sie sich teilweise erheblich von den Regelungen in der allgemeinen Rentenversicherung unterscheiden. Dies bezieht sich auf den versicherten Personenkreis, auf die Voraussetzungen für die Leistungen und auch auf die Art und Höhe der Leistungen. Die Darstellung der Besonderheiten würde den vorgesehenen Umfang dieses Buchs jedoch überschreiten. Knappschaftlich Versicherte finden ausführliche Informationen bei der Deutschen Rentenversicherung Knappschaft-Bahn-See in 44781 Bochum und im Internet unter www.kbs.de. Dies gilt auch für Seeleute, die in der Seemannskasse versichert sind.

Der Zeitplan bis zum Rentenbeginn

Zwölf Monate vorher

Bei geklärtem Versicherungskonto lassen Sie die bisher erworbene Rentenanwartschaft durch eine Rentenauskunft des Rentenversicherungsträgers feststellen. Dann etwa ist bekannt, wie hoch Ihr Bruttorentenanspruch sein wird.

Falls das Versicherungskonto noch nicht geklärt ist, leiten Sie spätestens jetzt das Kontenklärungsverfahren ein, um die Höhe Ihrer aktuellen Rentenanwartschaft zu erfahren. Vereinbaren Sie hierfür einen Beratungstermin für den Kontenklärungsantrag bei einer Auskunfts- und Beratungsstelle des Rentenversicherungsträgers (telefonisch oder im Internet) oder einem Versichertenberater (telefonisch). Geben Sie Ihre (Renten-)Versicherungsnummer an und erläutern Sie den Anlass für den Termin. Zum Beratungstermin sollten Sie alle Rentenunterlagen (→ Seite 17 ff.) und den Personalausweis oder Reisepass mitnehmen.

Sind Kündigungsfristen für Ihr Arbeitsverhältnis zu beachten? Falls erforderlich und möglich, vereinbaren Sie einen Auflösungsvertrag.

Fünf Monate vorher

Haben Sie auch Beiträge an einen Rentenversicherungsträger in einem Land gezahlt, mit dem die Bundesrepublik ein Sozialversicherungsabkommen hat oder das Mitglied der Europäischen Union ist? In einigen Ländern reicht es aus, dort gewohnt zu haben (sogenannte Wohnsitzzeiten), um Rentenanwartschaften zu erwerben.

Wenn das auf Sie zutrifft, sollten Sie bereits jetzt das Rentenantragsverfahren beim deutschen Rentenversicherungsträger einleiten. Dieser leitet auch das Rentenverfahren beim mitgliedstaatlichen (EU) oder beim vertragsstaatlichen Rentenversicherungsträger ein.

Vier Monate vorher

Bei geklärtem Versicherungskonto vereinbaren Sie einen Beratungstermin für den Rentenantrag bei einer Auskunfts- und Beratungsstelle oder bei einem Versichertenberater. Geben Sie Ihre Versicherungsnummer an und sagen Sie, worum es geht.

Eine detaillierte und präzise Vorbereitung ist wichtig. Halten Sie die nötigen Unterlagen bereit. Dazu gehören unter anderem Ihre Bankverbindung (BIC und IBAN), die persönliche Steueridentifikationsnummer und soweit vorhanden Ihre Krankenversicherungskarte. Mehr zu diesem Thema finden Sie im Abschnitt „Was Sie für den Rentenantrag benötigen" (→ Seite 17 ff.).

Drei Monate vorher

Das Rentenantragsverfahren sollte beim Rentenversicherungsträger eingeleitet werden.

→ TIPP

Pro 1.000 Euro Bruttoverdienst erhöht sich Ihre Rente in den alten Bundesländern um rund 0,82 Euro. In den neuen Bundesländern sind es 0,79 Euro (Stand Januar 2019).

Ein Monat vorher

Fragen Sie beim Rentenversicherungsträger nach, wie weit das Rentenverfahren gediehen ist. Normalerweise sollte der Rentenbescheid bei einem geklärten Versicherungskonto spätestens zwei Monate nach der Stellung des Rentenantrags vorliegen.

Der Rentenantrag

Was Sie grundsätzlich wissen müssen

Wie alle Leistungen einer Versicherung muss auch eine Rente beantragt werden. Bei einem geklärten Rentenkonto reicht es, wenn der Rentenantrag drei Monate vor dem beabsichtigten Rentenbeginn gestellt wird. In Verbindung mit ausländischen Zeiten sollten es vier Monate sein. Bei einem ungeklärten Rentenkonto sollten Sie, abhängig von den Ihnen zur Verfügung stehenden Unterlagen, mindestens vier bis fünf Monate einplanen.

Um Verzögerungen zu vermeiden, sollte der Antrag möglichst bei dem für Sie zuständigen Rentenversicherungsträger gestellt werden. In allen größeren Städten gibt es Auskunfts- und Beratungsstellen der Rentenversicherungsträger, deren Mitarbeiter Ihnen beim Ausfüllen der Vordrucke behilflich sind. Einen Beratungstermin können Sie per Telefon bei einer Auskunfts- und Beratungsstelle oder über die Homepage Ihres Rentenversicherungsträgers buchen.

Benutzer eines Smartphones (iPhones und Smartphones mit Android-Betriebssystem) können mit der Renten-App „iRente" der Deutschen Rentenversicherung bei ihrer Rentenversicherung einen Beratungstermin buchen. Die App ist kostenlos erhältlich. In der Auskunfts- und Beratungsstelle kann auch festgestellt werden, welcher Rentenversicherungsträger für Sie zuständig ist.

Die Rentenversicherungsträger weisen den Berechtigten darauf hin, dass er Rente erhalten kann, wenn er sie beantragt. Das funktioniert aber nur, wenn dem Rentenversicherungsträger die aktuelle Anschrift des Berechtigten bekannt ist, und dann in folgenden Fällen:

- → Der Berechtigte hat die Regelaltersgrenze von 65 Jahren oder höher erreicht und die allgemeine Wartezeit von fünf Jahren erfüllt.
- → Der Bezieher einer befristeten Rente wegen Minderung der Erwerbsfähigkeit soll auf die grundsätzliche Möglichkeit der Weiterzahlung hingewiesen werden. Der Antrag auf Weiterzahlung sollte vier Monate vor dem Zeitpunkt des Wegfalls der Rente gestellt werden, da möglicherweise noch ärztliche Untersuchungen erforderlich sind. Dem Antrag sollten gegebenenfalls aktuelle ärztliche Befundberichte beigefügt werden. Liegen Ihnen aktuelle Befundberichte nicht vor, genügen die Anschriften der Sie behandelnden Ärzte.

Der Rentenantrag für eine Rente aus eigener Versicherung muss innerhalb von drei Mo-

> **! WICHTIG**
>
> **Bezugsdauer der Erwerbsminderungsrente**
>
> Die Rente wegen Minderung der Erwerbsfähigkeit wird längstens bis zur Regelaltersgrenze gezahlt. Der Rentenversicherungsträger wird Sie ca. vier Monate vor Erreichen der Regelaltersgrenze darüber unterrichten. Um weitere rentenrechtliche Sachverhalte zu prüfen, zum Beispiel ob Sie nach Eintritt der Erwerbsminderung noch weitere rentenrechtliche Zeiten zurückgelegt haben oder ob Besitzschutzregelungen anzuwenden sind, ist dem Schreiben des Rentenversicherungsträgers ein verkürztes Antragsformular beigefügt. Mit Erreichen der Regelaltersgrenze wird Ihre Erwerbsminderungsrente in die Regelaltersrente umgewandelt. Für die Berechnung der Regelaltersrente werden mindestens die in der Erwerbsminderungsrente berücksichtigten persönlichen Entgeltpunkte zugrunde gelegt.

naten nach dem Vorliegen der Voraussetzungen gestellt werden. Geschieht dies erst später, beginnt die Rente mit dem Antragsmonat. Eine Hinterbliebenenrente wird nicht für mehr als zwölf Monate vor dem Antragsmonat geleistet.

Was Sie für den Rentenantrag benötigen

Altersrente, Erwerbsminderungsrente, Erziehungsrente

- → Rentenantragsformular; verkürzter Rentenantrag, wenn bereits eine Erwerbsminderungsrente bezogen wird und diese in eine Altersrente umgewandelt werden soll
- → Aufforderung zur Abgabe einer gesonderten Meldung durch den Arbeitgeber
- → Meldung zur Krankenversicherung der Rentner

Im Zusammenhang mit dem Rentenantragsverfahren wird auch geklärt, wie Sie als Rentner kranken- und pflegeversichert sein werden. Waren Sie bisher Mitglied einer gesetzlichen Krankenkasse (AOK, BARMER GEK, DAK etc.), entscheidet diese, ob Sie die Voraussetzungen für die Mitgliedschaft in der Krankenversicherung der Rentner erfüllen und wenn nicht, ob Sie freiwilliges Mitglied der Krankenkasse werden können. Hierfür muss der Vordruck „Meldung zur Krankenversicherung der Rentner" ausgefüllt werden.

Bereits im Rentenantragsformular müssen Sie Namen und Anschrift der gesetzlichen Krankenkasse angeben, bei der Sie zum Zeitpunkt der Rentenantragstellung versichert sind und bei der die Meldung zur Krankenversicherung der Rentner (KVdR) abgegeben wird. Dies gilt auch dann, wenn Sie schon längere Zeit privat krankenversichert sind. Geben Sie in diesem Fall die gesetzliche Krankenkasse an, bei der Sie zuletzt gesetzlich krankenversichert waren. Waren Sie noch nie in einer gesetzlichen Krankenkasse versichert, können Sie sich eine gesetzliche Krankenkasse (AOK, BARMER GEK etc.) an Ihrem Wohnort aussuchen. Diese Kasse wird dann über Ihre Pflichtmitgliedschaft in der KVdR entscheiden.

Die Meldung zur KVdR sollten Sie nur dann an die gesetzliche Krankenkasse senden, wenn der Rentenversicherungsträger den Tag der Antragstellung auf dem Vordruck bestätigt hat, sonst fügen Sie die Meldung zur KVdR dem Rentenantrag bei.

→ **Antrag auf Zuschuss zur Krankenversicherung**
Erforderlich, wenn Sie freiwillig bei einer gesetzlichen Krankenkasse oder bei einem privaten Krankenversicherungsunternehmen versichert sind. Nur wenn Sie Mitglied bei einer privaten Krankenversicherung sind, benötigen Sie einen besonderen Vordruck, der durch das Unternehmen bestätigt werden muss. Sind Sie bei einer gesetzlichen Krankenkasse versichert, müssen Sie nur das entsprechende Kästchen im Rentenantrag und in der „Meldung zur Krankenversicherung der Rentner" ankreuzen.

→ **Bankverbindung** für Überweisung der Rente
IBAN (International Bank Account Number) – Ihrem Kontoauszug und Ihrer Girocard zu entnehmen oder bei der Bank zu erfragen
BIC (Bank Identifier Code) – Ihrem Kontoauszug und Ihrer Girocard zu entnehmen oder bei der Bank zu erfragen

→ **Geburtsnachweis**
Geburts- oder Heiratsurkunde, Auszug aus dem Stammbuch, beglaubigte Fotokopie des Personalausweises, falls dieser dem Rentenversicherungsträger noch nicht vorgelegen hat.

→ **Steueridentifikationsnummer**
Ihre Rentenzahlung wird den Finanzbehörden gemeldet. Zu Ihrer Identifizierung wird Ihre persönliche steuerliche Identifikationsnummer (IdNr.) benötigt. Sie finden sie auf der Lohnsteuer- beziehungsweise der Einkommensteuerbescheinigung.
Falls sie nicht auffindbar ist, lassen Sie sich über die Homepage des Bundeszentralamts für Steuern, www.bzst.de, über ein dort zur Verfügung gestelltes Eingabeformular die IdNr. auf dem Postweg zusenden. Folgende Angaben sind erforderlich: Name, Vorname, Geburtsdatum und -ort sowie Ihre Meldeadresse. Sie können auch auf dem Postweg beim Bundeszentralamt für Steuern Ihre IdNr.

anfordern. Die Anschrift lautet: An der Küppe 1, 53225 Bonn.

INFORMATION

Elektronisches Verfahren zur Entgeltmeldung

Der Arbeitgeber kann auf Verlangen des Rentenantragstellers (dafür gibt es ein Formular beim Rentenversicherungsträger) mittels einer besonderen Meldung (elektronisch) das noch nicht in Ihrem Versicherungskonto enthaltene beitragspflichtige Arbeitsentgelt für abgelaufene Zeiträume bekannt geben. Der Rentenversicherungsträger wird dann auf Basis der letzten zwölf Kalendermonate das beitragspflichtige Entgelt für die drei Monate bis zum Rentenbeginn ermitteln. Dieses Verfahren ist für Sie im Regelfall kein Nachteil, es sei denn, Sie erwarten in den letzten drei Monaten noch sehr hohe beitragspflichtige Einnahmen, die bisher in Ihren Bezügen nicht enthalten waren. Lassen Sie sich beraten, ob es in diesem Fall günstiger ist, mit der Entgeltmeldung noch bis zum letzten Monat vor dem Rentenbeginn zu warten. Der Nachteil ist, dass der Rentenbescheid in diesem Fall später kommt.

Zusätzlich erforderlich

- → bei der **Altersrente für schwerbehinderte Menschen:** Schwerbehindertenausweis oder Bescheid über die Feststellung der Schwerbehinderung
- → bei der **Rente wegen Erwerbsminderung:** aktuelle Arztberichte, Befundberichte, Abschlussberichte von Krankenhäusern
- → bei der **Erziehungsrente:** Scheidungsurteil, Sterbeurkunde des früheren Ehegatten, eigene Geburtsurkunde, Geburtsurkunden der Kinder

Witwen-/Witwerrente, Hinterbliebenenrente für den überlebenden Lebenspartner, Waisenrente

- → Antragsformular
- → Meldung über Einkommen
- → Anlage zum Antrag auf Waisenrente
- → Sterbeurkunde, nach dem Tod des Versicherten ausgestellte Heiratsurkunde oder eigene Geburtsurkunde, Geburtsurkunde der Waise
- → Meldung zur Krankenversicherung der Rentner
- → Antrag auf Zuschuss zur Krankenversicherung. Dieser ist erforderlich, wenn Sie freiwillig bei einer gesetzlichen Krankenkasse oder bei einem privaten Krankenversicherungsunternehmen versichert sind.

  Nur wenn Sie ein Mitglied bei einem privaten Krankenversicherungsunternehmen sind, benötigen Sie einen besonderen Vordruck, der durch das Unternehmen bestätigt werden muss. Sind Sie bei einer gesetzlichen Krankenkasse versichert, müssen Sie nur das entsprechende Kästchen im Rentenantrag und in der „Meldung zur Krankenversicherung der Rentner" ankreuzen.

Weitere erforderliche Anträge und Ergänzungen werden in den Antragsformularen genannt.

Wo Sie die Formulare erhalten

Sie erhalten die Formulare

- → beim Rentenversicherungsträger,
- → bei den Auskunfts- und Beratungsstellen der Rentenversicherungsträger; die nächstgelegene Auskunfts- und Beratungsstelle finden Sie auf den Internetseiten der Rentenversicherungsträger,
- → auf den Internetseiten der Rentenversicherungsträger (→ Seite 59),
- → bei den Stadt- und Gemeindeverwaltungen,
- → gegebenenfalls bei den Versicherungsämtern.

Im Rahmen der Beweiserhebung fordern die Rentenversicherungsträger Originalunterlagen oder amtlich beglaubigte Kopien. Es reicht aber auch aus, wenn eine Gemeinde- oder Stadtverwaltung, ein Versicherungsamt oder eine Auskunfts- und Beratungsstelle eines Rentenversicherungsträgers die Übereinstimmung mit dem Original bestätigt. Legen Sie dazu das Original und eine Kopie davon vor. Weisen Sie darauf hin, dass Sie den Übereinstimmungsvermerk beziehungsweise die Beglaubigung für Zwecke der Rentenversicherung benötigen, dann müssen Sie keine Gebühr bezahlen.

Vollmacht

Sie können eine Person Ihres Vertrauens bevollmächtigen, Sie gegenüber dem Rentenversicherungsträger oder anderen Behörden zu vertreten. Diese Person kann dann zum Beispiel mit dem Rentenversicherungsträger in Ihrer Rentenangelegenheit korrespondieren. Sie können auch jemanden beauftragen, bei Ihrem Geldinstitut Geld von Ihrem Konto zu holen. Eine besondere Form der Vollmacht ist nicht erforderlich. Die Person Ihres Vertrauens sollte jedoch eindeutig identifizierbar sein.

BEISPIELE

Ich bevollmächtige Josefine Müller, wohnhaft in 53199 Musterhausen, Musterstraße 1, Personalausweis-Nr. 12345 (oder auch Reisepass-Nr.), von meinem Konto IBAN DEXY... bei der xy-Bank, 1.200 Euro abzuheben.

Datum und Unterschrift

> Ich bevollmächtige Josefine Müller, wohnhaft in 53199 Musterhausen, Musterstraße 1, mich in meiner Rentenangelegenheit zu vertreten.
> Die Vollmacht berechtigt zum allgemeinen Schriftwechsel, zur Akteneinsicht, zur Abgabe von Erklärungen, zur Entgegennahme von Bescheiden und zur Führung eines eventuellen Widerspruchsverfahrens.
>
> *Datum und Unterschrift*

Die Rentenzahlung: bar oder unbar?

Die Auszahlung der Renten erfolgt im Auftrag der Rentenversicherungsträger durch den Renten Service der Deutschen Post AG. Die meisten Rentner lassen sich die Rente unbar auf ihr Konto bei einem Geldinstitut überweisen. Das ist praktischer und auch sicherer, als viel Geld im Haus zu haben. Sie können sich Ihre Rente auch auf das Konto einer Vertrauensperson überweisen lassen. Alle Rentner, deren Rente vor April 2004 begonnen hat, erhalten ihre Rente noch am Anfang des Monats für diesen Monat. Alle anderen bekommen sie rückwirkend am letzten Bankarbeitstag des Monats für den abgelaufenen Monat. Von diesem Zeitpunkt an ist die Rente frei verfügbar.

Sollten Sie sich die Rente nicht überweisen lassen, erhalten Sie monatlich eine sogenannte Zahlungsanweisung zur Verrechnung, die innerhalb eines Monats bei einem Geldinstitut oder bei der Post zur Barauszahlung oder zur Gutschrift auf einem Konto vorgelegt werden muss. Sie können jedoch auch jederzeit die unbare Rentenzahlung beantragen.

Den Antrag erhalten Sie bei der Post, wo Sie ihn ausgefüllt auch abgeben können. Sie können ihn natürlich auch bei Ihrem Rentenversicherungsträger stellen. Geben Sie dabei immer das Aktenzeichen (Versicherungsnummer) an, unter dem Ihre Rente gezahlt wird. Die erforderlichen Angaben stehen auf dem Rentenbescheid, Ihrem Rentnerausweis oder der Rentenanpassungsmitteilung. Ihren Rentnerausweis finden Sie auf der letzten Seite Ihres Rentenbescheids und auf den Rentenanpassungsmitteilungen.

→ TIPP

Wenn es Ihnen aus gesundheitlichen Gründen nicht möglich ist, die Rente selbst abzuholen und Sie auch keine Person Ihres Vertrauens damit beauftragen können, wird Ihnen die Rente auch unentgeltlich durch die Post zugestellt. Den Antrag dafür gibt es bei der Post.

Wenn sich Ihre Anschrift oder Ihre Kontoverbindung ändert, sollten Sie den Renten

Service unmittelbar darüber informieren. Das hierfür vorgesehene Formular erhalten Sie bei der Post. Sie finden den Vordruck auch unter www.rentenservice.de und können ihn am PC ausfüllen und online übermitteln. Auf diese Weise können Sie dem Renten Service auch eine Namensänderung (zum Beispiel bei Eheschließung) oder einen Sterbefall mitteilen.

Ein Wohnsitzwechsel in die neuen Bundesländer oder ins Ausland kann unter bestimmten Voraussetzungen zu einer Minderung Ihrer Rente oder sogar zu einem Wegfall des Anspruchs führen. Was Sie dabei beachten sollten, lesen Sie im Abschnitt „Auswirkungen des Wohnsitzwechsels auf die Rente" (→ Seite 55 f.). Sie sollten auch Ihren Rentenversicherungsträger über Ihren Wohnsitzwechsel in Kenntnis setzen und darauf hinweisen, dass Sie den Renten Service der Deutschen Post AG informiert haben.

Kranken- und Pflegeversicherung der Rentner (KVdR/PVdR)

Voraussetzungen für die Mitgliedschaft

Mit dem Rentenantrag haben Sie sich bereits bei der Krankenversicherung der Rentner (KVdR) angemeldet. Die zuständige Krankenkasse hat entschieden, ob die Voraussetzungen für die Pflichtmitgliedschaft in der KVdR vorliegen. Eine wesentliche Voraussetzung für die Mitgliedschaft in der KVdR ist, dass Sie eine bestimmte Vorversicherungszeit in der gesetzlichen Krankenversicherung vorweisen können. Das ist dann der Fall, wenn seit der erstmaligen Aufnahme einer Beschäftigung bis zum Zeitpunkt des Rentenantrags die zweite Hälfte dieses Zeitraums zu neun Zehnteln mit einer Mitgliedschaft in der gesetzlichen Krankenversicherung belegt ist.

> **BEISPIEL**
>
> **Werner K. hat 40 Jahre gearbeitet und war in dieser Zeit gesetzlich krankenversichert. Da er in der zweiten Hälfte (20 Jahre) 18 Jahre (neun Zehntel von 20 Jahren) gesetzlich krankenversichert war, erfüllt er die Voraussetzung für die Pflichtmitgliedschaft.**

Zu dieser Mitgliedschaft werden Zeiten der Pflichtmitgliedschaft, der freiwilligen Versicherung und der Familienversicherung gerechnet. Seit dem 1. August 2017 werden für jedes Kind des Antragstellers pauschal drei Jahre bei der Vorversicherungszeit angerechnet. Als Kinder zählen nicht nur die leiblichen und Adoptivkinder, sondern auch Stief- und Pflegekinder, wenn sie im Haushalt des Rentenberechtigten aufgenommen waren. Es spielt dabei keine Rolle, ob und in welchem Umfang der Antragsteller das Kind tatsächlich betreut oder erzogen hat. Dies führt dazu, dass bei leiblichen Eltern beide Elternteile von dieser Regelung profitieren. Bei Adoptiv-, Stief- und Pflegekindern sind es gegebenenfalls auch die Adoptiv-, Stief- und Pflegeeltern.

Die Neuregelung gilt auch für Bestandsrentner. Wenn die Mitgliedschaft aufgrund der fehlenden Voraussetzungen bisher nicht bestanden hat, kann sich das durch die Neuregelung ändern. Dazu muss ein Antrag auf Überprüfung bei der Krankenkasse gestellt werden.

Bei Hinterbliebenenrenten kann eine Pflichtmitgliedschaft in der KVdR entstehen, wenn die Vorversicherungszeit entweder vom verstorbenen Versicherten oder alternativ vom Hinterbliebenen erfüllt wird. Seit dem 1. Januar 2017 sind Waisen, die einen Waisenrentenanspruch haben, ohne Vorversicherungszeit in der KVdR versichert. Besonderheiten gelten für rentenberechtigte Waisen, die vor der Rentenantragstellung privat krankenversichert waren. Die Neuregelung gilt auch für Waisen, die bereits vor dem 1. Januar 2017 eine Waisenrente bezogen oder beantragt haben. Darüber hinaus gibt es noch Besonderheiten für weitere Personenkreise, zum Beispiel für Vertriebene nach dem Bundesvertriebenengesetz (mehr Informationen finden Sie unter www.bund-der-vertriebenen.de).

Die Mitgliedschaft in der KVdR ist ausgeschlossen, wenn Sie noch nach anderen gesetzlichen Vorschriften der Krankenversicherungspflicht unterliegen. Das kann beispielsweise aufgrund einer Beschäftigung sein, wenn Sie noch hauptberuflich selbstständig tätig sind oder als Künstler oder Publizist nach dem Künstlersozialversicherungsgesetz der Krankenversicherungspflicht unterliegen.

BEISPIEL

Ein nach dem Künstlersozialversicherungsgesetz versicherungspflichtiger Publizist nimmt seit 1. April 2018 seine Regelaltersrente in Anspruch, setzt aber seine publizistische Tätigkeit unvermindert fort. Sein Gewinn liegt über 3.900 Euro jährlich. In der Rentenversicherung ist er versicherungsfrei und muss keine Beiträge zahlen. Über die Künstlersozialkasse bleibt er aber Mitglied der gesetzlichen Krankenkasse und muss aus seiner publizistischen Tätigkeit weiterhin Beiträge zur Kranken- und Pflegeversicherung zahlen. Zusätzlich behält auch der Rentenversicherungsträger von seiner Rente die Beiträge zur Kranken- und Pflegeversicherung ein.

Wird die vorrangige Krankenversicherungspflicht beendet, tritt an deren Stelle die Pflichtversicherung zur Krankenversicherung der Rentner, soweit die Anspruchsvoraussetzungen vorliegen. Die Mitgliedschaft zur Krankenversicherung ist auch ausgeschlossen, wenn Sie in der gesetzlichen Krankenversicherung versicherungsfrei sind, weil Sie Beamter sind, oder wenn Sie aufgrund einer noch ausgeübten Beschäftigung mit Ihrem Gehalt über der Jahresarbeitsentgeltgrenze von 60.750 Euro (2019) in der gesetzlichen Krankenversicherung liegen. Waren Sie bereits zum 31. Dezember 2002 wegen des Überschreitens der Jahresarbeitsentgeltgrenze versicherungsfrei und bei einer privaten Krankenversicherung versichert, liegt die Grenze bei 54.450 Euro (2019).

Die KVdR wird von den normalen Trägern der gesetzlichen Krankenversicherung getragen, also zum Beispiel der AOK, IKK, BKK und den Ersatzkassen. Auch als Rentner können Sie sich Ihre gesetzliche Krankenkasse aussuchen. Wenn Sie sich allerdings für eine Kasse entschieden haben, müssen Sie – wie andere Kassenmitglieder auch – 18 Monate bei dieser Kasse bleiben. Der Wechsel zu einer anderen Kasse ist frühestens zwei Monate nach der Kündigung möglich. Die Kündigungsfrist müssen Sie nicht einhalten, wenn die Krankenkasse den Beitrag erhöht. Die Kündigung muss dann jedoch spätestens bis zum Ablauf des Folgemonats der erstmaligen Beitragsanhebung erfolgen.

Erfüllen Sie die Voraussetzungen für die Pflichtversicherung in der KVdR, wollen aber nicht Mitglied werden, weil Sie sich privat krankenversichern wollen, so müssen Sie innerhalb von drei Monaten nach Beginn der Versicherungspflicht bei der Krankenkasse, bei der die KVdR eintreten würde, oder bei Ihrem Rentenversicherungsträger einen Antrag auf Befreiung von der Versicherungspflicht stellen. Grund für eine Befreiung kann sein, dass Sie schon sehr lange Mitglied einer privaten Krankenkasse sind, bei dieser auch bleiben wollen, und aufgrund eines Hinterbliebenenrentenanspruchs Pflichtmitglied in der KVdR werden würden.

Üben Sie bis zum Rentenbeginn noch eine krankenversicherungspflichtige Beschäftigung oder hauptberuflich eine selbstständige Tätigkeit aus, dann beginnt die Mitgliedschaft in der KVdR erst danach.

Die Frist von drei Monaten ist eine Ausschlussfrist. Nach Ablauf dieser Frist ist eine Befreiung nicht mehr möglich. Bevor Sie sich für eine Befreiung entscheiden, sollten Sie bedenken, dass ein Widerruf der Befreiung nicht möglich ist. Die Rückkehr in die gesetzliche Krankenversicherung ist dann ausgeschlossen. Sie müssten sich also gegebenenfalls in einer privaten Krankenkasse versichern, die bereits bestehende Risiken nicht mehr oder sehr teuer versichert.

BEISPIEL

Ende der krankenversicherungspflichtigen Beschäftigung	30. April 2019
Beginn der Pflichtversicherung in der KVdR	1. Mai 2019
Ende der Frist	1. August 2019

Aus Ihrem Rentenbescheid können Sie ersehen, ob Sie in der KVdR pflichtversichert sind, denn dann behält der Rentenversicherungsträger von Ihrer Rente Ihren Beitragsanteil zur Kranken- und Pflegeversicherung gleich ein und überweist ihn zusammen mit seinem Anteil an die zuständige Krankenkasse.

Beiträge zur Kranken- und Pflegeversicherung der Rentner

Seit dem 1. Januar 2009 gibt es einen von der Bundesregierung bestimmten einheitlichen Beitragssatz für die gesetzlichen Krankenkassen. Dieser beträgt 14,6 Prozent (Stand Januar 2019). Hinzu kommt ein kassenabhängiger Zusatzbeitrag. Im folgenden Beispiel wird ein Zusatzbeitrag in Höhe von 0,9 Prozent unterstellt. Für den Rentner, der Pflichtmitglied in der Krankenversicherung der Rentner ist, berechnet der Rentenversicherungsträger dessen Anteil so:

14,6 Prozent (allgemeiner Beitragssatz). Davon die Hälfte, also 7,3 Prozent, sowie 0,45 Prozent des Zusatzbeitrags zahlt der Rentenversicherungsträger als seinen Anteil. Der Anteil des Rentners beträgt: 7,3 Prozent + 0,45 Prozent = 7,75 Prozent der Rente. Als Beitrag zur Pflegeversicherung muss ein Rentner mit Elterneigenschaft 3,05 Prozent der Rente zahlen. Liegt diese Elterneigenschaft nicht vor, sind es 3,3 Prozent. Insgesamt werden Ihnen als pflichtversichertem Rentner also 10,8 Prozent beziehungsweise 11,05 Prozent von der Rente abgezogen.

→ TIPP

Fügen Sie dem Vordruck „Meldung zur Krankenversicherung der Rentner" gegebenenfalls Geburtsurkunden Ihrer Kinder bei, selbst wenn Kindererziehungszeiten bereits anerkannt sind. Dies gilt insbesondere dann, wenn Kindererziehungszeiten beim anderen Elternteil anerkannt worden sind.

Erhalten Sie noch eine Betriebsrente, Renten aus der Zusatzversorgung des öffentlichen Dienstes (VBL, ZVK), müssen Sie davon sogar 15,5 Prozent plus 3,05 Prozent beziehungsweise 3,3 Prozent, insgesamt also 18,55 Prozent beziehungsweise 18,8 Prozent, als Beitrag zur Kranken- und Pflegeversicherung der Rentner zahlen. Dies gilt allerdings nur dann, wenn diese Bezüge bundeseinheitlich insgesamt den Betrag von derzeit 155,75 Euro (2019) monatlich übersteigen.

Erhalten Sie mehrere Renten, zum Beispiel eine Altersrente und eine Hinterbliebenenrente, werden von jeder dieser Renten Beiträge erhoben.

BEISPIEL

Die Altersrente von Peter K. beträgt seit 1. Februar 2019	**1.000 €**
Beitrag bei der Krankenkasse 15,5 % von 1.000 €	155 €
Anteil des Rentenversicherungsträgers 15,5 % von 1.000 €	155 €
Davon die Hälfte	77,50 €
7,75 % von 1.000 €	77,50 €
Anteil von Peter K. (Krankenversicherung) 155 € – 77,50 €	77,50 €
Anteil von Peter K. (Pflegeversicherung, mit Elterneigenschaft) 3,05 % von 1.000 €	30,50 €
Insgesamt muss Peter K. zahlen	**108,00 €**
Als Nettorente verbleibt ihm	**892,00 €**

Erhalten Sie neben Ihrer Altersrente noch eine Hinterbliebenenrente, so wird dafür der Beitrag zur KVdR nach demselben Schema berechnet.

Rentner, die freiwilliges Mitglied in einer gesetzlichen Krankenkasse oder Ersatzkrankenkasse oder Mitglied eines privaten Krankenversicherungsunternehmens sind, das der deutschen Aufsicht unterliegt (für private Krankenversicherungen mit Sitz im Ausland gelten Besonderheiten), erhalten zu ihrer Rente einen Zuschuss für ihre Versicherungsbeiträge. Dieser muss beantragt werden. Wenn die freiwillige Mitgliedschaft erst nach dem Renteneintritt beginnt, sollte der Antrag spätestens innerhalb von drei Monaten gestellt werden, sonst steht der Beitragszuschuss erst mit dem Beginn des Antragsmonats zu. Seine Höhe richtet sich nach der

INFORMATION

Wenn der Beitragszuschuss beihilfeschädlich ist

Haben Sie als Rentner gleichzeitig auch als Beamter Anspruch auf Beihilfe, kann der Beitragszuschuss, wenn er eine bestimmte Höhe erreicht, den Beihilfeanspruch beeinflussen. Sie sollten sich gegebenenfalls bei Ihrer Beihilfestelle erkundigen, ob Sie gegenüber dem Rentenversicherungsträger auf den Teil des Zuschusses verzichten können, der beihilfeschädlich ist. Dem Rentenversicherungsträger sollten Sie dann gegebenenfalls schreiben: „Ich verzichte auf den Zuschuss zur Krankenversicherung, soweit er den Betrag von xxx Euro überschreitet.“

Höhe der Rente. Bei freiwillig Versicherten berechnet sich die Höhe des Zuschusses folgendermaßen:

$$\frac{\text{allgemeiner Beitragssatz} + \text{durchschnittlicher Zusatzbeitrag}}{2}$$

Dies gilt auch für privat versicherte Rentner. Derzeit beträgt der Beitragszuschuss 7,75 Prozent der Rente (Stand Januar 2019). Der Zuschuss wird auf die Hälfte der Höhe der tatsächlichen Aufwendungen begrenzt.

Die Rentenarten und ihre Voraussetzungen

Bei den Versichertenrenten wird zwischen den Altersrenten und den Renten wegen Minderung der Erwerbsfähigkeit unterschieden.

INFORMATION

Was die Flexirente ist

Flexirente ist keine eigene Rentenart wie zum Beispiel die Altersrente für langjährig Versicherte, sondern ein Begriff, hinter dem sich Regelungen über das Verfahren bei Einkommen aus abhängiger Beschäftigung oder selbstständiger Tätigkeit im Zusammenhang mit vorgezogenen Altersrenten und bei Erwerbsminderungsrenten verbergen.

Bei den Renten wegen Todes wird unterschieden zwischen der Witwen-/Witwerrente, der Erziehungsrente und den Waisenrenten.

Altersrenten

Hinzuverdienstgrenzen bei den vorgezogenen Altersrenten

Die Hinzuverdienstmöglichkeiten sind bei allen Altersrenten, die vor der Regelaltersgrenze in Anspruch genommen werden, eingeschränkt. Bei einer Vollrente beträgt die Hinzuverdienstgrenze in den alten und neuen Bundesländern kalenderjährlich 6.300 Euro (Stand Januar 2019). Kalenderjährlich bedeutet dabei 1. Januar bis 31. Dezember. Dabei ist es egal, ob Sie diesen Betrag in einem Monat verdienen oder auf zwölf Monate verteilen. Überschreiten Ihre Einnahmen diesen Betrag, so wird der überschreitende Betrag in einem ersten Schritt durch zwölf geteilt und zu vierzig Prozent auf Ihre Rente angerechnet. Diese Rente wird dann als Teilrente gezahlt.

In einem zweiten Schritt wird geprüft, ob der sogenannte Hinzuverdienstdeckel überschritten wird. Dieser stellt Ihre individuelle Höchstgrenze dar. Diese Höchstgrenze wird durch Ihr bisheriges Einkommen gebildet. Grundlage für die Berechnung der Höchstgrenze ist Ihr höchstes rentenversicherungspflichtiges Einkommen innerhalb der letzten 15 Jahre vor dem Beginn der ersten Altersrente und der daraus resultierende Entgeltpunktwert. Dieser Wert wird mit der monatlichen Bezugsgröße vervielfältigt und ergibt den monatlichen Hinzuverdienstdeckel. Die Bezugsgröße ist eine Rechengröße der Sozialversicherung, die für jedes Kalenderjahr neu bestimmt wird. Aktuell (2019) beträgt die monatliche Bezugsgröße 3.115 Euro.

BEISPIEL

Theo S. hat innerhalb der letzten 15 Kalenderjahre in 14 Jahren ein durchschnittliches Arbeitsentgelt erzielt, entsprechend jeweils einem Entgeltpunkt. In einem Jahr hat er jedoch 1,5 Entgeltpunkte erzielt und damit 50 Prozent über dem Durchschnittsverdienst gelegen. Die Berechnung des Hinzuverdienstdeckels sieht so aus:
3.115 Euro (monatliche Bezugsgröße) ×
1,5 (höchster Entgeltpunktwert) =
4.672,50 Euro

Übersteigen gekürzte Rente und ein Zwölftel des jährlichen Hinzuverdienstes den Betrag von 4.672,50 Euro, so wird der übersteigende Betrag zu 100 Prozent auf die Rente angerechnet.

Neben dem individuellen Hinzuverdienstdeckel gibt es einen Mindesthinzuverdienstdeckel, der sich aktuell aus 525 Euro (6.300 Euro : 12) und der monatlichen Vollrente errechnet.

Verfahren

Sollten Sie sich für eine Beschäftigung mit Einnahmen über dem Freibetrag von 6.300 Euro neben Ihrer vorgezogenen Altersrente entscheiden, so sollten Sie vor Aufnahme der Beschäftigung Ihren Rentenversicherungsträger darüber unterrichten. Sie sollten dabei den Zeitpunkt der Aufnahme der Beschäftigung oder selbstständigen Tätigkeit sowie die Höhe des zu erwartenden Entgelts oder die Einnahmen aus selbstständiger Tätigkeit angeben. Der Rentenversicherungsträger wird aufgrund dieser Angaben die Höhe der Rente im laufenden Kalenderjahr und die Zeit bis zum 30. Juni des Folgejahres berechnen (Prognose). Grundsätzlich zum 1. Juli des Folgejahres wird der Rentenversicherungsträger dann das ursprünglich prognostizierte Einkommen mit dem tatsächlichen Einkommen vergleichen. Ihre Altersrente wird neu berechnet, wenn sich prognostiziertes Einkommen und tatsächliches Einkommen unterscheiden. Überzahlte Rentenbeträge müssen Sie zurückzahlen. Wurde Ihre Rente zu niedrig berechnet, erhalten Sie eine Nachzahlung. Für die nächsten zwölf Monate wird der Rentenversicherungsträger erneut eine prognostische Berechnung vornehmen. Ist bereits anlässlich einer Prognose erkennbar, dass das voraussichtliche Einkommen im Folgejahr um mehr als 10 Prozent abweichen wird, so wird bereits ab dem folgenden 1. Januar eine neue kalenderjährliche Prognose erstellt und gilt bis zum 30. Juni des Folgejahres. In einem solchen Fall entfällt die sonst vorgesehene neue Prognose zum 1. Juli.

Außerhalb der vorgesehenen neuen Prognosetermine können auch Änderungen im Einkommen berücksichtigt werden, wenn sie kalenderjährlich um 10 Prozent vom bisherigen Einkommen abweichen. Die Änderung wird ab Antragsmonat berücksichtigt.

→ TIPP

Beziehen Sie eine Betriebsrente oder eine Zusatzrente zum Beispiel von der VBL oder der ZVK, sollten Sie vorab mögliche Auswirkungen eines Teilrentenbezugs klären.

Als Altersrentenbezieher unterliegen Sie seit dem 1. Januar 2017 der Rentenversicherungspflicht, wenn Sie eine dem Grunde nach versicherungspflichtige Beschäftigung ausüben. Dies gilt unabhängig davon, ob es sich um eine Teil- oder um eine Vollrente handelt. Für die Rentenversicherungsbeiträge, die während des Rentenbezugs gezahlt werden, wird mit Ablauf des Monats, in dem die Regelaltersgrenze erreicht wird, ein Zuschlag gezahlt.

Eine Umwandlung einer vorzeitig in Anspruch genommenen Altersrente in die Regelaltersrente erfolgt nicht. Wenn Sie die Regelaltersgrenze, also das 65. Lebensjahr oder später, erreicht oder bereits überschritten haben, können Sie neben der Altersrente

Irmhild Venschott, Altersvorsorge-Expertin der Deutschen Rentenversicherung Westfalen, weist in Hinblick auf die VBL-Betriebsrente auf Folgendes hin: „Wechseln Sie aufgrund des Hinzuverdienstes von einer Vollrente in eine Teilrente, wird die VBL-Betriebsrente auch nur in Höhe eines entsprechenden Anteils gezahlt. Dies ergibt sich aus den §§ 33 und 41 der Satzung der VBL."

unbegrenzt hinzuverdienen. Grundsätzlich sind Personen, die nach Ablauf der Regelaltersgrenze eine Vollrente wegen Alters beziehen in der gesetzlichen Rentenversicherung versicherungsfrei. Üben Sie nach Vollendung der Regelaltersgrenze neben der Altersrente eine dem Grunde nach rentenversicherungspflichtige Beschäftigung aus, werden daher für Sie keine Beiträge fällig; allerdings muss der Arbeitgeber seinen Beitragsanteil zahlen. Dieser Beitrag erhöht Ihre Rente nicht. Sie können allerdings in einer schriftlichen Erklärung gegenüber dem Arbeitgeber auf die Versicherungsfreiheit verzichten, und damit den Arbeitgeberbeitrag für die Erhöhung Ihrer Rente dadurch aktivieren. Sie müssen dafür aber auch Ihren Beitragsanteil zahlen. Bei einem monatlichen Durchschnittsentgelt in Höhe von 3.242 Euro sind das immerhin rund 301 Euro monatlich (Stand Januar 2019). Der Verzicht kann nur mit Wirkung für die Zukunft erklärt werden und gilt für die Dauer der Beschäftigung. Ob sich das für Sie lohnt, sollten Sie durch einen Fachmann berechnen lassen. Für die gezahlten Beiträge werden Zuschläge gezahlt. Die Zuschläge werden jeweils zum 1. Juli des Folgejahres für die im Vorjahr gezahlten Beiträge in der Rente berücksichtigt.

Für die verschiedenen Altersrentenarten müssen jeweils spezifische Voraussetzungen erfüllt werden. Dazu gehören unterschiedliche Wartezeiten, ein bestimmtes Lebensalter und weitere Bedingungen.

Regelaltersrente

- → **Lebensalter:** Für vor 1947 geborene Versicherte war es das 65. Lebensjahr. Für danach geborene Versicherte ist eine schrittweise Anhebung der Regelaltersgrenze auf das 67. Lebensjahr vorgesehen. Für die Jahrgänge 1947 bis 1958 erfolgt die Anhebung in Einmonatsschritten; für Versicherte der Jahrgänge 1959 bis 1963 in zweimonatigen Schritten. Für 1964 und später geborene Versicherte liegt die Regelaltersgrenze dann beim 67. Lebensjahr.
- → **Vertrauensschutz:** Wurden Sie vor 1955 geboren und haben mit Ihrem Arbeitgeber vor dem 1. Januar 2007 Altersteilzeitarbeit nach dem Altersteilzeitgesetz vereinbart, verbleibt es bei dem 65. Lebensjahr als Regelaltersgrenze. Diese Regelaltersgrenze wird auch nicht angehoben für vor 1964 geborene Bergleute, die Anpassungsgeld erhalten haben.
- → **Wartezeit:** Die Wartezeit (Mindestversicherungszeit) beträgt sechzig Beitragsmonate. Dabei werden auch Zeiten aus einem Versorgungsausgleich, einem Rentensplitting und aus Minijobs berücksichtigt.

Altersrente für langjährig Versicherte

- → **Lebensalter:** Für nach 1948 und vor 1964 geborene Versicherte wird die Altersgrenze 63. Lebensjahr schrittweise angehoben. Für die Jahrgänge 1949 bis 1958 erfolgt die Anhebung in Einmonatsschritten, für Versicherte der Jahrgänge 1959 bis 1963 in Zweimonatsschritten. Für 1964 und später geborene Versicherte liegt die Altersgrenze dann beim 67. Lebensjahr. Sie können die Altersrente für langjährig Versicherte zwar bereits ab dem 63. Lebensjahr beanspruchen, der Abschlag beträgt dann aber 14,4 Prozent.
- → **Vertrauensschutz:** Wurden Sie vor 1955 geboren und haben mit Ihrem Arbeitgeber vor dem 1. Januar 2007 Altersteilzeitarbeit nach dem Altersteilzeitgesetz vereinbart, bleibt es bei dem 65. Lebensjahr als Altersgrenze. Diese Altersgrenze wird auch nicht angehoben für vor 1964 geborene entlassene Bergleute, die Anpassungsgeld erhalten haben. Sind Sie nach 1947 und

vor 1955 geboren, können Sie sogar – abhängig von Geburtsmonat und Geburtsjahr – zwischen dem 62. und 63. Lebensjahr die Altersrente für langjährig Versicherte in Anspruch nehmen, wenn Sie mit Ihrem Arbeitgeber vor dem 1. Januar 2007 Altersteilzeitarbeit nach dem Altersteilzeitgesetz vereinbart haben.

→ **Wartezeit:** Die Wartezeit beträgt 35 Jahre mit bestimmten rentenrechtlichen Zeiten. Es zählen Beitragszeiten, aus dem Versorgungsausgleich und dem Rentensplitting abgeleitete Zeiten, in der Zeit vom 1. April 1999 bis zum 31. Dezember 2012 Beitragszeiten aus Zuschlägen für Entgeltpunkte aus geringfügiger versicherungsfreier Beschäftigung, seit 1. Januar 2013 Beitragszeiten aus Zuschlägen für Entgeltpunkte aus Minijobs für von der Rentenversicherungspflicht befreite Personen sowie Ersatz-, Anrechnungs- und Berücksichtigungszeiten.

→ **Hinzuverdienstgrenzen:** Bis zum Erreichen der Regelaltersgrenze sind Hinzuverdienstgrenzen zu beachten.

Altersrente für besonders langjährig Versicherte

→ **Lebensalter:** Versicherte, die 63 Jahre oder älter sind und noch keine Altersrente beziehen, können für die Zeit ab 1. Juli 2014 diese Rente ohne Abschlag in Anspruch nehmen. Aber auch hier wirkt sich die Anhebung der Regelaltersgrenze aus. Bei Versicherten, die nach 1952 geboren sind, wird die Altersgrenze schrittweise angehoben. Beim Jahrgang 1953 sind es zwei Monate, beim Jahrgang 1954 sind es schon vier Monate. Ab Jahrgang 1964 kann die Altersrente für besonders langjährig Versicherte erst mit 65 Jahren in Anspruch genommen werden. Die Altersrente für besonders langjährig Versicherte kann nicht vorzeitig in Anspruch genommen werden.

→ **Wartezeit:** 45 Jahre. Neben Pflichtbeiträgen für eine Beschäftigung oder selbstständige Tätigkeit zählen auch freiwillige Beiträge mit – letztere jedoch nur dann, wenn insgesamt mindestens 18 Jahre mit Pflichtbeiträgen für eine versicherungspflichtige Beschäftigung oder selbstständige Tätigkeit vorhanden sind. Freiwillige Beiträge in den letzten beiden Jahren vor dem Rentenbeginn werden allerdings dann nicht berücksichtigt, wenn es sich um Anrechnungszeiten wegen Arbeitslosigkeit handelt. Es zählen zum Beispiel auch Kindererziehungszeiten, Berücksichtigungszeiten wegen Kindererziehung und Pflegeberücksichtigungszeiten. Berücksichtigt werden auch Zeiten des Bezugs von Arbeitslosengeld oder Leistungen bei Krankheit, wie zum Beispiel Krankengeld, soweit es sich dabei um Pflichtbeitrags- oder Anrechnungszeiten handelt. Zeiten des Bezugs von Arbeits-

losengeld in den letzten beiden Jahren vor dem Rentenbeginn werden nicht berücksichtigt, es sei denn, er ist durch Insolvenz oder durch die vollständige Geschäftsaufgabe des Arbeitgebers bedingt. Das gilt dann nicht, wenn der Bezug von Arbeitslosengeld I im Anschluss an die Beschäftigung in einer Transfergesellschaft in den letzten zwei Jahren vor Rentenbeginn erfolgt.
Es werden außerdem berücksichtigt: in der Zeit vom 1. April 1999 bis zum 31. Dezember 2012 Beitragszeiten aus Zuschlägen für Entgeltpunkte aus geringfügiger versicherungsfreier Beschäftigung, seit 1. Januar 2013 Beitragszeiten aus Zuschlägen für Entgeltpunkte aus Minijobs für von der Rentenversicherungspflicht befreite Personen. Auch Ersatzzeiten werden berücksichtigt. Pflichtbeitragszeiten aufgrund des Bezugs von Arbeitslosengeld II und Arbeitslosenhilfe zählen dagegen nicht mit. Dies gilt auch für durch den Versorgungsausgleich oder durch Rentensplitting erworbene Monate.

→ **Hinzuverdienstgrenzen:** Bis zum Erreichen der Regelaltersgrenze sind Hinzuverdienstgrenzen zu beachten.

Altersrente für schwerbehinderte Menschen
Voraussetzung für diese Altersrente ist das Vorliegen von Schwerbehinderung oder alternativ für Versicherte, die vor 1951 geboren sind, das Bestehen von Berufs- oder Erwerbsunfähigkeit nach dem vor 2001 geltenden Recht. Die Schwerbehinderung muss bei Beginn der Rente bestehen. Schwerbehinderung bedeutet mindestens einen Grad der Behinderung von 50. Wird der Grad bei ununterbrochenem Rentenbezug zu einem späteren Zeitpunkt herabgestuft, hat dies keine Auswirkung auf den Rentenanspruch. Sie müssen die Schwerbehinderung durch den Schwerbehindertenausweis oder durch den Schwerbehindertenbescheid nachweisen.

→ **Lebensalter:** Für vor 1952 Geborene liegt die Altersgrenze beim 63. Lebensjahr. Diese Rente kann bereits mit dem 60. Lebensjahr beansprucht werden, dann aber mit einem Abschlag von 10,8 Prozent. Wurden Sie in der Zeit nach 1951 und vor 1964 geboren, wird die Altersgrenze für eine abschlagsfreie Rente schrittweise angehoben. Für die Jahrgänge 1952 bis 1958 erfolgt die Anhebung in Einmonatsschritten, für Versicherte der Jahrgänge 1959 bis 1963 in Zweimonatsschritten. Für 1964 und später geborene Versicherte liegt die Altersgrenze dann beim 65. Lebensjahr.

→ **Vertrauensschutz:** Wurden Sie vor 1955 geboren, haben mit Ihrem Arbeitgeber vor dem 1. Januar 2007 Altersteilzeitarbeit nach dem Altersteilzeitgesetz vereinbart und waren am 1. Januar 2007 schwerbehindert, bleibt es bei dem 63. Lebensjahr als Altersgrenze.

- **Wartezeit:** 35 Jahre mit bestimmten rentenrechtlichen Zeiten, die auch bei der Altersrente für langjährig Versicherte erforderlich sind (→ Seite 30 f.).
- **Hinzuverdienstgrenzen:** Bis zum Erreichen der Regelaltersgrenze sind Hinzuverdienstgrenzen zu beachten.

Renten wegen Minderung der Erwerbsfähigkeit

Renten wegen Minderung der Erwerbsfähigkeit werden grundsätzlich als Zeitrenten gezahlt, und zwar für höchstens drei Jahre nach dem Zeitpunkt des Rentenbeginns. Ein früherer Zeitpunkt der Befristung ist möglich. Das heißt, Sie werden im Rentenbescheid darauf hingewiesen, dass zu einem bestimmten Zeitpunkt die Rentenzahlung eingestellt werden wird.

Wenn sich Ihr gesundheitlicher Status nicht geändert hat, sollten Sie daher auf jeden Fall ca. vier Monate vor dem Wegfall der Rente einen Antrag auf Weiterzahlung stellen.

Erhalten Sie eine Rente wegen teilweiser Erwerbsminderung und verschlechtert sich Ihr Gesundheitszustand, sollten Sie sofort die Umwandlung in eine Rente wegen voller Erwerbsminderung beantragen. Diesem Antrag, wie auch dem auf Weitergewährung der Rente, sollten Sie möglichst aktuelle ärztliche Befundberichte oder andere ärztliche Unterlagen beifügen.

Irmhild Venschott, Altersvorsorge-Expertin der Deutschen Rentenversicherung Westfalen, weist auf eine Besonderheit hin: „Abhängig vom Renteneintritt ergeben sich unterschiedliche Abschläge. Auch die Zurechnungszeit kann die Rentenhöhe maßgeblich erhöhen, sodass die volle Erwerbsminderungsrente höher sein kann als die Altersrente."

Wartezeit

Sie müssen die Wartezeit von sechzig Monaten zum Zeitpunkt des Eintritts der Erwerbsminderung erfüllt haben. Ausnahmen gibt es in folgenden Sonderfällen, in denen die Erwerbsminderung eingetreten ist aufgrund

- eines Arbeitsunfalls,
- einer Wehrdienstbeschädigung nach dem Soldatenversorgungsgesetz als Wehrdienstleistender oder als Soldat auf Zeit,
- einer Zivildienstbeschädigung nach dem Zivildienstgesetz als Zivildienstleistender,
- eines politischen Gewahrsams nach dem Häftlingshilfegesetz.

In diesen Fällen genügt bereits ein Pflichtbeitrag, die Wartezeit gilt als erfüllt. Der Nachweis der Wartezeit allein genügt bei der Erwerbsminderungsrente nicht. Es müssen bestimmte anwartschaftsrechtliche Voraussetzungen erfüllt werden. Sie müssen in den letzten fünf Jahren vor Eintritt der Erwerbsminderung wenigstens drei Jahre lang Pflichtbeiträge (sogenannte Drei-Fünftel-Belegung) gezahlt haben. Zu den berücksichtigungsfähigen Pflichtbeitragszeiten gehören auch Kindererziehungszeiten, der Bezug von Krankengeld, Arbeitslosengeld, soweit dafür Beiträge gezahlt worden sind, und Pflichtbeitragszeiten wegen Pflege. Beitragszeiten aus Minijobs zählen nur mit, wenn Sie in der Zeit vom 1. April 1999 bis 31. Dezember 2012 auf die Versicherungsfreiheit verzichtet haben. Für Zeiten ab 1. Januar 2013 nur dann, wenn Sie sich nicht von der Versicherungspflicht haben befreien lassen.

Fallen in den Fünfjahreszeitraum Anrechnungs- oder Berücksichtigungszeiten (→ Seite 45 ff.), so verlängert sich der Zeitraum um die Dauer dieser Zeiten. In den Fällen, in denen die Wartezeit als erfüllt gilt, müssen die besonderen anwartschaftsrechtlichen Voraussetzungen nicht vorliegen.

Für die Rente wegen voller Erwerbsminderung gilt eine Besonderheit: Lag die volle Erwerbsminderung bereits vor Erfüllung der allgemeinen Wartezeit vor, kann eine Rente auch gezahlt werden, wenn für zwanzig Jahre Beiträge gezahlt wurden. Dies kann für Versicherte von Bedeutung sein, die bereits seit Geburt voll erwerbsgemindert waren oder es im Kindesalter wurden.

> INFORMATION
>
> **Keine Befristung der Erwerbsminderungsrente**
>
> Eine Befristung darf nicht vorgenommen werden, wenn aus ärztlicher Sicht unwahrscheinlich ist, dass die Minderung der Erwerbsfähigkeit in den nächsten neun Jahren (Gesamtdauer der Befristung) behoben werden kann.

Übergangsregelung

Die Drei-Fünftel-Belegung muss dann nicht erfüllt werden, wenn der Versicherte vor dem 1. Januar 1984 die Wartezeit von sechzig Monaten erreicht hat. Weitere Voraussetzung ist, dass jeder Monat nach Dezember 1983 bis zum Monat vor Eintritt der Erwerbsminderung belegt ist mit

- Beitragszeiten (dabei ist es gleichgültig, ob es sich um freiwillige oder um Pflichtbeiträge handelt) oder
- beitragsfreien Zeiten (beispielsweise einer Fachschulausbildung) oder
- Berücksichtigungszeiten.

Für Kalendermonate, für die eine Beitragszahlung noch möglich ist, ist eine Belegung mit anwartschaftserhaltenden Zeiten nicht nötig. Wenn also die Erwerbsminderung am 31. März eines Jahres eintritt, könnte man für das abgelaufene Kalenderjahr noch freiwillige Beiträge zahlen. Für das Vorjahr ist deshalb keine Beitragszahlung erforderlich.

Anhebung der Altersgrenzen

Die Anhebung der Regelaltersgrenzen hat auch Auswirkungen auf die Erwerbsminderungsrenten. Wenn die Erwerbsminderungsrente vor dem 65. Lebensjahr beginnt, wird sie um einen Abschlag gemindert, der durch den Zugangsfaktor bestimmt wird.

Maßgebend für den Zugangsfaktor ist der Zeitpunkt des Rentenbeginns. Beginnt sie vor dem 62. Lebensjahr, sind es 10,8 Prozent. Beginnt die Erwerbsminderungsrente in der Zeit zwischen dem 62. Lebensjahr und dem 65. Lebensjahr, beträgt der Abschlag 0,3 Prozent für jeden Monat vor dem 65. Lebensjahr. Bei einem Rentenbeginn ab 2012 werden die Altersgrenzen schrittweise von 60 auf 62 beziehungsweise von 63 auf 65 angehoben.

Liegen der Berechnung der Rente vierzig Jahre an bestimmten rentenrechtlichen Zeiten zugrunde, tritt bei der Berechnung des Zugangsfaktors an die Stelle des 65. Lebensjahres die Vollendung des 63. Lebensjahres und an die Stelle des 62. Lebensjahres das 60. Lebensjahr.

Für die vierzig Jahre zählen die rentenrechtlichen Zeiten mit, die auch für die Altersrente für besonders langjährig Versicherte erforderlich sind (→ Seite 31 f.).

Renten wegen Erwerbsminderung und Hinzuverdienst

Üben Sie neben Ihrer Rente eine Beschäftigung aus, wird der Rentenversicherungsträger immer prüfen, ob die Erwerbsminderung noch besteht, die zur Erwerbsminderungsrente geführt hat.

Wenn Sie neben der Rente noch etwas hinzuverdienen wollen, sind bestimmte Hinzuverdienstgrenzen zu beachten. Das heißt, Einnahmen aus unselbstständiger Beschäftigung oder selbstständiger Tätigkeit können – abhängig von deren Höhe – dazu führen, dass sich die Rente mindert oder der Anspruch entfällt. Zum Arbeitseinkommen aus selbstständiger Tätigkeit zählt das, was nach den allgemeinen Gewinnermittlungsvorschriften des Steuerrechts als Gewinn ausgewiesen wird. Neben Arbeitsentgelt aus abhängiger Beschäftigung und Arbeitseinkommen aus selbstständiger Tätigkeit zählen auch vergleichbares Einkommen wie zum Beispiel Abgeordnetendiäten oder Vorruhestandsgeld oder bestimmte Sozialleistungen wie Kranken- oder Arbeitslosengeld als Hinzuverdienst. Die Hinzuverdienstgrenzen bestimmen sich auch danach, ob Sie eine Rente wegen teilweiser Erwerbsminderung (auch bei Berufsunfähigkeit) oder wegen voller Erwerbsminderung erhalten. Überschreiten Sie die Hinzuverdienstgrenzen, wird seit dem 1. Juli 2017 der die Hinzuverdienstgrenze überschreitende Betrag stufenlos auf Ihre Rente angerechnet.

Teilweise Erwerbsminderungsrente und Hinzuverdienst: Bei einer Rente wegen teilweiser Erwerbsminderung sind die Hinzuverdienstgrenzen höher, da diese Rente insgesamt niedriger berechnet wird, und eine Zuschussfunktion hat. Der Gesetzgeber geht davon aus, dass Sie noch hinzuverdienen können. In einem ersten Schritt wird die kalenderjährliche Hinzuverdienstgrenze bestimmt. Die kalenderjährliche Höchstgrenze bei der Rente wegen teilweiser Erwerbsminderung wird durch Ihr bisheriges Einkommen gebildet. Grundlage für die Berechnung der Höchstgrenze ist Ihr höchstes rentenversicherungspflichtiges Einkommen innerhalb der letzten fünfzehn Jahre vor dem Eintritt der Erwerbsminderung und der daraus resultierende Entgeltpunktwert. Dieser Wert wird mit dem 0,81-fachen der jährlichen Bezugsgröße vervielfältigt und ergibt die jährliche Hinzuverdienstgrenze. Die Bezugsgröße ist eine Rechengröße der Sozialversicherung, die für jedes Kalenderjahr neu bestimmt wird. Aktuell (2019) beträgt die jährliche Bezugsgröße 37.380 Euro.

BEISPIEL

Rolf K. hat innerhalb der letzten 15 Kalenderjahre in 14 Jahren ein durchschnittliches Arbeitsentgelt erzielt, entsprechend jeweils einem Entgeltpunkt. In einem Jahr hat er jedoch 1,5 Entgeltpunkte erzielt und damit 50 Prozent über dem Durchschnittsverdienst gelegen. Die Berechnung der Hinzuverdienstgrenze sieht so aus:

37.380 Euro (jährliche Bezugsgröße) × 0,81 × 1,5 (höchster Entgeltpunktwert) = 45.416,70 Euro. Höherer Verdienst wird zu 40 Prozent auf die Rente angerechnet.

Übersteigen gekürzte Rente und ein Zwölftel des jährlichen Hinzuverdienstes den Betrag von 4.672,50 Euro, so wird der übersteigende Betrag zu 100 Prozent auf die Rente angerechnet.

Um zu vermeiden, dass Sie mit Rente und Hinzuverdienst kein höheres Einkommen haben als vor dem Rentenbezug, wird in einem zweiten Schritt der Hinzuverdienstdeckel bestimmt. Es handelt sich dabei um einen monatlichen Wert. Diese Höchstgrenze wird durch Ihr bisheriges Einkommen gebildet. Grundlage für die Berechnung der Höchstgrenze ist Ihr höchstes rentenversicherungspflichtiges Einkommen innerhalb der letzten 15 Jahre vor dem Eintritt der Erwerbsminderung und der daraus resultierende Entgeltpunktwert. Dieser Wert wird mit der monatlichen Bezugsgröße vervielfältigt und ergibt den monatlichen Hinzuverdienstdeckel.

Die Bezugsgröße ist eine Rechengröße der Sozialversicherung, die für jedes

Kalenderjahr neu bestimmt wird. Aktuell (2019) beträgt die monatliche Bezugsgröße 3.115 Euro.

Volle Erwerbsminderungsrente und Hinzuverdienst: Die Rente wegen voller Erwerbsminderung ist von der Berechnung her höher als die Rente wegen teilweiser Erwerbsminderung und hat eine Lohnersatzfunktion. Bei einer Rente wegen voller Erwerbsminderung liegt die jährliche Hinzuverdienstgrenze bei 6.300 Euro.

Übersteigt Ihr Verdienst diesen Betrag, so wird der überschreitende Betrag zu 40 Prozent auf Ihre Rente angerechnet.

BEISPIEL

Rentenbeginn	April 2019
Ungekürzte monatliche Erwerbsminderungsrente	1.263,05 €
Monatliches Arbeitsentgelt ab 1. April 2019	1.025 €
Arbeitsentgelt vom 1. April bis 31. Dezember 2019	9.225 €
Der anzurechnende Betrag auf die Rente errechnet sich wie folgt:	
9.225 € – Freibetrag von 6.300 € =	2.925 €
geteilt durch 12 =	243,75 €
40 % des monatlich anzurechnenden Betrags =	97,50 €

Von der ungekürzten Rente in Höhe von 1.263,05 € werden 97,50 € abgezogen. Die teilweise ruhende Rente wegen voller Erwerbsminderung beträgt 1.165,55 €.

Auch bei der Rente wegen voller Erwerbsminderung gibt es einen Hinzuverdienstdeckel. Dieser errechnet sich so wie bei der Rente wegen teilweiser Erwerbsminderung (→ Seite 36). Ist das anzurechnende Einkommen so hoch, dass es nicht zu einer Rentenzahlung kommt, kann der Rentenanspruch dem Grunde nach weiter bestehen. Voraussetzung ist jedoch, dass die Erwerbsminderung weiter besteht. Fällt das Einkommen weg oder verdienen Sie weniger, lebt der Anspruch auf Rente beziehungsweise auf höhere Rente unter der Voraussetzung wieder auf, dass Sie weiterhin erwerbsgemindert sind. Hierzu ist ein neuer Antrag erforderlich.

Haben Sie bereits am 31. Dezember 2000 Anspruch auf eine Rente wegen Berufsunfähigkeit oder Erwerbsunfähigkeit gehabt, gelten gesonderte Regelungen. Als Empfänger einer Rente wegen Minderung der Erwerbsfähigkeit haben Sie unter gewissen Voraussetzungen auch Anspruch auf Rehabilitationsleistungen. Dies trifft dann zu, wenn durch diese Leistungen Ihre Erwerbsfähigkeit wesentlich gebessert oder sogar wiederhergestellt oder eine Verschlechterung Ihres Gesundheitszustands vermieden werden kann.

Mit Eintritt der Regelaltersgrenze (65. Geburtstag oder später) wird Ihre Erwerbsminderungsrente von Amts wegen in die Regelaltersrente umgewandelt. Eine Minderung der Rente wird im Regelfall nicht eintreten.

Sind Sie auf Dauer voll erwerbsgemindert und reichen Ihre Einkünfte nicht für den notwendigen Lebensunterhalt, kann Anspruch auf Leistungen nach der sogenannten Grundsicherung bestehen. Detaillierte Informationen zu diesem Themenbereich finden Sie im Abschnitt „Grundsicherung" (→ Seite 61 ff.).

Renten wegen Todes

Bei den Renten wegen Todes wird zwischen Witwen- und Witwerrente, Erziehungsrente und Waisenrente unterschieden.

Wartezeit

Für alle Renten wegen Todes gilt, dass der verstorbene Versicherte die Wartezeit von sechzig Monaten Beitragszeit zum Zeitpunkt des Todes erfüllt haben muss.

In bestimmten Sonderfällen gibt es – außer bei der Erziehungsrente – davon Ausnahmen. Das ist zum Beispiel der Fall, wenn der Tod des verstorbenen Versicherten aufgrund eines Arbeitsunfalls eingetreten ist, dann kann bereits ein Pflichtbeitrag genügen.

Witwen- und Witwerrente

Bei den Witwen- und Witwerrenten ist zu unterscheiden, ob es sich um eine Leistung handelt, auf die das alte oder das neue Hinterbliebenenrecht anzuwenden ist.

Das **alte Hinterbliebenenrecht** ist anzuwenden, wenn

- der Ehegatte vor dem 1. Januar 2002 verstorben ist oder
- mindestens ein Ehegatte vor dem 2. Januar 1962 geboren wurde und die Ehe vor dem 1. Januar 2002 geschlossen worden ist.

Das **neue Hinterbliebenenrecht** ist anzuwenden, wenn

- die Ehe nach dem 31. Dezember 2001 geschlossen wurde oder
- Sie zwar davor geheiratet haben, aber Sie und Ihr Partner nach dem 1. Januar 1962 geboren wurden.

Für Ehen, die nach dem 31. Dezember 2001 geschlossen wurden, besteht die Regelung, dass die Ehe mindestens ein Jahr gedauert haben muss. Davon gibt es Ausnahmen, zum Beispiel dann, wenn der Tod durch ein nicht vorhersehbares Ereignis eingetreten ist oder ein gemeinsames Kind erzogen wird.

Die Frage des anzuwendenden Rechts ist von Bedeutung sowohl für die Art des zu berücksichtigenden Einkommens als auch bei der kleinen Witwen-/Witwerrente für den Rentenanspruch selbst und für die Höhe des Anspruchs. Anspruch auf die große Witwen-/ Witwerrente besteht, wenn der überlebende Ehegatte

- ein eigenes Kind oder ein Kind des verstorbenen Ehegatten erzieht, das das 18. Lebensjahr noch nicht vollendet hat oder
- das 47. Lebensjahr vollendet hat.

Bei der großen Witwen-/Witwerrente nach altem Recht liegt die Altersgrenze beim 45. Lebensjahr, wenn der Ehegatte vor 2012 verstorben ist. Ist der Ehegatte nach 2011 verstorben, erfolgt eine Anhebung der Altersgrenze um einen Monat pro Jahr in der Zeit bis 2023. In der Zeit nach 2023 sind es zwei Monate pro Jahr. Ab 2029 gilt dann das 47. Lebensjahr.

Gleichgeschlechtliche Lebenspartner einer eingetragenen Lebenspartnerschaft können seit Januar 2005 ebenfalls einen Anspruch auf Hinterbliebenenrente haben, wenn ein Lebenspartner verstirbt. Seit dem 1. Oktober 2017 können auch gleichgeschlechtliche Partner heiraten. Die Ehen zwischen gleichgeschlechtlichen Partnern oder Partnern unterschiedlichen Geschlecht sind rentenrechtlich gleich zu behandeln.

Maßgebend für die Höhe der Witwenrente ist die Rente, auf die der verstorbene Versicherte zum Zeitpunkt seines Todes Anspruch gehabt hätte oder gehabt hat. Die kleine Witwen-/Witwerrente beträgt 25 Prozent dieser Summe, die große 55 Prozent. Besteht noch Anspruch nach altem Hinterbliebenenrecht, sind es bei der großen Witwenrente 60 Prozent. Hat der verstorbene Versicherte bereits Rente bezogen, wird für die auf den Sterbemonat folgenden drei Kalendermonate die Witwenrente in voller Höhe der Versichertenrente gezahlt. Hat der verstorbene Versicherte noch keine Rente bezogen, wird die Witwenrente ab Todestag und für die auf den Sterbemonat folgenden drei Kalendermonate in Höhe der vollen Versichertenrente gezahlt (sogenanntes Sterbevierteljahr). Für das Sterbevierteljahr erfolgt keine Einkommensanrechnung. Eine nach neuem Recht berechnete Witwen-/Witwerrente erhält bei Erziehung eines Kindes bis zum dritten Lebensjahr einen Zuschlag.

Die Anhebung der Regelaltersgrenzen hat auch Auswirkungen auf die Hinterbliebenenrente. Wenn der Ehe- oder Lebenspartner vor dem 65. Lebensjahr verstirbt, wird die Hinterbliebenenrente um einen Abschlag gemindert, der durch den Zugangsfaktor bestimmt wird. Maßgebend für die Bestimmung des Zugangsfaktors ist der Zeitpunkt des Todes des verstorbenen Versicherten. Liegt der Todeszeitpunkt des verstorbenen Versicherten vor dem 62. Lebensjahr, sind es 10,8 Prozent, liegt er in der Zeit zwischen dem 62. und dem 65. Lebensjahr, beträgt der Abschlag 0,3 Prozent für jeden Monat vor dem

65. Lebensjahr. Bei Todesfällen ab 2012 oder Beginn der Erziehungsrente ab 2012 werden die Altersgrenzen schrittweise von 60 auf 62 beziehungsweise von 63 auf 65 angehoben.

Liegen der Berechnung der Rente vierzig Jahre an bestimmten rentenrechtlichen Zeiten zugrunde, tritt bei der Berechnung des Zugangsfaktors an die Stelle des 65. Lebensjahres die Vollendung des 63. Lebensjahres und an die Stelle des 62. Lebensjahres das 60. Lebensjahr. Für die vierzig Jahre zählen die rentenrechtlichen Zeiten mit, wie sie auch bei der Altersrente für besonders langjährig Versicherte (→ Seite 31 f.) erforderlich sind.

Einkommen beeinflusst die Höhe der Hinterbliebenenrente

Hinterbliebenenrenten haben eine Unterhaltsersatzfunktion. Allerdings ist die Zahlung der Hinterbliebenenrente grundsätzlich davon abhängig, ob eigenes Einkommen erzielt wird. Als Einkommen werden berücksichtigt:

- → Einkommen aus Erwerbstätigkeit, beispielsweise aus abhängiger Beschäftigung (auch aus einem Minijob) oder selbstständiger Tätigkeit, Erwerbsersatzeinkommen, wie zum Beispiel Krankengeld oder Arbeitslosengeld,
- → Rente aus der gesetzlichen Rentenversicherung, die eigene Beamtenpension oder vergleichbare gezahlte Erwerbsersatzeinkommen. Nur nach neuem Hinterbliebenenrecht wird zusätzliches Einkommen angerechnet. Dazu gehören auch Betriebsrenten wie zum Beispiel aus der Zusatzversorgung des öffentlichen Dienstes, private Versorgungsrenten oder Einnahmen aus Kapitalvermögen.

Für den überlebenden Partner einer eingetragenen Lebenspartnerschaft gelten die Regelungen für Witwen-/Witwerrenten entsprechend.

Einkommen wirkt sich auf die Witwen-/Witwerrente jedoch nur aus, wenn ein bestimmter Freibetrag überschritten wird. Er beträgt in den alten Bundesländern monatlich 845,59 Euro und in den neuen Bundesländern monatlich 810,22 Euro (Stand Januar 2019).

Wenn Sie noch Kinder erziehen, erhöht sich der Freibetrag für jedes Kind, das Anspruch auf Waisenrente hat oder nur deshalb keinen hat, weil es nicht das Kind des verstorbenen Versicherten ist, um 179,37 Euro in den alten und um 171,86 Euro in den neuen Bundesländern (Stand Januar 2019).

Das Bruttoeinkommen wird, abhängig von der Art des Einkommens, durch den Abzug eines pauschalen, vom Gesetz bestimmten Werts auf einen Nettobetrag gebracht. Bei einer abhängigen Beschäftigung als Arbeitnehmer werden von dem Bruttogehalt pauschal für Steuer und Sozialabgaben

40 Prozent unterstellt und zwar unabhängig davon, ob Ihre tatsächlichen Abzüge höher oder niedriger sind. Bei einer Rente aus der gesetzlichen Rentenversicherung werden als Beitrag zur Kranken- und Pflegeversicherung pauschal 14 Prozent der Rente abgezogen. Dies erfolgt unabhängig davon, ob der Rentner in einer gesetzlichen Krankenkasse freiwilliges Mitglied ist oder versicherungspflichtig bei einem privaten Krankenversicherungsunternehmen oder überhaupt nicht krankenversichert ist. Bei Einkommen aus Vermögen sind es im Regelfall 25 Prozent. Danach wird geprüft, ob der Freibetrag überschritten wird. Ist dies der Fall, werden 40 Prozent des den Freibetrag überschreitenden Betrags von der Witwen-/Witwerrente abgezogen.

Eine Einkommensanrechnung findet nicht statt, wenn

- Sie Ihren Wohnsitz am 18. Mai 1990 in den alten Bundesländern hatten und
- Ihr Ehepartner vor dem 1. Januar 1986 gestorben ist oder
- zwar der Tod eines Ehepartners nach dem 31. Dezember 1985 eingetreten ist, aber beide Ehegatten bis zum 31. Dezember 1988 eine gemeinsame Erklärung abgegeben haben, dass das alte Hinterbliebenenrecht weiterhin gelten soll. Für die neuen Bundesländer besteht diese Regelung nicht.

BEISPIEL

Rita W. lebt in den alten Bundesländern, und die Witwenrente berechnet sich nach neuem Recht. Die monatliche Witwenrente vor Einkommensanrechnung beträgt 1.000 Euro. Frau W.s Bruttogehalt aus abhängiger Beschäftigung beträgt monatlich 2.000 Euro. Sie erzieht ein waisenrentenberechtigtes Kind. Aufgrund dieser Werte stellt sich die Hinzuverdienstprüfung wie folgt dar:

2.000 Euro – 800 Euro (= 40 Prozent)
= 1.200 Euro (fiktives Nettoeinkommen)

Der Freibetrag beträgt 845,59 Euro zuzüglich Freibetrag für ein Kind (179,37 Euro), sodass insgesamt ein Freibetrag von 1.024,96 Euro zu berücksichtigen ist.

Von dem fiktiven Nettogehalt 1.200 Euro sind 1.024,96 Euro abzuziehen, sodass 175,04 Euro fiktives Nettogehalt verbleiben. 40 Prozent dieses fiktiven Nettogehalts, also 70,02 Euro, werden von der Witwenrente abgezogen.

Als Witwe steht Frau W. damit ihr Gehalt in Höhe von 2.000 Euro brutto sowie die Witwenrente in Höhe von 929,98 Euro zu, von der gegebenenfalls noch die Beiträge zur Kranken- und Pflegeversicherung abzuziehen sind.

→ **TIPP**

Erhalten Sie eine kleine Witwen-/Witwerrente nach neuem Recht, haben Sie nur für 24 Monate Anspruch auf Witwen-/Witwerrente. Wenn Sie in dieser Zeit erneut heiraten, errechnet sich der Abfindungsbetrag nur noch aus den verbleibenden Monaten. Sie können sich aber auch für ein Rentensplitting entscheiden, soweit die Voraussetzungen hierfür vorliegen. Mehr zum Rentensplitting finden Sie auf → Seite 53 ff.

Bei **Wiederheirat** entfällt Ihre Witwen-/Witwerrente mit dem Ende des Monats der Eheschließung. Sie können dann einen Antrag auf Abfindung stellen und erhalten das 24-Fache der durchschnittlichen Rente der letzten zwölf Monate vor der Eheschließung.

Fällt in diesen Zeitraum das sogenannte Sterbevierteljahr, bleibt dieses unberücksichtigt. Die höhere Rente des Sterbevierteljahres fließt also in die Durchschnittsbetrachtung nicht ein.

Eine Abfindung ist nur bei der ersten Wiederheirat möglich.

Die Erziehungsrente

Die Erziehungsrente gehört zwar zu den Renten wegen Todes, wird aber aus der eigenen Versicherung gezahlt und zwar für die Dauer der Erziehung eines eigenen Kindes oder eines des verstorbenen früheren Ehepartners. Die Erziehung endet grundsätzlich mit dem 18. Lebensjahr des Kindes.

Unabhängig vom Alter wird die Erziehungsrente für ein hilfloses oder behindertes Kind gezahlt, das außerstande ist, sich selbst zu unterhalten. Die Erziehungsrente endet spätestens mit Ablauf des Monats, in dem Sie die Regelaltersgrenze erreichen, da dann die Regelaltersrente beansprucht werden kann. Sie endet auch mit einer neuen Wahlmöglichkeit zwischen Hinterbliebenenrente und Splitting zwischen Ehegatten.

Die Möglichkeit des Hinzuverdienstes bestimmt sich nach den gleichen Grundsätzen wie bei den Witwen-/Witwerrenten (→ Seite 38 f.).

Waisenrenten

Anspruch auf Halbwaisenrente besteht, wenn ein Elternteil verstirbt, und dieser die Wartezeit von sechzig Beitragsmonaten erfüllt hat.

Sterben beide Eltern, besteht Anspruch auf Vollwaisenrente, wenn mindestens ein Elternteil die Wartezeit von sechzig Beitragsmonaten erfüllt hat. Zu den berücksichtigungsfähigen Kindern gehören

- Stief- oder Pflegekinder, die in den Haushalt des Verstorbenen aufgenommen worden waren,
- Enkel und Geschwister, wenn sie im Haushalt des Verstorbenen aufgenommen worden waren oder von dem Verstorbenen überwiegend unterhalten wurden.

Die Waisenrente wird grundsätzlich bis zum 18. Lebensjahr des Kindes gezahlt. Über das 18. Lebensjahr hinaus wird die Waisenrente für die Dauer einer Ausbildung bis zum 27. Lebensjahr gezahlt. Während des Wehr- oder Zivildienstes wird Waisenrente nicht gezahlt. Wurde die Ausbildung durch Wehrpflicht oder Zivildienst unterbrochen, wird die Waisenrente für die weitere Dauer der Ausbildung im Umfang des geleisteten Dienstes über das 27. Lebensjahr hinaus gezahlt. Während der Ableistung des Bundesfreiwilligendienstes besteht Anspruch auf Waisenrente für höchstens 18 Monate, in besonderen Fällen bis zu 24 Monaten. Zwischen zwei Ausbildungsabschnitten wird die Waisenrente für maximal vier Monate, zum Beispiel zwischen dem Ende der Schulausbildung und dem Beginn des Studiums gezahlt. Behinderte Kinder erhalten die Rente generell bis zum 27. Lebensjahr, auch wenn sie sich nicht in Ausbildung befinden.

Die Halbwaisenrente beträgt 10 Prozent, die Vollwaisenrente 20 Prozent der Versichertenrente des verstorbenen Elternteils. Zusätzlich wird ein Zuschlag gezahlt, der sich nach dem Umfang der rentenrechtlichen Zeiten des verstorbenen Elternteils beziehungsweise der Eltern richtet, wenn beide Eltern die Wartezeit von sechzig Beitragsmonaten erfüllt haben. Besteht ein Anspruch auf mehrere Waisenrenten, wird nur die höchste gezahlt.

Beim Rentenabschlag gelten die Ausführungen zu den Witwen- und Witwerrenten (→ Seite 38 f.).

Eine Einkommensanrechnung findet bei Waisenrenten nicht statt.

Rentenrelevante Zeiten

Die Rente berechnet sich aus Ihrem gesamten Versicherungsleben. Je mehr Beitragszeiten Sie nachweisen können und je höher Ihr Verdienst oder die freiwilligen Beiträge waren, desto höher ist Ihre Rente. Es ist daher nicht wahr, dass besonders hohe Beiträge in den letzten fünf oder zehn Jahren zu einer besonders hohen Rente führen.

Die gesetzliche Rentenversicherung kennt keine Höchstrente. Die gesetzliche Rentenversicherung kennt aber auch keine Mindestrente. Sie enthält allerdings soziale Elemente, die zu einer Erhöhung der Rente führen. Für Beitragszeiten mit geringem Arbeitsentgelt vor 1992 gibt es unter bestimmten Voraussetzungen eine Mindestbewertung.

Beitragszeiten

Für die Rentenberechnung sind Beitragszeiten von Bedeutung. Das sind Zeiten, in denen Pflichtbeiträge oder freiwillige Beiträge gezahlt wurden. Sie spielen die größte Rolle, da sie den Anspruch auf Rente sowie die Rentenhöhe bestimmen. Hauptsächlich gehören dazu Zeiten,

- → in denen Sie rentenversicherungspflichtig beschäftigt waren,
- → in denen Sie als rentenversicherungspflichtiger Selbstständiger Beiträge gezahlt haben,
- → in denen Sie als Beamter ohne Anspruch auf Versorgung ausgeschieden sind und in der gesetzlichen Rentenversicherung nachversichert wurden,
- → in denen Sie Wehr-, Zivil- oder Bundesfreiwilligendienst geleistet haben.

→ TIPP

Haben Sie zum Beispiel eine Lehre oder ein Praktikum absolviert und die für diese Zeit entrichteten Beitragszeiten enthalten im Versicherungsverlauf nicht den Zusatz „berufliche Ausbildung“, dann sollten Sie das beim Rentenversicherungsträger ändern lassen.

Als Beitragszeiten zählen auch die **Zeiten der Kindererziehung**. Bei Geburten vor 1992 werden seit dem 1. Juli 2014 pro Kind 24 Monate als Kindererziehungszeit berücksichtigt, für Geburten nach 1991 sind es 36 Monate Kindererziehungszeit pro Kind. Bei Mehrlingsgeburten wird das weitere Erziehungsjahr beziehungsweise werden die weiteren Erziehungsjahre angehängt. Für Kindererziehungszeiten werden pro Monat der Erziehung in den alten Bundesländern 0,0833 Entgeltpunkte angerechnet. Was man unter Entgeltpunkt versteht, erfahren Sie auf Seite 47. Bei 24 Monaten der Kindererziehung sind das 1,9992 Entgeltpunkte, bei 36 Monaten der Kindererziehung sind es 2,9988 Entgeltpunkte. Daraus resultiert eine monatliche Rentenanwartschaft von 64,03 Euro beziehungsweise 96,05 Euro, wenn die Kinder in den alten Bundesländern (Rechtskreis West) erzogen worden sind. In den neuen Bundesländern (Rechtskreis Ost) sind es 0,0833 Entgeltpunkte (Ost) pro Monat und 1,9992 Entgeltpunkte (Ost) pro Jahr, bei 36 Monaten Kindererziehungszeiten sind es 2,9988 Entgeltpunkte (Ost). Daraus resultiert eine monatliche Rentenanwartschaft von 61,36 Euro beziehungsweise 92,03 Euro (Stand Juli 2018).

→ TIPP

Maßgebend für die Zuordnung des Rechtskreises ist der Wohnort, in dem die Erziehung tatsächlich erfolgt ist. Bei einem Wohnsitzwechsel von den alten in die neuen Bundesländer oder umgekehrt innerhalb eines Monats wird für diesen Monat immer der Rechtskreis West zugrunde gelegt.

Haben Sie während der Zeit der Kindererziehung Beiträge, zum Beispiel aufgrund einer rentenversicherungspflichtigen Beschäftigung, gezahlt, werden Entgeltpunkte für Kin-

INFORMATION

Anhebung der Kindererziehungszeit

Ab 2019 werden für vor 1992 geborene Kinder pro Kind 30 Monate Kindererziehungszeit berücksichtigt.
Mütter und Väter, die zu diesem Zeitpunkt schon eine Rente beziehen, erhalten ab Januar 2019 einen entsprechenden Zuschlag.

dererziehungszeiten auf den Entgeltpunktwert begrenzt, den ein Höchstbeitrag ergeben würde. Das führt dazu, dass Kindererziehungszeiten in einem solchen Fall die Rente nicht oder nur teilweise erhöhen.

Beitragsfreie Zeiten

Außer den Beitragszeiten gibt es auch beitragsfreie Zeiten. Darunter fallen Ersatz-, Anrechnungs- und Zurechnungszeiten. Ersatzzeiten haben bei der Berechnung der Rente eine abnehmende Bedeutung. Es handelt sich dabei um Zeiten des Wehr- und Kriegsdienstes in der Deutschen Wehrmacht, Zeiten der Verfolgung durch den Nationalsozialismus, Zeiten der Flucht und der Vertreibung (Aussiedler, Spätaussiedler) oder der politischen Haft. Soweit für Zeiten der Arbeitsunfähigkeit und der Arbeitslosigkeit keine Beiträge in die Rentenversicherung gezahlt worden sind, können sich diese unter bestimmten Voraussetzungen als Anrechnungszeiten rentenerhöhend auswirken. Aber auch Zeiten der Schul-, Fach- und Hochschulausbildung nach dem 17. Lebensjahr im Umfang von maximal acht Jahren können die Höhe der Rente beeinflussen.

Weitere **Anrechnungszeiten** sind

- Zeiten der Ausbildungssuche nach dem 17. Lebensjahr, wenn in dieser Zeit eine Meldung bei der Agentur für Arbeit vorgelegen und mindestens einen Kalendermonat gedauert hat,
- versicherungsfreie Lehrzeiten,
- Zeiten des Rentenbezugs vor dem 55. Lebensjahr beziehungsweise 67. Lebensjahr in Verbindung mit einer Zurechnungszeit,
- Zeiten des Bezugs von Schlechtwettergeld vor 1979,
- Arbeitsausfalltage, die sich auf Zeiten der Arbeitsunfähigkeit und der Mutterschaftsfristen bei Versicherten in den neuen Bundesländern vor dem 1. Juli 1990 beziehen.

Die **Zurechnungszeit** ist für Erwerbsminderungsrenten und Renten wegen Todes sehr wichtig, wenn die Erwerbsminderung oder

der Sterbefall bereits in jungen Jahren eintritt. Ohne die Zurechnungszeit würde die Erwerbsminderungs-/Hinterbliebenenrente sehr niedrig ausfallen, wenn nur die bis zum Eintritt der Erwerbsminderung/des Sterbefalls gezahlten Beiträge Grundlage für die Rentenberechnung wären. Als Zurechnungszeit gilt die Zeit vom Eintritt der Erwerbsminderung/des Sterbefalls bis zum 62. Lebensjahr. Bei einem Rentenbeginn ab Januar 2018 erfolgt eine stufenweise Anhebung auf das 65. Lebensjahr. Bei einem Rentenbeginn im Jahr 2018 ist es das 62. Lebensjahr plus drei Monate, im Jahr 2019 das 62. Lebenjahr plus sechs Monate, 2020 ist es das 62. Lebensjahr plus zwölf Monate.

Die Bewertung der beitragsfreien Zeiten erfolgt im Rahmen der sogenannten Gesamtleistungsbewertung (→ Seite 47 f.). Dabei werden Entgeltpunkte für die letzten vier Jahre bis zum Eintritt der Erwerbsminderung nicht berücksichtigt, wenn sich dadurch ein höherer Wert für die Bewertung ergibt.

VORSICHT

Seit dem 1. Januar 2011 werden Zeiten des Bezugs von Arbeitslosengeld II nicht mehr als Beitragszeit, sondern als nicht bewertete Anrechnungszeit berücksichtigt.

INFORMATION

Verlängerung der Zurechnungszeit

Für Rentenzugänge ab Januar 2019 erfolgt eine schrittweise Verlängerung der Zurechnungszeit bis 2031 auf das 67. Lebensjahr.

Berücksichtigungszeiten

Berücksichtigungszeiten entstehen im Zusammenhang mit Kindererziehungszeiten und Pflegezeiten. Die Kinderberücksichtigungszeit beginnt mit dem Tag der Geburt und endet am zehnten Geburtstag des Kindes. Anders als bei Kindererziehungszeiten wird der Zeitraum der gleichzeitigen Erziehung mehrerer Kinder nicht verlängert. So werden zum Beispiel bei der Geburt von Zwillingen zehn Jahre an Berücksichtigungszeiten berücksichtigt und nicht zwanzig Jahre. Berücksichtigungszeiten werden auch nicht wie Kindererziehungszeiten unmittelbar bewertet. Sie haben jedoch Bedeutung für die höhere Bewertung von anderen Zeiten. Sie zählen auch bei der Erfüllung der Wartezeit für die Altersrente für langjährig Versicherte und besonders langjährig Versicherte. Sie haben eine anwartschaftserhaltende Funktion bei Renten wegen Minderung der Erwerbsfähigkeit. Die Kinderberücksichtigungszeit wird dem Elternteil zugeordnet, dem auch die Kindererziehungszeit zugeordnet wird. Die Anrechnung von Kinderberücksichtigungszeiten ist für die Zeit einer mehr als geringfügigen selbstständigen Tätigkeit ausgeschlossen, es sei denn, es wurden in dieser Zeit Pflichtbeiträge gezahlt.

> **HINTERGRUND**
>
> Berücksichtigungszeiten wegen der nicht erwerbsmäßigen Pflege eines Angehörigen konnten nur in der Zeit vom 1. Januar 1992 bis zum 31. März 1995 erworben werden. Die Anrechnung der Berücksichtigungszeiten wegen Pflege musste bis zum 30. Juni 1995 beantragt werden.

Die Rentenberechnung

Grundlage für die Berechnung einer Rente ist die Rentenformel:

monatliche Rente = Entgeltpunkte (bzw. Entgeltpunkte (Ost)) × Zugangsfaktor × Rentenartfaktor × aktueller Rentenwert (bzw. aktueller Rentenwert (Ost)).

Ein **Entgeltpunkt** spiegelt das Verhältnis Ihres Arbeitsentgelts zum Durchschnittsentgelt aller Versicherten in der gesetzlichen Rentenversicherung wider. Erzielen Sie Ihr Arbeitsentgelt in den neuen Bundesländern, so resultiert daraus ein Entgeltpunkt (Ost). Wie hoch das Durchschnittsentgelt eines Jahres ist, gibt die Bundesregierung am Ende eines Jahres durch Rechtsverordnung bekannt. Das vorläufige Durchschnittsentgelt im Jahr 2019 beträgt 38.901 Euro. Wenn Sie 2019 einen Jahresarbeitsverdienst in dieser Höhe haben, resultiert daraus ein Entgeltpunkt. Wenn Sie im Jahr 2019 ein Arbeitsentgelt in Höhe von 58.351,50 Euro erzielen, resultieren daraus 1,5 Entgeltpunkte. Da das durchschnittliche Arbeitsentgelt in den neuen Bundesländern derzeit noch geringer ist als in den alten Bundesländern, wird es bei der Rentenberechnung mit einem Faktor erhöht, der das Verhältnis von Durchschnittsentgelt West zu Ost wiedergibt. Auch diesen Faktor gibt die Bundesregierung jedes Jahr durch Rechtsverordnung bekannt.

Gesamtleistungsbewertung

Mit der Gesamtleistungsbewertung werden die beitragsfreien und die beitragsgeminderten Zeiten bewertet. Maßgebend ist dabei der Zeitpunkt der Vollendung des 17. Lebensjahres bis zum Beginn der Rente, der Zeitpunkt der Erwerbsminderung oder des Todes (Gesamtzeitraum). Hat ein Versicherter bereits vor dem 17. Lebensjahr rentenrechtliche Zeiten, zum Beispiel aufgrund einer Lehre, zurückgelegt, ist der Beginn der Lehre maßgebend.

Aus den im Gesamtzeitraum ermittelten Entgeltpunkten aus Beitragszahlungen wird ein Durchschnitt gebildet, mit dem die beitragsfreien Zeiten bewertet werden. Je mehr der Gesamtzeitraum mit rentenrechtlichen Zeiten belegt ist, umso höher ist grundsätzlich der Wert für die beitragsfreien Zeiten, wobei für Ausbildungszeiten, Zeiten der Arbeitsunfähigkeit oder Arbeitslosigkeit bestimmte Höchstwerte gelten. Beitragsgeminderte Zeiten sind Kalendermonate, die sowohl mit Beitragszeiten als auch mit beitragsfreien Zeiten belegt sind. Sie erhalten mindestens den Wert, der aus der Gesamtleistungsbewertung für die beitragsfreie Zeit errechnet wird.

Zugangsfaktor

Am Zugangsfaktor können Sie erkennen, ob in Ihrer Rente ein Abschlag oder ein Zuschlag enthalten ist. Ist weder ein Abschlag noch ein Zuschlag in Ihrer Rente enthalten, beträgt der Zugangsfaktor 1,0.

Bei Renten, die vorzeitig in Anspruch genommen werden, erfolgt ein Abschlag von 0,3 Prozent pro Monat der vorzeitigen Inanspruchnahme.

> **BEISPIEL**
>
> Die Altersrente für langjährig Versicherte wird 24 Monate vor dem Zeitpunkt in Anspruch genommen, an dem sie abschlagsfrei beansprucht werden kann. Der Zugangsfaktor errechnet sich wie folgt:
>
> 24 × 0,3 Prozent = 0,072
> 1,0 – 0,072 = 0,928
>
> Der Zugangsfaktor beträgt also 0,928.
>
> Diese Regelungen gelten auch für die Erwerbsminderungsrenten und Renten wegen Todes. Wird die Altersrente erst nach der Regelaltersgrenze in Anspruch genommen, obwohl die Wartezeit von sechzig Monaten zu diesem Zeitpunkt erfüllt war, gibt es einen Zuschlag von 0,5 Prozent pro Monat.

Persönliche Entgeltpunkte

Persönliche Entgeltpunkte setzen sich zusammen aus der Summe aller Entgeltpunkte aus Beitragszeiten, beitragsfreien Zeiten und Zuschlägen, zum Beispiel für beitragsgeminderte Zeiten oder aus dem Zuschlag oder Abschlag an Entgeltpunkten für den Versorgungsausgleich, multipliziert mit dem Zugangsfaktor.

Rentenartfaktor

Mit dem Rentenartfaktor kommt das Sicherungsziel der Rente als Faktor zum Ausdruck. So beträgt er beispielsweise bei einer Altersrente 1,0, bei einer großen Witwenrente 0,6 beziehungsweise 0,55, bei einer teilweisen Erwerbsminderungsrente 0,5.

Aktueller Rentenwert

Der aktuelle Rentenwert ist der monatliche Rentenbetrag, den ein Altersrentner erhält, wenn er Rentenversicherungsbeiträge für ein Jahr entsprechend dem Durchschnittsentgelt in der Rentenversicherung gezahlt hat. In den alten Bundesländern beträgt er 32,03 Euro, in den neuen Bundesländern (aktueller Rentenwert (Ost)) 30,69 Euro (Stand Januar 2019).

BEISPIEL

Dieter S. hat 45 Jahre jeweils entsprechend dem Durchschnitt aller Versicherten verdient. Daraus resultieren 45 Entgeltpunkte (für jedes Jahr 1 Entgeltpunkt). Er nimmt seine Altersrente zum Zeitpunkt der Regelaltersgrenze in Anspruch.

Die monatliche Bruttorente beträgt somit in den alten Bundesländern:

45 Entgeltpunkte × 1,0 (Zugangsfaktor) × 1,0 × 32,03 Euro (aktueller Rentenwert) = 1.441,35 Euro

in den neuen Bundesländern:

45 Entgeltpunkte x 1,0 × 1,0 × 30,69 Euro (aktueller Rentenwert (Ost)) = 1.381,05 Euro.

Angleichung Ost-West

Mit dem 1. Januar 1992 wurde das Rentensystem der Bundesrepublik auf die neuen Bundesländer übertragen. Bis zur Herstellung einheitlicher Einkommensverhältnisse wurden für die neuen Bundesländer besondere Rechengrößen geschaffen und fortgeführt.

Diese Besonderheiten werden bis 2024 so angepasst, dass es mit dem 1. Januar 2025 keine besonderen Rechengrößen (Ost) mehr geben wird. Das bezieht sich zum Beispiel auf die Beitragsbemessungsgrenze (Ost), auf Entgeltpunke (Ost) und auf den aktuellen Rentenwert (Ost). Es wird dann auch keine Hochwertung der in den neuen Bundesländern erzielten Arbeitsentgelte mehr geben. Auswirkungen wird die Angleichung auch im Zusammenhang mit der Einkommensanrechnung bei Witwen-, Witwer- und Erziehungsrenten haben, da sich der Freibetrag unter Berücksichtigung des aktuellen Rentenwerts errechnet.

Die Rentenanpassung

Die gesetzliche Rentenversicherung basiert auf dem sogenannten Umlageverfahren, das heißt, die aktuellen Renten werden im Wesentlichen durch die derzeitigen Beitragszahler und die Bundeszuschüsse finanziert. Aufgrund hoher Arbeitslosigkeit, nicht oder nur gering steigender Löhne, längerer Rentenzeiten durch Vorruhestandsregelungen oder steigender Lebenserwartung sowie einer geringeren Anzahl von Beitragszahlern durch

eine niedrige Geburtenrate geht das Konzept nicht mehr auf, zumal der Beitragssatz nicht beliebig erhöht werden kann. Somit hat die Rentenversicherung das Problem, ihre Leistungen weiterhin zu finanzieren.

In den letzten Jahren hat die Bundesregierung daher – neben anderen Maßnahmen – mehrfach die „Rentenanpassungsformel“ verändert, um die künftige Finanzierung der Renten zu sichern.

So hat zuletzt das sogenannte Rentenversicherungs-Nachhaltigkeitsgesetz des Jahres 2004 mit dem Nachhaltigkeitsfaktor sehr gravierende Veränderungen gebracht. Dieser Faktor berücksichtigt das Verhältnis der Anzahl der Beitragszahler zur Anzahl der Rentner. Damit soll sichergestellt werden, dass die Anpassung der Renten geringer ausfällt, wenn sich die Zahl der Rentner erhöht und die Zahl der Beitragszahler reduziert. Dieses Verhältnis wird als **„Rentnerquotient“** bezeichnet. Eine Schutzklausel bewirkt, dass sich der aktuelle Rentenwert nicht mindern kann.

Darüber hinaus enthält das Rentenversicherungs-Nachhaltigkeitsgesetz eine Niveausicherungsklausel. Diese orientiert sich am Nettorentenniveau vor Steuern. Dabei wird die verfügbare Bruttostandardrente eines Rentners mit 45 Jahren Durchschnittsverdienst vor Steuern, aber abzüglich Krankenversicherungs- und Pflegeversicherungsbeitrag der Rentner, festgestellt.

Gegenübergestellt wird das verfügbare Bruttodurchschnittsentgelt der Arbeitnehmer vor Steuern, aber abzüglich durchschnittlicher Arbeitnehmer-Sozialversicherungsbeiträge und durchschnittlicher Vorsorgeaufwendungen für die geförderte private Altersvorsorge (Riester-Rente). Das daraus resultierende Nettorentenniveau vor Steuern ist bis zum Jahr 2025 auf nicht unter 48 Prozent garantiert.

Besteht die Gefahr, dass das Nettorentenniveau diese Grenzen unterschreitet, wird der aktuelle Rentenwert entsprechend angehoben. Zur Sicherung des Niveaus hat der Gesetzgeber auch schon in der Vergangenheit eingegriffen. Durch das Rentenversicherungs-Altersgrenzenanpassungsgesetz beispielsweise wurden die Altersgrenzen angehoben. Die Anhebung begann im Jahr 2012 mit dem Geburtsjahrgang 1947 zunächst in Monatsschritten. Damit wurde bei einem 1947 geborenen Versicherten die Regelaltersgrenze von 65 Jahren um einen Monat, bei einem 1948 geborenen Versicherten um zwei Monate angehoben. Ab Jahrgang 1959 erfolgt die Anhebung in Zweimonatsschritten.

Versicherte, die die Voraussetzungen für die Frauenaltersrente oder die Altersrente wegen Arbeitslosigkeit oder nach Altersteilzeitarbeit erfüllen, sind von der Anhebung ausgenommen.

INFORMATION

Garantie des Niveausicherungsziels

Das Niveausicherungsziel von 48 Prozent ist bis zum Jahr 2025 garantiert.

Rentenansprüche aus dem Versorgungsausgleich

Werden durch den Versorgungsausgleich Entgeltpunkte gutgeschrieben, kann das zur Berücksichtigung von Wartezeitmonaten führen. Das ist allerdings nur dann möglich, wenn in die Ehezeit fallende Kalendermonate nicht bereits auf die Wartezeit angerechnet werden.

Wartezeitmonate, die aufgrund des Versorgungsausgleichs ermittelt werden, zählen nicht zu den besonderen versicherungsrechtlichen Voraussetzungen, die bei einzelnen Rentenarten gefordert werden, wie zum Beispiel bei der Altersrente für besonders langjährig Versicherte, die Pflichtbeitragsmonate fordert.

Rechtslage seit 1. September 2009

Durch das Gesetz zur Strukturreform des Versorgungsausgleichs vom 3. April 2009 (BGBl. I S. 700) wurde das Gesetz über den Versorgungsausgleich für die Zeit ab 1. September 2009 neu geregelt. Nunmehr wird der Ausgleich überwiegend in dem Versorgungssystem vorgenommen, in dem auch die Anwartschaft erworben wurde (sogenannte interne Teilung). Die externe Teilung bei einem anderen Versorgungsträger soll die Ausnahme sein.

Nach dem neuen Recht gibt es in der gesetzlichen Rentenversicherung künftig kein Rentnerprivileg mehr. Bisher wurde eine Rente beim Ausgleichspflichtigen aufgrund des Versorgungsausgleichs nicht gemindert, wenn die Entscheidung des Familiengerichts erst nach dem Beginn der Rente des Ausgleichspflichtigen erfolgt ist. Mit dem neuen Recht wirkt sich der Versorgungsausgleich beim Ausgleichspflichtigen sofort aus, auch wenn dieser bereits Rentner ist. Auch das neue Recht enthält Regelungen, die nicht

> INFORMATION
>
> **Regeln und Ausnahmen**
>
> Das bisherige Recht gilt weiter in den Fällen, in denen das Versorgungsausgleichsverfahren vor dem 1. September 2009 beim Familiengericht eingeleitet worden ist beziehungsweise ein Abänderungsantrag vor dem 1. September 2009 gestellt worden ist. Ausnahme: Über das vor dem 1. September 2009 eingeleitete Verfahren hat das Familiengericht vor dem 1. September 2010 noch nicht entschieden, damit gilt das neue Recht. Bei einem vor dem 1. September 2009 abgetrennten oder ausgesetzten Versorgungsausgleichsverfahren, das wieder aufgenommen wird, gilt das neue Recht.

oder nur partiell zu einer Minderung der Rente durch den Versorgungsausgleich führen. Dies ist der Fall, wenn der ausgleichsverpflichtete Ehegatte

- → zur Zahlung von Unterhalt verpflichtet ist, und der ausgleichsberechtigte Ehegatte noch keine Rente erhält oder
- → eine Rente wegen Invalidität oder eine Altersrente vor dem Erreichen der Regelaltersgrenze erhält und durch den Versorgungsausgleich eine Anwartschaft außerhalb der gesetzlichen Rentenversicherung, zum Beispiel aus der Beamtenversorgung, erworben hat, aber daraus noch keine Leistung erhalten kann oder
- → der ausgleichsberechtigte Ehegatte gestorben ist und nicht mehr als für 36 Monate Rente mit Anteilen aus dem Versorgungsausgleich erhalten hat.

Im Fall der Aussetzung der Zahlung aufgrund von Unterhaltsverpflichtungen ist der Antrag beim Familiengericht zu stellen, sonst beim Versicherungs- oder Versorgungsträger.

Auch das neue Recht sieht die Möglichkeit der Abänderung von Entscheidungen über den Versorgungsausgleich vor, wenn sich die Höhe der während der Ehezeit erworbenen Anwartschaften wesentlich verändert hat. Allerdings wird differenziert zwischen Entscheidungen über den Versorgungsausgleich vor dem 1. September 2009 und solchen nach dem 31. August 2009. So sind beispielsweise die Voraussetzungen für die Höhe der Wertveränderungen unterschiedlich. Bei neuen Entscheidungen ist die Abänderung nur für bestimmte Anrechte möglich. Antragsberechtigt sind die Ehegatten, die Hinterbliebenen, aber auch die betroffenen Versorgungsträger. Der Antrag ist frühestens sechs Monate vor dem Zeitpunkt zulässig, ab dem ein Ehegatte voraussichtlich eine laufende Versorgung aus dem abzuändernden Anrecht bezieht oder dies aufgrund der Abänderung zu erwarten ist. Die Überprüfung führt das zuständige Familiengericht für den Wohnort des Antragstellers auf Antrag durch. Die Änderung muss sich zugunsten eines Ehegatten oder der Hinterbliebenen auswirken. Sie gilt ab dem Ersten des Monats, der dem Monat der Antragstellung beim Familiengericht folgt.

Rentensplitting unter Ehegatten

Seit Januar 2002 können Ehegatten zwischen der Hinterbliebenenrente und dem Splitting zwischen Ehegatten wählen. Voraussetzung ist, dass die Ehe nach dem 31. Dezember 2001 geschlossen wurde oder diese zu diesem Zeitpunkt zwar bereits bestand, beide Ehegatten aber nach dem 1. Januar 1962 geboren sind. Die Regelungen zum Splitting unter Ehegatten gelten für Lebenspartner einer eingetragenen Lebenspartnerschaft entsprechend.

Beim Splitting zwischen Ehegatten werden die während der Ehezeit erworbenen Anwartschaften beider Ehepartner gegenübergestellt. Derjenige, der mehr erworben hat, gleicht gegenüber dem anderen aus, sodass beide Ehepartner nach dem Splitting für die Ehezeit über die gleichen Anwartschaften verfügen.

Die gemeinsame Erklärung zur Durchführung des Rentensplittings kann frühestens sechs Monate vor dem Anspruch beider Ehepartner auf Altersrente abgegeben werden oder – falls nur ein Ehepartner Anspruch auf Altersrente hat – dann, wenn der andere Ehepartner die Regelaltersgrenze erreicht hat. Weitere Voraussetzung ist, dass beide Ehepartner über 25 Jahre an rentenrechtlichen Zeiten verfügen. Ist ein Ehepartner verstorben, müssen die 25 Jahre beim überlebenden Ehepartner vorliegen.

Rentensplitting kann auch vom überlebenden Ehepartner beantragt werden, wenn der andere Partner verstorben ist und die Möglichkeit des Splittings vorher noch nicht bestanden hat. Die Zeit, für die das Splitting durchgeführt werden kann, endet mit dem Zeitpunkt des Todes.

→ **TIPP**

Auch wenn der überlebende Ehepartner bereits eine Witwen- oder Witwerrente bezieht, ist ein Rentensplitting möglich. Voraussetzung: Der Antrag wird innerhalb von zwölf Kalendermonaten nach dem Tod des Ehepartners gestellt.

Das Splitting zwischen Ehegatten wird altersbedingt erst im Lauf der kommenden Jahre eine größere Bedeutung erlangen. Derzeit ist sie besonders für junge Witwen und Witwer wichtig. Auch wenn Sie bereits eine Witwen-/Witwerrente bekommen, können Sie ein Rentensplitting beantragen. Lassen Sie sich zunächst vom Rentenversicherungsträger ausrechnen, wie sich das Splitting auswirkt, und entscheiden Sie dann, ob Sie davon Gebrauch machen wollen. Wenn Sie bereits eine Witwen-/Witwerrentenabfindung erhalten haben, ist ein Rentensplitting nicht mehr möglich.

Prüfen Sie daher vor der Abfindung, ob das Splitting möglich und sinnvoll ist. Es wäre zum Beispiel dann empfehlenswert, wenn der überlebende Ehegatte dauerhaft über ein hohes eigenes Einkommen verfügt, das zum Ruhen einer Witwen- oder Witwerrente führen würde. Auf die durch Rentensplitting übertragene Rentenanwartschaft hat die Höhe des eigenen Einkommens keine Auswirkung.

Ein bereits durchgeführtes Splitting kann unter bestimmten Voraussetzungen auch abgeändert oder zurückgenommen werden. Eine Abänderung ist möglich, wenn sich zum Beispiel aufgrund von Rechtsänderungen der Wertunterschied bei den Rentenansprüchen während der Splittingzeit wesentlich verändert hat.

Wesentlich ist ein Wertunterschied, wenn er 10 Prozent der durch die frühere Entscheidung übertragenen Entgeltpunkte, mindestens aber 0,5 Entgeltpunkte ausmacht oder aber eine Wartezeit erfüllt wird. Der Antrag kann nur von dem durch das Splitting begünstigten Partner gestellt werden. Eine Kürzung findet nicht statt, wenn der Partner, zu dessen Gunsten das Rentensplitting durchgeführt worden ist, bis zu seinem Tod davon nicht oder nur wenig in Anspruch genommen hat und auch keine weiteren rentenberechtigten Hinterbliebenen vorhanden sind.

„Wenig in Anspruch genommen" bedeutet, dass drei Jahresbeträge einer Altersrente, die sich aus den übertragenen Anwartschaften errechnet, bei der Ausgabe nicht überschritten werden.

Was Rentner sonst noch wissen sollten

Auswirkungen des Wohnsitzwechsels auf die Rente

Ein Wechsel des Wohnorts innerhalb der Bundesrepublik hat im Regelfall für die Höhe der Rentenzahlung keine Konsequenzen. Ausnahmen bestehen im Zusammenhang mit Hinzuverdienstgrenzen bei vorzeitig in Anspruch genommenen Altersrenten. Da kommt es darauf an, wo der Arbeitsverdienst oder das Einkommen aus selbstständiger Tätigkeit erzielt wird.

Für die Einkommensanrechnung bei Hinterbliebenen ist der gewöhnliche Aufenthalt ebenfalls von Bedeutung.

→ **TIPP**

Bevor Sie als Rentner in den alten Bundesländern vor der Regelaltersgrenze eine Beschäftigung oder selbstständige Tätigkeit in den neuen Bundesländern beginnen oder Ihren gewöhnlichen Aufenthalt dort nehmen oder eine Hinterbliebenenrente beziehen, sollten Sie bei Ihrem Rentenversicherungsträger nachfragen, ob und gegebenenfalls mit welchen Auswirkungen auf Ihre Rente zu rechnen ist.

Für Vertriebene und Spätaussiedler sowie für Anspruchsberechtigte nach dem deutsch-polnischen Sozialversicherungsabkommen aus dem Jahr 1975, deren Renten Zeiten nach dem sogenannten Fremdrentengesetz enthalten, gelten Besonderheiten bei einem Wohnsitzwechsel von den alten in die neuen Bundesländer, wenn die Rente nach dem 31. Dezember 1991 begonnen hat.

Auch können Hinterbliebene, die zu ihrer Rente hinzuverdienen und dabei Hinzuverdienstgrenzen zu beachten haben, bei einem Umzug von den alten in die neuen Bundesländer eine unangenehme Überraschung erleben, weil sich der sogenannte Freibetrag ändert (→ zum Thema Hinterbliebenenrenten und Hinzuverdienst Seite 40 f.). Aussiedler und Spätaussiedler wurden und werden nach einem bestimmten Schlüssel auf die einzelnen Bundesländer verteilt. Welcher

Rechtskreis zugeordnet wird, orientiert sich am ersten Aufenthaltsort. Ist Dresden zum Beispiel der erste Aufenthaltsort eines Spätaussiedlers, so werden seine nach dem Fremdrentengesetz zu berücksichtigenden Zeiten mit dem aktuellen Rentenwert (Ost) bewertet. Ist dagegen Köln sein erster Aufenthaltsort, so werden seine Fremdrentenzeiten mit dem aktuellen Rentenwert (West) bewertet. Aber es gibt auch Ausnahmen von dieser Regel: Verlegt der Spätaussiedler aus Köln seinen gewöhnlichen Aufenthalt nach Leipzig, wird sich seine Rente mindern, da seine Fremdrentenzeiten dann mit dem niedrigeren aktuellen Rentenwert (Ost) bewertet werden. Das ändert sich selbst dann nicht, wenn der Spätaussiedler von Leipzig nach Köln zurückkehrt.

Seinen gewöhnliche Aufenthalt hat jemand dort, wo er sich unter Umständen aufhält, die erkennen lassen, dass er an diesem Ort oder in diesem Gebiet nicht nur vorübergehend verweilt. Nach der Rechtsprechung des Bundessozialgerichts erfordert der Begriff des gewöhnlichen Aufenthalts keine ständige Anwesenheit. Eine Abwesenheit von längerer Dauer bis zu einem Jahr ist nicht zu beachten, wenn sich der Lebensmittelpunkt dadurch nicht verändert. Die Beurteilung dessen, was noch dem gewöhnlichen Aufenthalt zuzuordnen ist und was nicht, erfolgt unter Würdigung der Gesamtumstände des Einzelfalls.

Ob sich die Verlegung des gewöhnlichen Aufenthalts ins Ausland auf die Zahlung und Höhe der Rente auswirkt, hängt von verschiedenen Faktoren ab. Grundsätzlich sollten Sie davon ausgehen, dass sich folgende Punkte negativ auswirken können:

→ die Art der rentenrechtlichen Zeiten, die der Rentenberechnung zugrunde liegen,
→ die Rentenart (zum Beispiel bei einer Rente wegen Minderung der Erwerbsfähigkeit).

→ TIPP

Lassen Sie sich unbedingt schriftlich von Ihrem Rentenversicherungsträger über die Auswirkungen auf Ihre Rente bei einem gewöhnlichen Aufenthalt im Ausland aufklären, bevor Sie eine solche Entscheidung treffen.

Im Übrigen sind Sie als Rentner dazu verpflichtet, Ihren Rentenversicherungsträger über Ihren Wohnsitzwechsel ins Ausland zu informieren. Dies gilt auch für Ihre Krankenkasse.

Über die Auswirkungen auf Ihre Krankenversicherung können Sie sich auch bei dem GKV-Spitzenverband, Deutsche Verbindungsstelle Krankenversicherung-Ausland (DVKA), Pennefeldsweg 12c in 53177 Bonn, per Telefon 02 28/95 30-0, Fax 02 28/95 30-600, oder E-Mail post@dvka.de oder im Internet unter www.dvka.de informieren.

Überprüfung der Rente

Sie können anhand Ihrer Unterlagen nachprüfen, ob die im Versicherungsverlauf des Rentenbescheids dargestellten Zeiträume und Beitragszeiten übereinstimmen. Prüfen Sie anhand Ihrer Versicherungsunterlagen die zeitlichen Angaben, bei Zeiten einer versicherungspflichtigen Beschäftigung die Höhe der Arbeitsentgelte.

Wenn Unterbrechungen (Lücken) in Ihrem Versicherungsverlauf enthalten sind, versuchen Sie diese zu klären (was haben Sie in dieser Zeit gemacht?). Für weitergehende Prüfungen sollten Sie einen Fachmann ansprechen.

Sie haben als Rentner aber auch die Möglichkeit, Ihre Rente überprüfen zu lassen, wenn die Rechtskraft des Rentenbescheids bereits eingetreten ist. Voraussetzung ist, dass Sie neue Unterlagen vorlegen. Dazu gehören zum Beispiel Beitragsnachweise oder Belege über sogenannte beitragsfreie Zeiten wie Arbeitslosigkeit, Krankheitszeiten oder Schul- und Studienzeiten.

Die Überprüfung ist auch möglich, wenn das Bundessozialgericht in ständiger Rechtsprechung oder das Bundesverfassungsgericht das Recht anders beurteilt haben als der Rentenversicherungsträger zum Zeitpunkt des Rentenbescheids.

Als Hinterbliebener können Sie auch Ihre Hinterbliebenenrente überprüfen lassen. Die Überprüfung bezieht sich dabei allerdings nur auf die Hinterbliebenenrente und nicht auf die gegebenenfalls davor gezahlte Versichertenrente. Eine Ausnahme ist nur dann möglich, wenn der verstorbene Versicherte noch zu Lebzeiten das Rechtsbehelfsverfahren eingeleitet hat und Sie Rechtsnachfolger sind.

INFORMATION

Widerspruch gegen Rentenbescheid einlegen

Wenn Sie mit Ihrem Rentenbescheid nicht einverstanden sind, haben Sie die Möglichkeit, innerhalb der sogenannten Rechtsbehelfsfrist gegen den Bescheid Widerspruch zu erheben. Die Rechtsbehelfsfrist ist gewahrt, wenn Sie bei Wohnsitz im Inland innerhalb eines Monats, bei Wohnsitz im Ausland binnen drei Monaten nach Zustellung des Bescheids schriftlich – per Post, Fax, DE-Mail oder E-Mail (nur mit einer qualifizierten elektronischen Signatur) – Widerspruch einlegen. Bei E-Mail und Computerfax ist besonders darauf zu achten, dass aus dem Schriftstück hervorgeht, wer den Widerspruch erhoben hat. Die Unterschrift muss deshalb eingescannt werden oder es muss der Hinweis enthalten sein, dass der Absender aufgrund der gewählten Übertragungsform nicht unterzeichnen kann.

> **VORSICHT**
>
> Bevor Sie an den Rentenversicherungsträger herantreten, sollten Sie sicher sein, dass sich die Rentenhöhe aufgrund der neuen Unterlagen auch tatsächlich zu Ihren Gunsten verändert. Selbst wenn Sie bisher nicht berücksichtigte Beitragszeiten nachweisen, kann das dazu führen, dass sich Ihre Rente nicht erhöht, sondern mindert. Deshalb sollten Sie, bevor Sie die neuen Unterlagen an den Rentenversicherungsträger übersenden, Ihre Rente unter Berücksichtigung der neuen Zeiten durch einen Fachmann berechnen lassen, selbst wenn Sie hierfür etwas bezahlen müssen. Dessen Honorar haben Sie schnell wieder heraus, wenn Ihnen dadurch unter Umständen Nachteile über Jahre erspart bleiben.

Dauer der Rentenzahlung

Befristete Renten (Zeitrenten) werden bis zum Ende der Befristung gezahlt, sonst bis zum Ende des Monats, in dem der Rentenberechtigte verstirbt. Dabei handelt es sich um Renten wegen Erwerbsminderung und große Witwen-/Witwerrenten wegen verminderter Erwerbsfähigkeit, die längstens für drei Jahre geleistet werden, bei denen aber eine Verlängerung möglich ist. Heiraten Bezieher einer Witwen- oder Witwerrente erneut, wird die Rente bis zum Ende des Monats der Eheschließung gezahlt. Zu viel gezahlte Renten werden vom Rentenversicherungsträger zurückgefordert.

Renten, die nach dem Tod des Berechtigten auf ein Konto bei einem Geldinstitut im Inland überwiesen werden, gelten als unter Vorbehalt gezahlt, zum Beispiel für eine sich anschließende Hinterbliebenenrente. Das Geldinstitut muss grundsätzlich die zu viel gezahlten Renten erstatten, wenn der Rentenversicherungsträger dies fordert, es sei denn, über die Rente ist schon verfügt worden. Besteht allerdings noch ein Guthaben, kann daraus die Rücküberweisung erfolgen. Bei einem Konto im Ausland verpflichtet sich der Rentenberechtigte, die zu viel gezahlten Beträge an die Deutsche Post AG zurückzuzahlen und seinem Bankinstitut eine entsprechende Anweisung zu erteilen. Diese Anweisung kann nur von dem Berechtigten, nicht aber von seinen Erben widerrufen werden.

Pfändung der Rente

Renten können, wie Arbeitseinkommen auch, teilweise gepfändet werden. In welcher Höhe dies geschehen darf, bestimmt die Zivilprozessordnung. Maßgebend sind dabei die Anzahl der unterhaltsberechtigten Personen und die Höhe des Einkommens. Erfolgt die Pfändung aufgrund von geschuldeten Unterhaltszahlungen, kann ein größerer Teil der Rente gepfändet werden. Gegen einen Pfändungsbeschluss können Sie beim zuständigen Amtsgericht Erinnerung einlegen und gleichzeitig einen Antrag auf einstweilige Anordnung der Einstellung der Zwangsvollstreckung stellen. Das Amtsgericht wird Ihrem Antrag jedoch nur folgen, wenn die Erinnerung ausreichend begründet ist.

Abtretung der Rente

Der Rentenversicherungsträger zahlt Ihre Rente grundsätzlich immer an Sie aus. Sie können jedoch Ihre Rente teilweise oder ganz an Dritte abtreten. Völlig frei können Sie bei Ihrer Rente allerdings nur über den Betrag verfügen, der über der Pfändungsfreigrenze nach der Zivilprozessordnung liegt. Bei dem darunterliegenden Betrag prüft der Rentenversicherungsträger, ob die Abtretung in Ihrem wohlverstandenen Interesse liegt.

Online-Dienste der Rentenversicherungsträger

Wenn Sie Zugang zum Internet haben, können Sie die zahlreichen Online-Dienste der Deutschen Rentenversicherung in Anspruch nehmen: www.deutsche-rentenversicherung.de. Dazu gehört die Möglichkeit, einen aktuellen Rentenversicherungsverlauf anzufordern, der an Ihre letzte Anschrift gesendet wird, die dem Rentenversicherungsträger bekannt ist. Sie sollten darauf achten, dass der Rentenversicherungsträger immer über Ihre aktuelle Anschrift informiert ist. Die Rentenversicherungsträger müssen natürlich die Identität des Online-Kunden sicherstellen, bevor sie personenbezogene Daten weiterleiten. Die Zusendung durch die Post ist daher eine Möglichkeit.

Sie haben aber auch die Möglichkeit, direkt auf Ihr Versicherungskonto zuzugreifen. Das geht allerdings nur dann, wenn Sie Inhaber eines elektronischen Identitätsnachweises sind. Dazu gehört zum Beispiel die Online-Ausweisfunktion des neuen Personalausweises oder eine elektronische Signaturkarte des Rentenversicherungsträgers. Wie Sie an die elektronische Signaturkarte kommen, wird auf der Website der Deutschen Rentenversicherung erläutert. Sie können sich dort auch Vordrucke herunterladen, die zum Beispiel für die Kontenklärung oder das Rentenverfahren erforderlich sind. Ebenso sind dort Gesetzestexte und -kommentierungen sowie aktuelle rentenrechtliche Gesetzesänderungen aufgeführt.

→ **TIPP**

Hilfreiche Internetadressen sind unter anderem:
www.deutsche-rentenversicherung.de
www.deutsche-rentenversicherung-bund.de
www.bmas.bund.de
www.bmg.bund.de
www.rentenservice.de

Wenn Sie schon eine Renteninformation erhalten haben, können Sie auf der ersten Seite erkennen, welcher Rentenversicherungsträger für Sie zuständig ist und sich für Auskünfte direkt dorthin wenden. Wenn Sie nicht sicher sind, welcher Rentenversicherungsträger für Sie zuständig ist, können Sie online auf der Startseite der Deutschen Rentenversicherung die Unterlagen anfordern. Es kann dann etwas länger dauern. Spätestens nach 14 Tagen sollte Ihnen der Versicherungsverlauf aber vorliegen. Wenn das nicht der Fall ist, sollten Sie sich postalisch unter Angabe Ihrer Versicherungsnummer mit Ihrem Rentenversicherungsträger in Verbindung setzen. Auf den Seiten der Rentenversicherungsträger erhalten Sie auch Informationen über aktuelle Rechtsänderungen und gerichtliche Entscheidungen, soweit diese rentenrechtliche Auswirkungen haben.

Mitteilungspflichten

Als Rentner sind Sie verpflichtet, Ihren Rentenversicherungsträger über bestimmte Sachverhalte zu informieren. Die Verpflichtung ergibt sich aus dem Ersten Buch Sozialgesetzbuch (SGB 1). Sie dient letztlich auch Ihrem Schutz, denn wenn Sie für längere Zeit eine zu hohe Rente bezogen haben, weil Sie zum Beispiel Ihren gewöhnlichen Aufenthalt ins Ausland verlegt haben, ohne den Rentenversicherungsträger informiert zu haben, kann das zu Rückforderungen durch den Rentenversicherungsträger führen. Folgende Veränderungen sollten Sie dem Rentenversicherungsträger unverzüglich mitteilen:

- → Mitgliedschaft in einer gesetzlichen Krankenkasse oder bei einem privaten Krankenversicherungsunternehmen oder wenn sich Ihr Mitgliedsstatus bei Ihrer gesetzlichen Krankenkasse von einer Pflichtmitgliedschaft in eine freiwillige oder umgekehrt ändert,
- → Wechsel des Wohnsitzes ins Ausland (→ Seite 55 f.),
- → Wechsel des Wohnsitzes innerhalb der Bundesrepublik, wenn in der Rente Hinzuverdienstgrenzen zu beachten sind, Zeiten nach dem Fremdrentengesetz enthalten sind oder sich der Anspruch nach dem deutsch-polnischen Sozialversicherungsabkommen von 1975 bestimmt,
- → Änderungen in den Einkommensverhältnissen, wenn bei der Rente Hinzuverdienstgrenzen zu beachten sind. Das ist bei allen vorgezogenen Altersrenten, bei den Erwerbsminderungsrenten und bei den Hinterbliebenenrenten mit Ausnahme der Waisenrenten der Fall. Dies gilt auch dann, wenn ein Wohnsitzwechsel zwar nicht erfolgt, die Einnahmen jedoch aus einer Beschäftigung oder selbstständigen Tätigkeit in einem anderen Rechtskreis (Rechtskreis West oder Rechtskreis Ost) erzielt werden. Das ist dann der Fall, wenn ein Rentner mit

Wohnsitz in den alten Bundesländern die abhängige Beschäftigung oder selbstständige Tätigkeit in den neuen Bundesländern – oder umgekehrt – ausübt;

- Bezug einer Rente durch die gesetzliche Unfallversicherung oder deren Abfindung (auch aus dem Ausland),
- Anspruch auf Entschädigung (Diäten) als Abgeordneter,
- Eheschließung bei Witwen- und Witwerrenten,
- Renten, die Sie von einem Träger der gesetzlichen Rentenversicherung aus dem Ausland erhalten.

In Ihrem Rentenbescheid werden Sie auf weitere meldepflichtige Sachverhalte hingewiesen. Wenn Sie nicht sicher sind, ob sich ein bestimmter Sachverhalt auf Ihre Rente auswirkt, sollten Sie den Rentenversicherungsträger oder einen Fachmann dazu befragen.

Grundsicherung

Die Grundsicherung ist keine Leistung der gesetzlichen Rentenversicherung. Die Grundsicherung soll den grundlegenden Bedarf für den Lebensunterhalt von Personen sicherstellen, die wegen Alters oder aufgrund voller Erwerbsminderung auf Dauer aus dem Erwerbsleben ausgeschieden sind und deren Einkünfte nicht für den notwendigen Lebensunterhalt ausreichen.

Die Leistungen der Grundsicherung werden nur auf Antrag erbracht. Seit dem 1. Januar 2005 ist die Grundsicherung ein Teil der Sozialhilfe. Sie gilt für Personen mit gewöhnlichem Aufenthalt im Inland, die

- die Regelaltersgrenze erreicht haben oder
- das 18. Lebensjahr vollendet haben und unabhängig von der jeweiligen Arbeitsmarktlage auf Dauer voll erwerbsgemindert im Sinn des Rentenrechts sind. „Auf Dauer" bedeutet: Es ist unwahrscheinlich, dass die volle Erwerbsminderung behoben werden kann. Der tatsächliche Bezug einer Alters- oder Erwerbsminderungsrente ist nicht erforderlich.

Keinen Anspruch auf Grundsicherung haben Personen,

- die in den letzten zehn Jahren ihre Bedürftigkeit vorsätzlich oder grob fahrlässig herbeigeführt haben (zum Beispiel durch Schenkungen) oder
- deren Eltern oder Kinder Einkommen haben, das jährlich einen Betrag von 100.000 Euro übersteigt.
- Für ausländische Staatsangehörige, die Leistungen nach dem Asylbewerberleistungsgesetz erhalten, ist der Anspruch ebenfalls ausgeschlossen.

Voraussetzung für die Grundsicherungsleistung ist also, dass Sie bedürftig sind. Das heißt, Sie können Ihren Lebensunterhalt aus eigenem Einkommen oder Vermögen oder aus dem Einkommen oder Vermögen Ihres

nicht getrennt von Ihnen lebenden Ehepartners nicht oder nur teilweise bestreiten. (Die eheähnliche Gemeinschaft und die eingetragene Lebenspartnerschaft sind dabei gleichgestellt.) Dies gilt allerdings nur insoweit, als es den Eigenbedarf des Partners übersteigt. Zum Einkommen gehören Erwerbseinkommen aus abhängiger Beschäftigung oder selbstständiger Tätigkeit, Erwerbsersatzeinkommen wie zum Beispiel Renten der gesetzlichen Rentenversicherung oder der berufsständischen Versorgungseinrichtungen und Pensionen, Einkünfte aus Vermietung oder Verpachtung und andere Kapitaleinkünfte. Zum Vermögen gehören beispielsweise Haus- und Grundvermögen sowie Barvermögen.

Die Rentenversicherungsträger weisen in ihren Bescheiden auf die Grundsicherungsleistung hin, sofern die monatliche Rente den Betrag von 864,81 Euro nicht übersteigt (Stand Januar 2019). Daraus leitet sich allerdings noch kein Leistungsanspruch ab, denn Ihr Rentenanspruch schließt das Vorhandensein von weiterem Einkommen oder Vermögen nicht aus.

Für Alleinstehende und Haushaltsvorstände werden monatlich 416 Euro in den alten und neuen Bundesländern als Grundsicherungsleistung gezahlt. Bei weiteren Mitgliedern des Haushalts sind es

- → vom Beginn des 15. Lebensjahres bis zum vollendeten 18. Lebensjahr zusätzlich 316 Euro,
- → für ein leistungsberechtigtes Kind vom Beginn des siebten Lebensjahres bis zur Vollendung des 14. Lebensjahres zusätzlich 296 Euro,
- → für ein leistungsberechtigtes Kind bis zur Vollendung des sechsten Lebensjahres zusätzlich 240 Euro.

Dazu sind noch weitere Leistungen wie zum Beispiel Miete möglich. Die Grundsicherung wird für zwölf Kalendermonate bewilligt und beginnt mit dem Monat der Antragstellung. Ändern sich Ihre Verhältnisse nicht, sollten Sie vor Ablauf des Bewilligungszeitraums einen neuen Antrag einreichen. Es ist empfehlenswert, diesen bei dem Sozialhilfeträger zu stellen, in dessen Bereich Sie wohnen beziehungsweise in dessen Bereich Sie sich gewöhnlich aufhalten. Sie können die Grundsicherung auch bei Ihrem Rentenversicherungsträger beantragen, der den Antrag an den zuständigen Sozialhilfeträger weiterleitet. Bei der Beratungsstelle Ihres Rentenversicherungsträgers können Sie sich auch zur Grundsicherung beraten lassen. Besser ist es jedoch, beim örtlichen Sozialhilfeträger nachzufragen, da für bestimmte Leistungen die Gegebenheiten des Wohnorts zu beachten sind.

20 EURO
50 EURO
100
Name
Vorname
Steuernummer
Altersvorsorgebeiträge als Sonderausgaben
106/306
Beitragspflichtige Einnahmen i. S.
Besoldung, Amtsbezüge, Einnahmen
Dienstunfähigkeit
Entgeltersatzleistung oder sog. Arbeitslose
Rente wegen

Einkommensteuer-rechtliche Fragen

Der Fiskus bittet auch Rentner zur Kasse: Sie müssen weiterhin Steuern zahlen, nicht nur auf ihre Rente, sondern gegebenenfalls auch auf andere Einkünfte, wie beispielsweise Kapitalerträge, Mieteinnahmen und Verdienst aus Nebenjobs. Was gilt es dabei zu beachten? Und wie können Sie die Vorteile nutzen, die es bei einer klugen Gestaltung gibt? In diesem Kapitel erfahren Sie, womit Sie rechnen müssen und wie Sie am besten vorgehen.

Wie werden Renten besteuert?

Gesetzliche und private Renten, Betriebsrenten und Pensionen werden jeweils unterschiedlich besteuert. Steuerlich ist zu unterscheiden zwischen

→ Renten und
→ Pensionen und Betriebsrenten.

Renten werden von gesetzlichen oder privaten Rentenversicherungen, Pensionen und Betriebsrenten dagegen vom ehemaligen Arbeitgeber ausgezahlt. Renten in diesem Sinn sind Sonstige Einkünfte (§ 22 EStG) und werden in der Einkommensteuererklärung in der Anlage R eingetragen.

Pensionen, Betriebsrenten und andere Bezüge, die vom ehemaligen Arbeitgeber gezahlt werden, stellen steuerlich Versorgungsbezüge, das heißt Einkünfte aus nichtselbstständiger Arbeit (§ 19 EStG) dar. Sie sind in der Einkommensteuererklärung in der Anlage N zu erfassen.

Neuregelung der Rentenbesteuerung durch das Alterseinkünftegesetz

Renten wurden bis einschließlich 2004 nur in Höhe ihrer relativ niedrigen Ertragsanteile besteuert. Daher zahlten viele Rentner bis einschließlich 2004 keine Steuern und waren von den Finanzämtern gar nicht erfasst. Pensionen waren dagegen – bis auf einen Versorgungsfreibetrag – grundsätzlich voll steuerpflichtig.

Nach Auffassung des Bundesverfassungsgerichts war die unterschiedliche Steuerbelastung von gesetzlichen Renten und Beamtenpensionen verfassungswidrig. Das 2005 in Kraft getretene Alterseinkünftegesetz sieht daher den vollständigen Übergang auf die nachgelagerte Besteuerung aller Alterseinkünfte vor, das heißt, dass Renten aus der gesetzlichen Rentenversicherung wie Beamtenpensionen zu 100 Prozent steuerpflichtig werden.

Im Gegenzug sollen sich die eingezahlten Beiträge stärker als bisher steuermindernd auswirken. Da bei den jetzigen Rentnern die Steuerbefreiung der Beiträge nicht in ausreichendem Maße gegeben war, konnte man nicht sofort auf die hundertprozentige Besteuerung aller Renten übergehen, sondern setzte für alle Bestandsrentner – also die, die am 31. Dezember 2005 bereits Rentner waren – einen Besteuerungsanteil von 50 Prozent der Rente fest.

Das Alterseinkünftegesetz sieht eine 35-jährige Übergangszeit bis zum Jahr 2040 vor, in der der Besteuerungsanteil für Neurentner – das heißt, diejenigen, die in dem betreffenden Jahr in Rente gehen – jährlich um 2, ab 2020 um 1 Prozentpunkt erhöht wird, sodass Neurentner ab 2040 ihre Rente zu 100 Prozent versteuern müssen.

Gesetzliche Grundlage

Besteuerungsanteile laut § 22 Nr. 1 S. 3 a) aa) EStG

Jahr des Rentenbeginns	Besteuerungsanteil in Prozent
2010	60
2011	62
2012	64
2013	66
2014	68
2015	70
2016	72
2017	74
2018	76
2019	78
2020	80
2021	81
2022	82
2023	83
2024	84
2025	85
2026	86
2027	87
2028	88
2029	89
2030	90

Für Personen, die seit 2010 bis 2030 in Rente (= gesetzliche Alters- oder Erwerbsunfähigkeitsrente etc.) gegangen sind beziehungsweise gehen, gelten damit die in der vorstehenden Tabelle angegebenen Besteuerungsanteile.

Rentenfreibetrag

Der nach der Tabelle steuerfrei bleibende Betrag wird ab dem zweiten Jahr des Rentenbezugs als lebenslanger Rentenfreibetrag festgeschrieben. Das heißt, dass diejenigen, die bereits Rentner sind, von den weiteren Erhöhungen der Besteuerungsanteile nicht betroffen sind, da ihr persönlicher Rentenfreibetrag ein für alle Mal festgeschrieben wurde. Allerdings bedeutet dies auch, dass spätere Rentenanpassungsbeträge voll steuerpflichtig sind, da der Rentenfreibetrag nicht mit der Rente ansteigt. Dies gilt nur für die regelmäßigen Anpassungen; außergewöhnliche Änderungen der Rentenhöhe – zum Beispiel durch die sogenannte Mütterrente – führen zu einer komplizierten Neuberechnung des Rentenfreibetrags.

§ URTEIL

Neuberechnung des Rentenfreibetrags erforderlich

Treffen mehrere Ansprüche zusammen, beispielsweise eine eigene Rente oder Beamtenpension und eine Hinterbliebenenrente, so kann es zu Änderungen der Hinterbliebenenrente aufgrund von Einkommensanrechnungen kommen. Da es sich hierbei nicht um regelmäßige Anpassungen handelt, wird laut dem rechtskräftigen Urteil des Finanzgerichts Köln vom 7. April 2017 (Az. 8 K 1489/15) auch in diesem Fall eine Neuberechnung des Rentenfreibetrags erforderlich. Dies wird dadurch verkompliziert, dass die Anrechnungsbeträge sich aufgrund der regelmäßigen Erhöhungen ändern können, das heißt die regelmäßige und die unregelmäßige Änderung treten zeitgleich ein. In diesem Fall ist laut FG Köln jeweils die regelmäßige Anpassung von der Änderung durch die Einkommensanrechnung zu trennen.

Besteuerungsanteil bei Witwen-/Witwerrenten

Eine Ausnahme von den oben genannten Grundsätzen bilden Hinterbliebenenrenten. Wenn ein Ehegatte verstirbt und der überlebende Ehegatte deshalb – gegebenenfalls zusätzlich zur eigenen Rente – eine Witwen- oder Witwerrente erhält, wird für diese Hinterbliebenenrente ein separater Rentenfreibetrag ermittelt. Damit diese Berechnung vom Finanzamt richtig durchgeführt werden kann, ist es wichtig, die Witwen- oder Witwerrente in die Anlage R der Einkommensteuererklärung als **Folgerente** einzutragen. Als Folgerente aus derselben Versicherung wie die Rente des verstorbenen Ehegatten wird sie mit demselben – niedrigeren – Besteuerungsanteil wie die vorhergehende Rente erfasst.

→ **TIPP**

Tragen Sie Witwen- oder Witwerrenten so ins Formular ein, dass der richtige (höhere) Freibetrag gewährt wird.

BEISPIEL

Wilhelm T. erhielt seit 2006 eine Altersrente aus der gesetzlichen Rentenversicherung. 2019 verstirbt Herr T. und seine überlebende Ehegattin Maria erhält eine entsprechende Witwenrente. Aufgrund des Rentenbeginns 2006 wurde die Rente von Herrn T. mit einem Besteuerungsanteil von 52 Prozent erfasst. Die Witwenrente beginnt 2019, wird aber nicht mit dem laut der oben aufgeführten Tabelle für 2019 gültigen Besteuerungsanteil von 78 Prozent, sondern als Folgerente mit dem niedrigeren Besteuerungsanteil der vorhergehenden Rente – also mit 52 Prozent – besteuert.

Wie im Beispiel gezeigt, gilt für Witwen- oder Witwerrenten der niedrigere Besteuerungsanteil des verstorbenen Ehegatten, wenn dieser bereits selbst Rentner war. Daher muss in der Anlage R das Datum des Beginns der Rente des Verstorbenen unter „Vorhergehende Rente" eingetragen werden.

Pflicht zur Abgabe von Einommensteuererklärungen

Rentner sind unter anderem dann dazu verpflichtet, Einkommensteuererklärungen abzugeben,

- → wenn sie vom Finanzamt dazu aufgefordert wurden oder
- → gemäß § 56 EStDV wenn der Gesamtbetrag ihrer Einkünfte (→ Seite 107) höher ist als der steuerliche Grundfreibetrag von 9.168 Euro pro Person und Jahr (Stand 2019; 2018: 9.000 Euro; Verdoppelung bei zusammenveranlagten Ehegatten; Erhöhung auf 9.408 Euro für 2020 geplant).

Falls neben der Rente noch Arbeitslohn bezogen wurde, gelten die unten dargestellten Sonderregelungen.

Wenn Sie alleinstehend sind und neben Ihrer Rente keine Einkünfte aus nichtselbstständiger Arbeit erzielen, kommt es auf die Höhe Ihres jährlichen Gesamtbetrags der Einkünfte an: Beträgt dieser nicht mehr als der steuerliche Grundfreibetrag, so brauchen Sie keine Einkommensteuererklärung einzureichen (§ 56 Satz 1 Nr. 2 EStDV). Nicht ganz trivial ist allerdings die Ermittlung des Gesamtbetrags der Einkünfte. Ihre Rente ist hierbei in Höhe

HINTERGRUND

Meldung der Rentenhöhe und des Empfängers

Gesetzliche Rentenversicherungsträger, private Versicherungsunternehmen und alle anderen Stellen, die Renten auszahlen, müssen die Höhe der ausgezahlten Renten und Angaben über die Empfänger der Rente per Datenübertragung an eine zentrale Stelle bei der Deutschen Rentenversicherung Bund melden, die diese Daten an die Finanzverwaltung weiterleitet. Nach einigen Anlaufschwierigkeiten ist dieses Verfahren mittlerweile etabliert und Rentner sollten davon ausgehen, dass die Höhe ihrer bezogenen Renten dem zuständigen Finanzamt bekannt ist. Diese Informationen ermöglichen es den Finanzämtern, Rentner gezielter zur Abgabe von Einkommensteuererklärungen aufzufordern und die in den Steuererklärungen eingetragenen Daten leichter zu überprüfen.

des Besteuerungsanteils zu berücksichtigen (→ Seite 66 f.); für die Ermittlung der übrigen Einkünfte sind die jeweiligen Einnahmen um Werbungskosten beziehungsweise Betriebsausgaben zu vermindern (→ Seite 84 ff.).

Für Verheiratete, von denen niemand Einkünfte aus nichtselbstständiger Arbeit bezieht, gilt nach § 56 Satz 1 Nr. 1 EStDV das Gleiche, allerdings wird bei ihnen der gemeinsame Gesamtbetrag der Einkünfte mit dem doppelten Grundfreibetrag (18.336 Euro, Stand 2019) verglichen.

Sind Sie alleinstehend und haben neben Ihrer Rente Einkünfte aus nichtselbstständiger Arbeit erzielt, von denen Lohnsteuer eingehalten wurde (z. B. weil Sie erst im Lauf des Jahres in Rente gegangen sind), sind Sie nach § 46 Abs. 2 EStG bereits dann zur Abgabe einer Einkommensteuererklärung verpflichtet, wenn die nicht dem Lohnsteuerabzug unterworfenen Einkünfte mehr als 410 Euro im Kalenderjahr betragen haben. Für Verheiratete, die sich zusammenveranlagen lassen wollen (was im Regelfall die günstigste Möglichkeit ist), gilt Analoges, wenn mindestens einer der Ehegatten lohnsteuerpflichtige Einkünfte aus nichtselbstständiger Arbeit bezieht. Verheiratete sind außerdem stets zur Abgabe einer Einkommensteuererklärung verpflichtet, wenn einer von Ihnen in Steuerklasse III eingeordnet wurde.

VORSICHT

Rentner sind bei entsprechend hohen Einkünften auch ohne direkte Aufforderung durch das Finanzamt zur Abgabe der Einkommensteuererklärung verpflichtet.

Rentenbezugsmitteilungen

Zu beachten ist, dass der Gesamtbetrag der Einkünfte neben der Rente auch andere Erträge wie zum Beispiel Mieten enthält, es besteht daher die Pflicht zur Abgabe auch bei einer niedrigen Rente und entsprechend hohen, dem Finanzamt nicht bekannten Nebeneinkünften. Besonderheiten gelten, wenn Sie zusätzlich zur Rente noch lohnsteuerpflichtige Einkünfte erzielt haben. In diesen Fällen müssen die Betroffenen unaufgefordert Einkommensteuererklärungen einreichen. Wenn sie dies nicht tun, kann eine leichtfertige Steuerverkürzung oder – bei vorsätzlicher Nichtabgabe und hohen Einkünften – sogar eine Steuerhinterziehung vorliegen. Allerdings hat die Finanzverwaltung angekündigt, Verstöße von Rentnern gegen die Pflicht zur Abgabe von Steuererklärungen mit Augenmaß zu verfolgen.

VORSICHT

Wenn Sie veranlagungspflichtig sind und keine Einkommensteuererklärung abgeben, gelten lange Verjährungsfristen.

Wenn keine Ordnungswidrigkeit oder Straftat vorliegt, kann bis Ende 2019 noch die Einkommensteuer für das Kalenderjahr 2012 festgesetzt werden. Im Fall einer Ordnungswidrigkeit kann 2019 noch die Einkommensteuer für 2011 festgesetzt werden und bei einer Steuerhinterziehung verlängert sich die Verjährungsfrist um weitere 5 Jahre, sodass 2006 hinterzogene Steuern noch bis zum 31. Dezember 2019 festgesetzt werden können. Bitter ist für die Betroffenen, dass sie für zurückliegende Jahre nicht nur die Einkommensteuer nachzahlen müssen, sondern ab dem 16. Monat seit Entstehung der Steuer zusätzlich Zinsen von 6 Prozent pro Jahr.

BEISPIEL

2019 erhält Hans Z. seinen Steuerbescheid für das Jahr 2012, in dem eine Einkommensteuer von 2.000 Euro festgesetzt wird. Die sogenannte Vollverzinsung beginnt 15 Monate nach Ende des betreffenden Kalenderjahres, hier also am 1. April 2014. Wenn sie beispielsweise am 31. März 2019 endet, fallen für fünf Jahre Zinsen in Höhe von 6 Prozent pro Jahr an, insgesamt also 600 Euro (= 30 Prozent von 2.000 Euro).

WICHTIG

Seit dem Veranlagungszeitraum 2017 besteht grundsätzlich nicht mehr die Pflicht, Belege (→ rechts) mit der Steuererklärung einzureichen. Es genügt, wenn sie aufbewahrt werden. Einzureichen sind sie dann nur noch, wenn das Finanzamt sie anfordert.

CHECKLISTE

Belege für die Einkommensteuererklärung (ggf. unterjährig sammeln!)

- Rentenbescheide (gesetzliche und private Renten)
- Kapitalerträge (Zinsen, Dividenden etc.); alternativ: Jahresbescheinigung der Bank (evtl. kostenpflichtig)
- Bankbelege und Rechnungen über Handwerkerarbeiten an eigengenutzter Wohnung/ eigengenutztem Haus
- Bankbelege und Rechnungen über haushaltsnahe Dienstleistungen (u. a. Fensterputzer, Gartenpflege, Betreuung/Pflege). Achtung: Wer in einer Eigentumswohnung lebt, kann die in der Nebenkostenabrechnung ausgewiesenen Dienstleistungen geltend machen (egal ob als Eigentümer oder Mieter)
- Belege über Haushaltshilfe (Minijob)
- Versicherungsbeiträge (vor allem Kranken-, Pflege-, Unfall-, Haftpflichtversicherung)
- Spendenbescheinigungen (Spenden/Beiträge an gemeinnützige, kirchliche, mildtätige Institutionen sowie an politische Parteien/Freie Wählergemeinschaften)
- Schwerbehindertenausweis/Bescheinigung Pflegestufe
- Behinderungsbedingte Kosten (Aufwendungen für Pflege/Betreuung, Umbaukosten, Hilfsmittel). Achtung: Ggf. vorher Attest einholen!
- Evtl. gezahlte Unterhaltsleistungen an unterhaltsberechtigte Personen (vor allem Kinder, Eltern, Ex-Ehegatten)
- Krankheitskosten (Zuzahlungen, Kosten für Heilpraktiker, Heilkuren, Fahrten zu Ärzten, Heilpraktikern, Therapeuten, Krankenhaus). Achtung: Ggf. vor der Kur Attest einholen!
- Falls sozialversicherungspflichtige Nebentätigkeit ausgeübt oder eine Betriebsrente bezogen wird: Lohnsteuerbescheinigung und Belege über alle damit zusammenhängenden Werbungskosten (z. B. Arbeitsmittel, Arbeitsbekleidung, Fachliteratur, Fortbildung, PC oder Notebook)
- Falls selbstständige Nebentätigkeit ausgeübt wird: Belege über sämtliche Betriebseinnahmen und Betriebsausgaben, Aufzeichnungen über betriebliche Fahrten
- Falls Vermietungseinkünfte erzielt werden: Mietverträge, Nebenkostenabrechnungen und alle mit der Vermietung zusammenhängenden Werbungskosten (Reparaturen, Grundbesitzabgaben, Zinsen, bei Eigentumswohnungen Abrechnung der Hausverwaltung)

„In vielen Fällen gibt es die Möglichkeit, Sonderausgaben, außergewöhnliche Belastungen und Haushaltsdienstleistungen steuermindernd abzuziehen.“

BERND URBAN Dipl.-Finanzwirt (FH), ist vereidigter Buchprüfer und Steuerberater und seit vielen Jahren in eigener Kanzlei tätig. Neben seiner langjährigen Tätigkeit als Dozent ist er ferner Autor zahlreicher fachwissenschaftlicher Publikationen.

Was sind die typischen steuerlichen Problemfelder bei Rentnern?

BERND URBAN: Die Renten stiegen zwar zum 1. Juli 2018 deutlich an – 3,22 Prozent im Westen und 3,37 Prozent im Osten –, doch es gibt auch einen Wermutstropfen: Durch jede Erhöhung steigt auch der steuerpflichtige Teil der Rente. Allerdings können Rentner zumindest die auf die Rente anfallenden Beiträge zur Kranken- und Pflegeversicherung steuermindernd absetzen.

Die wichtigste Frage ist aber, ob Rentner überhaupt dazu verpflichtet sind, eine Einkommensteuererklärung abzugeben. Dies kann sich durchaus ändern, da Rentner zwar einen „Rentenfreibetrag“ haben, aber sämtliche Rentenerhöhungen voll steuerpflichtig sind und dadurch immer mehr Personen in die Veranlagungspflicht „hineinrutschen“, auch wenn sie zu Rentenbeginn noch unter den entsprechenden Grenzen lagen. Falls die Pflicht zur Abgabe einer Steuererklärung besteht, gilt es – neben den Einkünften aus der Rente selbst – die übrigen Einkünfte (wie beispielsweise Erträge aus Vermietungen oder Betriebsrenten) zu erfragen und einschließlich der entsprechenden Abzugsmöglichkeiten zutreffend zu ermitteln. In vielen Fällen gibt es auch die Möglichkeit, Sonderausgaben, außergewöhnliche Belastungen wie Krankheits- und Pflegekosten, Vergünstigungen für Behinderte und Handwerker- und Haushaltsdienstleistungen steuermindernd abzuziehen.

Die Finanzverwaltung hatte angekündigt, bei Rentnern, die veranlagungspflichtig sind, aber dennoch keine Steuererklärungen einreichen, mit Augenmaß vorzugehen. Wird dies tatsächlich so praktiziert?

Zum Glück hatte ich in meiner Kanzlei nur einen gravierenden Fall dieser Art, und der betraf den Veranlagungszeitraum 2006, also direkt nach der Systemumstellung in 2005. Ich kann bestätigen, dass das Finanzamt moderat vorgegangen ist. Allerdings hört man jetzt in Fachkreisen, dass die Finanzämter mittlerweile doch wesentlich schärfer agieren. Dies wurde auch von den Medien aufgegriffen, wo man Schlagzeilen findet wie „Finanzamt schont Rentner nicht“.

Für wie zuverlässig halten Sie die elektronisch an die Finanzverwaltung übermittelten

Daten, insbesondere die Rentenbezugsmitteilungen und die Mitteilungen der steuerlich relevanten Versicherungsbeiträge?
In den ersten Jahren der elektronischen Übermittlung war diese eher „holprig"; in einigen Fällen wurden falsche Daten übermittelt und/oder die Übermittlung erfolgte zu spät. Mittlerweile ist beides wesentlich besser geworden. Eine hundertprozentige Sicherheit, dass die übermittelten Daten richtig sind, hat man meiner Meinung nach aber dennoch nicht, denn wo Menschen arbeiten, werden Fehler gemacht, auch bei einer elektronischen Datenübermittlung.
Ich rate auf jeden Fall dazu, die entsprechenden Felder der Einkommensteuererklärung auszufüllen. Dies ist im Übrigen die Voraussetzung dafür, dass die Steuerpflichtigen überhaupt ihre Einkommensteuerbescheide überprüfen können, denn viele Steuer-Sparprogramme setzen Zahlen für eine Berechnung der Steuer voraus.

Sind steuerliche Laien in der Lage, selbst die erforderlichen Angaben korrekt in die amtlichen Formulare einzutragen?
In steuerlich einfach gelagerten Fällen und bei entsprechendem Interesse können Rentner ihre Einkommensteuererklärung selbst anfertigen. Ein in diesem Sinn einfacher Fall sieht so aus, dass es neben der Altersrente keine nennenswerten weiteren Einkünfte gibt und dass auch die Abzüge überschaubar sind, zum Beispiel können Kranken- und Pflegeversicherungsbeiträge privat Versicherter anhand der Versicherungsbescheinigungen, in denen in der Regel die Zeile des betreffenden Formulars angegeben ist, korrekt eingetragen werden. Das Eintragen der Rente selbst ist nicht ganz einfach, da die Anlage R für Laien unübersichtlich gestaltet ist und da nicht der in der Regel jährlich gleichbleibende Rentenfreibetrag, sondern der Rentenanpassungsbetrag, der sich von Jahr zu Jahr ändert, einzutragen ist. Um hier keine Fehler zu machen, ist es hilfreich, bei der Zentralen Stelle der Deutschen Rentenversicherung Bund eine Rentenbezugsmitteilung anzufordern. Näheres unter www.deutsche-rentenversicherung.de. Dies kann auch telefonisch unter dem kostenfreien Servicetelefon der Deutschen Rentenversicherung 08 00/1 00 04 80 88 erfolgen und gilt nicht nur für das aktuelle Jahr, sondern auch für die Folgejahre. Bei der Anforderung ist die persönliche Rentenversicherungs-

nummer anzugeben, für Hinterbliebenenrenten die Versicherungsnummer des Verstorbenen. Nicht übersehen werden darf, dass der zu erklärende Rentenbezugsbetrag der Bruttowert ist, von dem dann noch die als Sonderausgaben (Vorsorgeaufwand) zu berücksichtigenden Beiträge zur gesetzlichen Kranken- und Pflegeversicherung abgehen.
Problematischer wird es bei weiteren Einkünften, deren Ermittlung anspruchsvoller ist, zum Beispiel aus Vermietungen, oder wenn man sich in den „steuerlichen Dschungel" von außergewöhnlichen Belastungen wie Krankheits- oder Pflegeaufwendungen und/oder Haushaltsnahen Dienstleistungen begeben muss. Hier stehen den Steuerpflichtigen einige Wahlrechte zur Verfügung, bei denen es schwierig ist, sie steuerlich optimal auszuüben. Außerdem gibt es speziell zu diesen Themen eine umfangreiche Rechtsprechung, die ständig durch neue Urteile oder Verwaltungsauffassung ergänzt beziehungsweise geändert wird. Auch wenn verschiedene Arten von Renten bezogen werden (zum Beispiel Altersrente, Betriebsrenten oder Renten aus privaten Vorsorgeverträgen), ist der Laie überfordert. Diese können wie Leistungen aus der gesetzlichen Unfallversicherung steuerfrei oder wie Leistungen aus Versicherungsverträgen teilweise steuerpflichtig sein, dann allerdings mit Freibetrag und Zuschlag hierauf – es wird also schnell komplex. In manchen Fällen gibt es einen Altersentlastungsbetrag, in anderen nicht ...

Kann ein steuerlicher Laie erkennen, ob der Einkommensteuerbescheid des Finanzamts korrekt ist?

Da nach einer Statistik des Bundes der Steuerzahler mindestens jeder fünfte Einkommensteuerbescheid fehlerhaft ist, empfiehlt es sich in jedem Fall, den Einkommensteuerbescheid zu überprüfen. Ich denke aber, dass dies für einen steuerlichen Laien nur möglich ist, wenn ein entsprechendes EDV-Programm verwendet wird. Das Programm errechnet dann selbst in übersichtlicher Form die Höhe der Steuerschuld, sodass der Abgleich mit dem Bescheid des Finanzamts relativ einfach erfolgen kann. Ein weiterer Vorteil von solchen Programmen ist, dass sie in Dialogen die steuerlich wichtigen Daten vom Benutzer erfragen und dadurch auch das Ausfüllen der Formulare wesentlich erleichtern.
Falls die Steuererklärung in Papierform erstellt wird, ist ein Laie mit der Überprüfung des Steuerbescheids sicherlich überfordert. „Richtig" kann ein Bescheid allerdings ohnehin nur sein, wenn der Steuerpflichtige alles korrekt und vollständig in die Formulare eingetragen beziehungsweise in das Steuerprogramm eingegeben hat und das Finanzamt dies auch so anerkennt.

Besteuerung von gesetzlichen Renten

Grundlage der Besteuerung ist stets die Bruttorente, bei gesetzlich Krankenversicherten einschließlich des einbehaltenen Krankenversicherungsbeitrags. Dieser wird als Vorsorgeaufwand geltend gemacht (→ Seite 110). Wenn Sie privat krankenversichert sind, erhalten Sie zusätzlich zur gesetzlichen Rente Zuschüsse zur privaten Kranken- und Pflegeversicherung. Diese werden nicht als Renteneinnahmen erfasst, sondern sind stattdessen von den entsprechenden Vorsorgeaufwendungen abzuziehen. Das heißt in der Anlage R tragen Sie nur die Jahresrente (ohne Zuschuss) ein; der Zuschuss ist in der Anlage Vorsorgeaufwand in Zeile 27 einzutragen.

Eigene Altersrenten

Wenn Sie am 1. Januar 2005 bereits Rentner waren oder im Lauf des Jahres 2005 in Rente gingen, beträgt Ihr persönlicher Besteuerungsanteil 50 Prozent, das heißt 50 Prozent der 2006 bezogenen Rente wurden als Ihr lebenslang gültiger Rentenfreibetrag festgestellt. Vom verbleibenden Betrag wird ein Werbungskosten-Pauschbetrag (§ 9a Nr. 3 EStG) in Höhe von 102 Euro abgezogen, falls Sie nicht (ausnahmsweise) höhere tatsächliche Werbungskosten nachweisen können.

In der Anlage R ist in den Folgejahren der jeweilige „Anpassungsbetrag" einzutragen. Dieser ergibt sich als Summe aller bis zum Ende des betreffenden Jahres erfolgten Rentenerhöhungen. Er wird im Einkommensteuerbescheid für jede Rente ausgewiesen und lässt sich für das jeweilige Folgejahr errechnen, indem die Differenz der Jahresrentenbeträge zum vorhergehenden Anpassungsbetrag addiert wird. Im Beispiel (→ unten) beträgt der Anpassungsbetrag für 2018 5.000 €. Wenn Ihnen die Berechnung zu umständlich erscheint, können Sie bei der Zentralen Stelle der Deutschen Rentenversicherung Bund beantragen, dass Ihnen jährlich eine Mitteilung mit allen steuerlich relevanten Angaben zu Ihrer Rente zugeschickt wird. Näheres unter www.deutsche-rentenversicherung.de.

BEISPIEL

Rentner Rudolf K. bezieht seit 2005 eine Altersrente aus der gesetzlichen Rentenversicherung. Aus seinem Rentenbescheid ergaben sich für 2006 Einnahmen (brutto, das heißt vor Abzug des Krankenversicherungsbeitrags) in Höhe von insgesamt 20.000 Euro. Sein Rentenfreibetrag ermittelt sich wie folgt:

50 % von 20.000 € = 10.000 €

Die 10.000 Euro werden vom Finanzamt für Herrn K. als persönlicher Rentenfreibetrag festgestellt und gelten auch für die Folgejahre.
2019 erhält Rudolf K. eine Bruttojahresrente in Höhe von 25.000 Euro. Daraus ergeben sich folgende Einkünfte:

Rente	**25.000 €**
abzüglich Rentenfreibetrag	– 10.000 €
abzüglich Werbungskosten-Pauschbetrag	– 102 €
Sonstige Einkünfte im Sinn des § 22 EStG	**= 14.898 €**

Wenn Sie im Lauf des Jahres 2019 in Rente gehen, ergibt sich für Sie aus der Tabelle auf Seite 66 ein Besteuerungsanteil von 78 Prozent. Die Feststellung Ihres persönlichen Rentenfreibetrags auf der Basis der steuerfreien 22 Prozent erfolgt erst 2020, weil Sie dann erstmals während des gesamten Jahres Rente beziehen.

BEISPIEL

Einnahmen 2019 (Bruttorente)	**25.000 €**
abzüglich 22 % (steuerfrei) von 25.000 €	– 5.500€
abzüglich Werbungskosten-Pauschbetrag	– 102 €
Sonstige Einkünfte im Sinn des § 22 EStG	**= 19.398 €**

Der Rentenfreibetrag wird in Höhe von 22 Prozent der Jahresrente des zweiten Rentenjahrs – hier 2020 – für die restliche Dauer des Rentenbezugs festgestellt.

Besonderheiten bei Hinterbliebenenrenten

Witwen- oder Witwerrenten werden als sogenannte Folgerenten mit dem niedrigeren Besteuerungsanteil des Verstorbenen erfasst, wenn dieser selbst bereits Rentner war.

VARIANTE DES BEISPIELS

Es handelt sich bei der oben genannten Rente um eine Witwenrente aus der gesetzlichen Rentenversicherung. Der verstorbene Ehegatte hatte seine Altersrente seit 2005 bezogen.

Die Witwenrente ist eine Folgerente und wird mit dem Besteuerungsanteil der vorhergehenden Rente erfasst:

Einnahmen 2019 (Bruttorente)	**25.000 €**
abzüglich 50 % (steuerfrei) von 25.000 €	– 12.500 €
abzüglich Werbungskosten-Pauschbetrag	– 102 €
Sonstige Einkünfte im Sinn des § 22 EStG	**= 12.398 €**

Auch für die Hinterbliebenenrente wird im zweiten Jahr des Rentenbezugs der lebens-

> **WICHTIG**
>
> Kontrollieren Sie stets, ob in Ihrem Einkommensteuerbescheid für jede Rente derselbe Steuerfreibetrag gewährt wird wie im Vorjahr (Ausnahme bei Neuberechnungen). Im Fall von Abweichungen sollten Sie zeitnah beim Finanzamt die Gründe erfragen, damit Sie gegebenenfalls fristgerecht, also innerhalb eines Monats, Einspruch gegen den Bescheid einlegen können.

lang gültige Rentenfreibetrag (im vorliegenden Beispiel in Höhe von 50 Prozent der zweiten Jahresrente) festgestellt.

Elektronische Übermittlung von Daten

Erstmalig für das Kalenderjahr 2017 galten die elektronisch an die Finanzverwaltung übermittelten Daten gemäß § 150 Abs. 7 AO als Angaben der betreffenden steuerpflichtigen Person, soweit diese keine abweichenden Angaben gemacht hat. Für Rentner trifft dies insbesondere auf die Rentenbezugsmitteilungen und die Mitteilung der Kranken- und Pflegeversicherungsbeiträge zu. Sie brauchen daher die entsprechenden Felder in Ihrer Steuererklärung nicht mehr auszufüllen, bestätigen damit aber sozusagen die Richtigkeit der ans Finanzamt elektronisch übermittelten Angaben.

Da Sie nie ganz sicher sein können, ob diese tatsächlich stimmen, ist es ratsam, nach wie vor alle Felder im Steuerformular auszufüllen, wodurch auch die Überprüfung des Einkommensteuerbescheides überhaupt erst ermöglicht wird.

Rentennachzahlungen

Bei Nachzahlungen richtet sich die Höhe des Besteuerungsanteils nicht nach dem Jahr, für welches gezahlt wird, sondern nach dem Jahr, in dem Ihnen die Nachzahlung zufließt.

Wenn aufgrund der Nachzahlung Ansprüche auf bereits gewährte Sozialleistungen (zum Beispiel Krankengeld) wegfallen, richtet sich der Besteuerungsanteil nach dem Jahr des Zuflusses der bisherigen Sozialleistung. Für Rentennachzahlungen steht Ihnen gemäß § 34 Abs. 1 EStG ein ermäßigter Steuersatz zu (sogenannte Fünftelungsregelung, siehe auch R 34.4 Abs. 1 Satz 2 EStR).

> → **TIPP**
>
> Vergessen Sie nicht, für Nachzahlungen den ermäßigten Steuersatz zu beantragen.

Besteuerung von privaten Renten

Private Altersrenten

Die nicht steuerlich geförderte private Zusatzrente wird nur mit ihrem meist niedrigen

Ertragsanteil besteuert. Der Grund hierfür ist, dass die gezahlte Rente zum überwiegenden Teil eine Rückzahlung der aus versteuertem Einkommen entrichteten Versicherungsbeiträge darstellt. Der Ertragsanteil wird bei Rentenbeginn festgestellt und bleibt für die gesamte Dauer des Rentenbezugs konstant.

Gesetzliche Grundlage

Auszug aus der Tabelle in § 22 Nr. 1 S. 3 a) bb) EStG

Alter bei Rentenbeginn	Ertragsanteil in Prozent
50	30
51–52	29
53	28
54	27
55–56	26
57	25
58	24
59	23
60–61	22
62	21
63	20
64	19
65–66	18
67	17
68	16
69–70	15

Der Werbungskosten-Pauschbetrag von 102 Euro wird für jeden Steuerpflichtigen im Rahmen der Sonstigen Einkünfte nur einmal gewährt und ist daher bei Rentnern bereits durch die gesetzliche Rente aufgebraucht.

BEISPIEL

Rudolf K. bezieht neben seiner gesetzlichen Rente seit seinem 63. Geburtstag eine private Zusatzrente in Höhe von 200 Euro je Monat, das heißt 2.400 Euro im Jahr. Aus der obigen Tabelle ergibt sich der Ertragsanteil von 20 Prozent. Die Sonstigen Einkünfte im Sinn von § 22 EStG betragen 480 Euro (= 20 Prozent von 2.400 Euro).

Die Ertragsanteilsbesteuerung gilt nicht für Rürup- und Riester-Renten. Steuerlich geförderte Rürup-Renten werden genauso besteuert wie Renten aus der gesetzlichen Rentenversicherung, weil auch die Beiträge steuerlich gleich behandelt werden. Riester-Renten sind stets in voller Höhe steuerpflichtig, da die Beiträge zu diesen Versicherungen stets voll steuerlich abgezogen werden können.

Wenn ein Betroffener mehrere private Zusatzrenten hat, gilt für jede Rente der Ertragsanteil, der sich aufgrund des Alters bei Beginn dieser Rente ergibt. Bei manchen privaten Rentenversicherungen ist ein Kapitalwahlrecht vorgesehen, sodass das angesparte Kapital ganz oder teilweise in einer Summe ausgezahlt werden kann. Die Kapitalauszahlung stellt Einkünfte aus Kapitalvermögen dar (→ Seite 97 f.).

Private Berufs-/Erwerbsunfähigkeitsrenten

Für private Berufs-/Erwerbsunfähigkeitsrenten (sogenannte abgekürzte Leibrenten) können sich je nach Laufzeit noch niedrigere Ertragsanteile ergeben. Diese Renten werden nur bis zum Erreichen einer bestimmten Altersgrenze gezahlt. Sie heißen daher auch „abgekürzte Leibrenten". Ihr Ertragsanteil ergibt sich gemäß § 55 EStDV.

Gesetzliche Grundlage

Ertragsanteile für private Berufs-/Erwerbsunfähigkeitsrenten

Beschränkung der Laufzeit der Rente auf ... Jahre	Ertragsanteil
1	0
2	1
3	2
4	4
5	5
6	7
7	8
8	9
9	10
10	12
11	13
12	14
13	15
14–15	16
16–17	18
18	19
19	20
20	21

Diese Ertragsanteile gelten nur für private Renten. Eine gesetzliche Berufs-/Erwerbsunfähigkeitsrente wird genauso besteuert wie eine gesetzliche Altersrente (→ Seite 75 f.).

BEISPIEL

Elsa M. erhält seit ihrem 58. Lebensjahr eine private Berufsunfähigkeitsrente in Höhe von 6.000 Euro pro Jahr. Die im Vertrag vereinbarte Altersgrenze liegt bei 65 Jahren. Die Laufzeit der Berufsunfähigkeitsrente beträgt sieben Jahre. Daraus ergibt sich ein Ertragsanteil von 8 Prozent. Steuerpflichtig sind somit nur 480 Euro pro Jahr (= 8 Prozent von 6.000 Euro). Hiervon wird noch der Werbungskosten-Pauschbetrag von 102 Euro abgezogen, falls er nicht durch eine andere Rente ausgeschöpft wird.

Wichtig ist daher, bei solchen Renten in der Anlage R das Datum des Erlöschens (beziehungsweise der Umwandlung der Rente in eine Altersrente) einzutragen. Bei der gegebenenfalls im Anschluss gezahlten privaten Altersrente ist dieses Datum als „Rentenbeginn" einzutragen.

→ **TIPP**

Tragen Sie bei privaten Berufs-/Erwerbsunfähigkeitsrenten unbedingt das Datum des Erlöschens ein.

Riester- und Rürup-Renten

Völlig anders verhält es sich mit der Besteuerung von sogenannten Riester-Renten. Diese werden in der Ansparphase vom Staat durch Zulagen beziehungsweise besondere Abzugsmöglichkeiten gefördert. Daher wird die spätere Rente stets voll versteuert. Riester-Renten sind auf der Rückseite der Anlage R als „Leistungen aus einem Altersvorsorgevertrag" einzutragen.

Renten aus sogenannten Rürup-Verträgen werden analog zu den gesetzlichen Renten besteuert (→ Seite 75 f.). Sie sind auf Seite 1 der Anlage R als „Leibrenten aus eigenen zertifizierten Basisrentenverträgen" zu erfassen.

Renten aus der betrieblichen Altersversorgung und Pensionen

Im alltäglichen Sprachgebrauch versteht man oftmals unter Betriebsrenten nicht nur Bezüge, die der ehemalige Arbeitgeber selbst auszahlt, sondern auch Renten aufgrund von anderen Durchführungswegen der betrieblichen Altersversorgung wie Direktversicherungen, die der Arbeitgeber für den Arbeitnehmer bei einer Versicherungsgesellschaft abgeschlossen hatte.

Direktversicherungen

„Altfälle": Bei der Besteuerung von Direktversicherungen kommt es auf das Datum des Vertragsabschlusses an. Die Beiträge zu vor dem 1. Januar 2005 abgeschlossenen Direktversicherungen (sogenannte Altfälle) wurden vom Arbeitgeber pauschal versteuert. Mit der Pauschalversteuerung ist die Einkommensteuer des Arbeitnehmers grundsätzlich abgegolten. Daher werden Renten aus solchen Direktversicherungen – genauso wie im vorigen Abschnitt für private Zusatzrenten erläutert – nur mit ihrem relativ niedrigen Ertragsanteil steuerlich erfasst.

Gleiches gilt für Altfälle von Renten aus Pensionskassen, wenn (Regelfall) die Beiträge pauschal versteuert wurden. Die Leistungen aus diesen Altverträgen werden auf der Vorderseite der Anlage R als „Leibrenten aus inländischen privaten Rentenversicherungen" eingetragen. Steuerfrei bedeutet in diesem Fall allerdings nicht abgabenfrei. So fallen bei gesetzlich Krankenversicherten sowohl auf die Renten als auch auf Kapitalauszahlungen aus Altfällen von im Rahmen von Gehaltsumwandlungen abgeschlossenen Direktversicherungen gesetzliche Kranken- und Pflegeversicherungsbeiträge an.

„Neufälle": Bei sogenannten Neufällen (Vertragsabschluss nach dem 31. Dezember 2004) von Renten aus Direktversicherungen und Pensionsfonds sieht das Gesetz die volle Besteuerung der ausgezahlten Renten vor, da die in der Ansparzeit geleisteten Beiträge von der Einkommensteuer befreit waren. Leistungen aus solchen Verträgen sind auf der Rückseite der Anlage R entsprechend der jeweiligen Nummer auf der Leistungsmitteilung einzutragen.

Betriebsrenten und Beamtenpensionen

Die Betriebsrente im engeren Sinn, das heißt die vom ehemaligen Arbeitgeber oder von einer Unterstützungskasse ausgezahlte Rente, stellt Einkünfte aus nichtselbstständiger Arbeit (§ 19 EStG) dar und ist in der Steuererklärung in der Anlage N einzutragen.

Die Besteuerung erfolgt genauso wie die von Beamtenpensionen, die ja ebenfalls vom ehemaligen Arbeitgeber gezahlt werden. In der Regel handelt es sich um sogenannte Versorgungsbezüge, die durch einen Versorgungsfreibetrag begünstigt sind. Dies ist der Fall,

- wenn bei Bezügen aufgrund des Erreichens einer Altersgrenze der Empfänger das 63. Lebensjahr (oder im Fall einer Schwerbehinderung das 60. Lebensjahr) vollendet hat oder
- wenn die Betriebsrente wegen verminderter Erwerbsfähigkeit gezahlt wird oder
- wenn es sich um Hinterbliebenenbezüge handelt.

→ TIPP

Der Versorgungsfreibetrag gilt bei Betriebsrenten in der Regel erst ab dem Erreichen der Altersgrenze.

HINTERGRUND

Volle Besteuerung bei Rentenbeginn ab 2040

Der Versorgungsfreibetrag betrug 2005 40 Prozent der Versorgungsbezüge, höchstens jedoch 3.000 Euro. Zusätzlich wurde ein Zuschlag in Höhe von 900 Euro gewährt. Beide Beträge werden stufenweise abgebaut, sodass Betriebsrenten und Pensionen bei Rentenbeginn ab dem Jahr 2040 voll – das heißt ohne Freibeträge – besteuert werden.

Gesetzliche Grundlage

Auszug aus der Tabelle in § 19 Abs. 2 EStG

Jahr des Versorgungsbeginns	Versorgungsfreibetrag in Prozent	Höchstbetrag in Euro	Zuschlag zum Versorgungsfreibetrag in Euro	Maximal steuerfrei in Euro
2010	32	2.400	720	3.120
2011	30,4	2.280	684	2.964
2012	28,8	2.160	648	2.808
2013	27,2	2.040	612	2.652
2014	25,6	1.920	576	2.496
2015	24	1.800	540	2.340
2016	22,4	1.680	504	2.184
2017	20,8	1.560	468	2.028
2018	19,2	1.440	432	1.872
2019	17,6	1.320	396	1.716
2020	16	1.200	360	1.560
2021	15,2	1.140	342	1.482
2022	14,4	1.080	324	1.404
2023	13,6	1.020	306	1.326
2024	12,8	960	288	1.248
2025	12	900	270	1.170
2026	11,2	840	252	1.092
2027	10,4	780	234	1.014
2028	9,6	720	216	936
2029	8,8	660	198	858
2030	8	600	180	780
bis 2040	weitere Absenkungen bis auf 0			

Die Höhe des Versorgungsfreibetrags und des Zuschlags wird im Jahr des Versorgungsbeginns für jeden Empfänger festgestellt; von den Absenkungen sind nur Neufälle betroffen.

→ **TIPP**

Für die Höhe des Versorgungsfreibetrags kommt es auf das Jahr des Versorgungsbeginns an.

BEISPIELE

„Altfall“

Rudolf K. bezog 2005 von seinem ehemaligen Arbeitgeber eine Betriebsrente in Höhe von 300 Euro pro Monat. 2019 beträgt die Betriebsrente 360 Euro pro Monat. Für 2019 ergeben sich folgende steuerliche Einkünfte:

Betriebsrente (12 × 360 €)	**4.320,00 €**
abzüglich Versorgungsfreibetrag (40 % von 3.600 € (12 × 300))	– 1.440,00 €
abzüglich Zuschlag zum Versorgungsfreibetrag	– 900,00 €
abzüglich Werbungskosten-Pauschbetrag	– 102,00 €
Einkünfte aus nichtselbstständiger Arbeit	= **1.878,00 €**

Der Werbungskosten-Pauschbetrag wird hier nochmals gewährt, auch wenn er für Altersrenten im Sinn von § 22 EStG ebenfalls in Anspruch genommen wird. Der Freibetrag von insgesamt 2.340 Euro (einschließlich Zuschlag, also 1.440 + 900 Euro) wurde 2005 festgeschrieben und gilt für die gesamte Laufzeit der Betriebsrente.

„Neufall“

Irmgard K. bezieht seit 1. Juli 2019 von ihrem ehemaligen Arbeitgeber eine Betriebsrente in Höhe von 400 Euro pro Monat. Für 2019 ergeben sich laut Tabelle auf Seite 82 daraus folgende Einkünfte:

Betriebsrente (6 × 400 €)	**2.400,00 €**
abzüglich Versorgungsfreibetrag (17,6% von 2.400 €)	– 422,40 €
abzüglich Zuschlag zum Versorgungsfreibetrag (6/12 von 396 €)	– 198,00 €
abzüglich Werbungskosten-Pauschbetrag	– 102,00 €
Einkünfte aus nichtselbstständiger Arbeit	= **1.677,60 €**

Für die Folgejahre wird ein Versorgungsfreibetrag in folgender Höhe festgesetzt:

17,6 % von 4.800 € (12 × 400 €)	844,80 €
hinzu kommt ein Zuschlag zum Versorgungsfreibetrag	+ 396,00 €
jährlicher Freibetrag	= **1.240,80 €**

Dieser Freibetrag ändert sich nicht, auch wenn in späteren Jahren die Betriebsrente steigt.

Analog zu Betriebsrenten werden Beamtenpensionen besteuert. Hier kommt allerdings in der Regel die „Deckelung“ des Versorgungsfreibetrags pro Jahr zum Tragen, sodass bei Versorgungsbeginn 2005 maximal 3.900 Euro steuerfrei bleiben, bei Versorgungsbeginn

2018 laut der Tabelle (→ Seite 82) maximal 1.872 Euro.

Wie werden Nebenjobs besteuert?

Bevor Sie eine Beschäftigung aufnehmen, sollten Sie sich über sozialversicherungsrechtliche Folgen informieren. Sonst könnte es sein, dass Sie als böse Überraschung beispielsweise eine Kürzung Ihrer Rente hinnehmen müssen. Einzelheiten hierzu finden Sie ab Seite 27.

Aus steuerlicher Sicht kommen für den Nebenjob folgende Möglichkeiten infrage:

- → ein sozialversicherungspflichtiges Arbeitsverhältnis,
- → ein sogenannter Minijob (eine geringfügige Beschäftigung im Sinn von § 40a Abs. 2 EStG; maximal 450 Euro pro Monat),
- → eine kurzfristige Beschäftigung im Sinn von § 40a Abs. 1 EStG (nur in Ausnahmefällen).

Sozialversicherungspflichtiges Arbeitsverhältnis

Hier fallen Sozialbeiträge (gegebenenfalls in der Gleitzone) an. Es liegen Einkünfte aus nichtselbstständiger Arbeit (§ 19 EStG) vor. Für die Ermittlung dieser Einkünfte werden von den Einnahmen (= Bruttoarbeitslohn) die Werbungskosten abgezogen.

Werbungskosten sind zum Beispiel

- → Kosten für Fahrten zum Arbeitsplatz,
- → Arbeitsmittel, soweit Sie diese selbst bezahlen müssen,
- → typische Arbeitsbekleidung und Ähnliches.

Für die Fahrt zum Arbeitsplatz wird die Entfernungspauschale (§ 9 Abs. 1 Nr. 4 EStG) in Höhe von 0,30 Euro je Entfernungskilometer (= einfache Strecke) angesetzt. Diese Pauschale ist unabhängig vom benutzten Beförderungsmittel. Auf die tatsächlichen Fahrtkosten kommt es also nicht an.

Für den Fall, dass keine oder nur geringe Werbungskosten nachgewiesen werden, kommt der Arbeitnehmer-Pauschbetrag gemäß § 9a Nr. 1a EStG in Höhe von 1.000 Euro pro Jahr zum Abzug.

→ TIPP

Steuerlich attraktiv kann ein reguläres Arbeitsverhältnis durch den Arbeitnehmer-Pauschbetrag und den Altersentlastungsbetrag werden.

BEISPIEL

Der 68-Jährige Rentner Rudolf K. erzielt 2019 aus einem Teilzeit-Arbeitsverhältnis einen Bruttoarbeitslohn in Höhe von 6.000 Euro. Er fährt an 90 Tagen zu seinem 30 Kilometer entfernten Arbeitsplatz. Weitere Werbungskosten fallen nicht an.

Einnahmen aus nichtselbstständiger Arbeit	**6.000 €**
abzüglich Werbungskosten (= Entfernungspauschale) 90 Tage à 30 km à 0,30 € = 810 € mindestens Arbeitnehmer-Pauschbetrag	– 1.000 €
Einkünfte aus nicht selbstständiger Arbeit	**= 5.000 €**

Wenn er neben seiner Rente und diesem Arbeitsverhältnis keine weiteren Einkünfte hat, wird ihm auf die Einkünfte aus nicht selbstständiger Arbeit ein Altersentlastungsbetrag (Näheres auf Seite 107) gemäß § 24a EStG gewährt. Dieser beträgt – da Herr K. 2015 das 64. Lebensjahr vollendet hat – 5.000 Euro (= 22,4 Prozent der Einkünfte), also 1.120 Euro, maximal aber 1.064 Euro. Herr K. muss dann aus diesem Arbeitsverhältnis nur die restlichen 3.936 Euro versteuern. Beim Vergleich mit einem Minijob sollten aber auch die anfallenden Sozialbeiträge beachtet werden.

Minijob

Falls ein Rentner im Rahmen einer geringfügigen Beschäftigung (auf sogenannter 450-Euro-Basis) tätig wird, braucht er die entsprechende Vergütung in seiner Einkommensteuererklärung nicht anzugeben, da die Pauschalbesteuerung gemäß § 40a Abs. 2 EStG Abgeltungswirkung hat. Dies ist aus Sicht des Rentners ein entscheidender Vorteil des Minijobs. Nachteilig ist allerdings, dass in der Praxis bei Minijobs häufig weder bezahlter Urlaub noch Lohnfortzahlung im Krankheitsfall gewährt werden.

Die vom Arbeitgeber nach dieser Vorschrift zu entrichtende Pauschalsteuer beträgt nur 2 Prozent, zusätzlich sind aber die pauschalen Sozialabgaben zu beachten, sodass sich insgesamt für den Arbeitgeber eine Belastung von bis zu ca. 30 Prozent ergeben kann.

Kurzfristige Beschäftigung

Im Fall einer kurzfristigen Beschäftigung besteht in der Regel keine Sozialversicherungspflicht, aber der Arbeitgeber muss eine Pauschalsteuer in Höhe von 25 Prozent des ausgezahlten Arbeitslohns entrichten.

Eine kurzfristige Beschäftigung liegt vor, wenn der Arbeitnehmer nur gelegentlich (nicht mehr als 18 zusammenhängende Arbeitstage) beschäftigt wird. Außerdem darf der Arbeitslohn durchschnittlich 72 Euro je Arbeitstag nicht überschreiten oder die Beschäftigung muss zu einem unvorhersehbaren Zeitpunkt sofort erforderlich sein. Wie bei der geringfügigen Beschäftigung hat auch hier die Pauschalsteuer Abgeltungswirkung: Der Arbeitnehmer muss selbst nichts versteuern.

Der Arbeitgeber zahlt die Pauschalsteuer zusätzlich zum Arbeitslohn.

BEISPIEL

Rudolf K. arbeitet zum Jahresende 2019 als Inventurhelfer. Es handelt sich um eine kurzfristige Beschäftigung im Sinn von § 40a Abs. 1 EStG. Er erhält 100 Euro Arbeitslohn. Der Arbeitgeber zahlt 25 Euro Pauschalsteuer (zuzüglich Solidaritätszuschlag und pauschaler Kirchensteuer) an das Finanzamt. Der Betrag wird nicht von Herrn K.s Arbeitslohn einbehalten, sondern fällt zusätzlich an. In seiner Einkommensteuererklärung braucht Herr K. hierzu keine Angaben zu machen.

Beschäftigungsverhältnisse mit Angehörigen

Grundsätzlich kann jedes Beschäftigungsverhältnis auch zwischen Angehörigen vereinbart und steuerlich anerkannt werden, wenn es unter fremdüblichen Bedingungen abgeschlossen und durchgeführt wird. Das heißt, Arbeitszeit und Vergütung wie auch die übrigen Rahmenbedingungen des Arbeitsverhältnisses müssen dem entsprechen, was mit einem nicht verwandten Arbeitnehmer vereinbart worden wäre (sogenannter Fremdvergleich). Allerdings genügen nicht allein die schriftlich fixierten vertraglichen Regelungen, sondern diese müssen auch in der Praxis umgesetzt werden.

Wenn Ihre Tochter oder Ihr Sohn beispielsweise einen Gewerbebetrieb unterhält, können Sie dort ohne weiteres als Arbeitnehmer tätig sein. Beschäftigungsverhältnisse im Haushalt werden allerdings nur anerkannt, wenn die Vertragspartner des entsprechenden Arbeitsvertrags nicht im selben Haushalt leben.

Sinnvoll können solche Beschäftigungsverhältnisse sein, wenn sie beim Arbeitgeber zu steuerlich abziehbaren Aufwendungen führen wie beispielsweise Betriebsausgaben oder Kinderbetreuungskosten. Zu beachten ist allerdings, dass der Arbeitnehmer den im Rahmen eines sozialversicherungspflichtigen Arbeitsverhältnisses erhaltenen Arbeitslohn versteuern muss und dass außerdem Sozialbeiträge entrichtet werden müssen.

Attraktiv ist ein Minijob im Privathaushalt der Angehörigen, weil hier die pauschalen Abgaben mit 14,44 Prozent der ausgezahlten Vergütung nur ca. halb so hoch sind wie beim „normalen" Minijob (genauere Informationen auf der Homepage der Minijob-Zentrale unter www.minijob-zentrale.de).

§ URTEIL

Fahrtkosten für Großeltern als Kinderbetreuungskosten geltend machen

Werden dem Angehörigen lediglich die aufgrund der Kinderbetreuung anfallenden Kosten – zum Beispiel Fahrtkosten mit dem eigenen Kfz in Höhe von 0,30 Euro je gefahrenem Kilometer – erstattet, so erzielt dieser keine steuerpflichtigen Einkünfte. Nach dem Urteil des Finanzgerichts Baden-Württemberg vom 9. Mai 2012 (Az. 4K 3278/11) kann der Ersatz der Fahrtkosten für eine Großmutter, die auswärts wohnt und kommt, um ihr Enkelkind zu betreuen, von den Eltern als Kinderbetreuungskosten geltend gemacht werden, wenn die Erstattung auf schriftlicher vertraglicher Grundlage und per Banküberweisung erfolgt.

Steuerfreie Aufwandsentschädigungen für Ehrenämter und andere Nebentätigkeiten

Bestimmte, aus einer Bundes- oder Landeskasse gezahlte Aufwandsentschädigungen sind gemäß § 3 Nr. 12 EStG steuerfrei, ohne dass der tatsächliche Aufwand nachgewiesen werden muss. Hierzu gehören Aufwandsentschädigungen für die Tätigkeit

- als Versichertenältester,
- in einer Berufskammer (zum Beispiel als Mitglied eines Prüfungsausschusses der Industrie- und Handelskammer),
- als Gemeinde- oder Stadtrat etc.,
- als Mitglied von Gutachterausschüssen im Sinn des Bundesbaugesetzes,
- als ehrenamtlicher Richter oder Schöffe,
- als Mitglied der freiwilligen Feuerwehr oder des Technischen Hilfswerks.

Übungsleiter-Freibetrag

Für andere Vergütungen kann der sogenannte Übungsleiter-Freibetrag gemäß § 3 Nr. 26 EStG in Höhe von 2.400 Euro pro Jahr unter folgenden Voraussetzungen geltend gemacht werden:

- Es muss sich um eine nebenberufliche Tätigkeit als Übungsleiter, Ausbilder, Betreuer oder Ähnliches oder
- eine nebenberufliche künstlerische Tätigkeit oder
- eine nebenberufliche Pflege, Betreuung und/oder hauswirtschaftliche Versorgung alter, kranker oder behinderter Menschen handeln.

Außerdem muss die Tätigkeit im Auftrag einer inländischen juristischen Person des öffentlichen Rechts (zum Beispiel einer Schule oder einer anderen staatlichen Bildungseinrichtung) oder einer als gemeinnützig, mildtätig oder kirchlich anerkannten Einrichtung (beispielsweise Sportverein, Kirchenchor, Arbeiterwohlfahrt oder Diakonie) ausgeführt werden.

Die Voraussetzung der Nebenberuflichkeit ist erfüllt, wenn die Tätigkeit nicht mehr als ein Drittel der Arbeitszeit einer entsprechenden Vollzeitstelle in Anspruch nimmt. Ob der Betroffene daneben hauptberuflich arbeitet, spielt keine Rolle: Auch Hausfrauen oder Rentner können den Übungsleiter-Freibetrag in Anspruch nehmen. Die Tätigkeit kann im Rahmen eines Arbeitsvertrags oder freiberuflich ausgeübt werden.

BEISPIEL

Irmgard K., die Ehefrau von Rudolf K., ist Hausfrau. Sie leitet mehrere Kinder- und Jugendsportgruppen des örtlichen Sportvereins TUS 1890 e.V. 2019 erhält sie dafür vom Verein insgesamt 2.500 Euro. Es besteht kein Arbeitsverhältnis zwischen Frau K. und dem Verein. Für ihre Tätigkeit fährt sie hundertmal pro Jahr mit ihrem eigenen Kfz zur acht Kilometer entfernten Sporthalle.

Aus steuerlicher Sicht erzielt Frau K. Einkünfte aus freiberuflicher Tätigkeit im Sinn von § 18 Abs. 1 Nr. 1 EStG (= unterrichtende oder erzieherische Tätigkeit). Grundsätzlich sind die Betriebsausgaben für die Fahrten zur Turnhalle abziehbar. Sie werden mit dem pauschalen Kilometersatz von 0,30 Euro je gefahrenem Kilometer angesetzt: 100 Fahrten à 16 Kilometer à 0,30 Euro = 480 Euro.
Mit dieser nebenberuflichen Tätigkeit als Übungsleiterin für einen gemeinnützigen Verein sind die Voraussetzungen für den Übungsleiter-Freibetrag erfüllt. Die tatsächlichen Aufwendungen sind niedriger als der Freibetrag und werden daher durch diesen abgegolten. Frau K. erzielt Einkünfte in Höhe von:

Betriebseinnahmen	**2.500 €**
abzüglich Übungsleiter-Freibetrag	– 2.400 €
Einkünfte aus selbstständiger Arbeit (§ 18 EStG)	= **100 €**

VARIANTE

Eigentlich will Frau K. für ihre Tätigkeit gar kein Entgelt erhalten. Laut der mit dem Verein getroffenen Vereinbarung steht ihr für 2019 aber eine gemäß § 3 Nr. 26 EStG steuerfreie Vergütung in Höhe von 1.000 Euro zu. Außerdem hat sie Anspruch auf eine steuerfreie Erstattung ihrer Fahrtkosten (480 Euro). Wenn sie auf beide Beträge verzichtet, stellt ihr der Verein einen Zuwendungsnachweis über eine Spende in Höhe von 1.480 Euro aus, die sie gemäß § 10b Abs. 1 EStG als Sonderausgabe steuermindernd abziehen kann.

Ehrenamtspauschale

Wird für eine der in § 3 Nr. 26 EStG genannten Institutionen eine andere als die auf Seite 87 aufgezählten nebenberuflichen Tätigkeiten ausgeübt (zum Beispiel als Kassenwart, Schriftführer oder als Platzwart eines Sportvereins), so wird die sogenannte Ehrenamtspauschale von 720 Euro pro Jahr gemäß § 3 Nr. 26a EStG gewährt. Für dieselbe Tätigkeit kann nur eine der beiden Vergünstigungen in Anspruch genommen werden. Handelt es sich dagegen um unterschiedliche Tätigkeiten, so können einer Person gleichzeitig beide Vergünstigungen gewährt werden.

Werden die Vergütungen im Rahmen eines Arbeitsverhältnisses gezahlt, so liegt in Höhe des Übungsleiter-Freibetrags und der Ehrenamtspauschale kein sozialversicherungspflichtiges Arbeitsentgelt vor.

→ TIPP

Steuerfrei bedeutet bei Übungsleiter-Freibetrag und Ehrenamtspauschale gleichzeitig sozialversicherungsfrei.

Der Freibetrag von 2.400 Euro pro Jahr kann gemäß § 3 Nr. 26b EStG auch für ehrenamtliche Vormundschaften, Pflegschaften und Betreuungen gewährt werden. Ein Steuerpflichtiger kann allerdings nur insgesamt 2.400 Euro aus Tätigkeiten im Sinn des § 3 Nr. 26 und Nr. 26b als steuerfrei behandeln.

Durch den Übungsleiter-Freibetrag und die Ehrenamtspauschale sind die mit der Tätigkeit zusammenhängenden Aufwendungen abgegolten, das heißt, diese können nicht zusätzlich geltend gemacht werden. Allerdings kann anstelle des Freibetrags der tatsächliche Aufwand abgezogen werden, wenn er den Freibetrag übersteigt.

Erhält der ehrenamtlich Tätige keine Vergütung, so kann der durch die Tätigkeit verursachte Aufwand gemäß § 3c Abs. 1 EStG nicht als Betriebsausgabe oder Werbungskosten steuerlich abgezogen werden. Die unentgeltlich erbrachte Leistung kann auch nicht steuerbegünstigt gespendet werden. Wenn der Erbringer der Leistung allerdings einen Anspruch auf die Erstattung seiner Aufwendungen hat und freiwillig im Nachhinein auf diesen Erstattungsanspruch verzichtet, kann er den Betrag, auf den er verzichtet hat, als Spende steuerlich geltend machen.

→ TIPP

Durch den Verzicht auf Ihren Erstattungsanspruch können Sie Steuern sparen.

Wie werden Kapitalerträge besteuert?

Zinsen, Dividenden und ähnliche Erträge aus Ersparnissen sind als Einkünfte aus Kapitalvermögen zu versteuern.

→ **TIPP**

Kapitalerträge brauchen nicht in die Einkommensteuererklärung eingetragen zu werden. Freiwilliges Eintragen kann aber Vorteile bringen. Wenn zu viel Abgeltungsteuer einbehalten wurde, kann diese im Rahmen der Einkommensteuerveranlagung zurückerstattet werden. Dadurch kann sogar eine freiwillige Veranlagung sinnvoll werden.

Die Einkommensteuer auf private Kapitalerträge wird direkt von der Bank (oder anderen auszahlenden Stellen) einbehalten und als Quellensteuer ans Finanzamt abgeführt. Das heißt, die Kapitalerträge werden nicht in die normale Einkommensteuerveranlagung einbezogen, sondern mit einem besonderen Steuersatz – getrennt von den übrigen Einkünften – erfasst. Dieser besondere Steuersatz ist für alle Kapitalerträge gleich und beträgt 25 Prozent Einkommensteuer zuzüglich des 5,5-prozentigen Solidaritätszuschlags, insgesamt also 26,375 Prozent. Obwohl dies wesentlich niedriger ist als der persönliche Steuersatz von einkommensstarken Personen, wird auch bei Spitzenverdienern keine weitere Steuer auf die Kapitalerträge erhoben; die einbehaltene Steuer hat also Abgeltungswirkung. Daher wird sie auch als „Abgeltungsteuer" bezeichnet.

Bei Personen, die einer Kirche angehören, fällt zusätzlich die je nach Bundesland unterschiedlich hohe Kirchensteuer (8 oder 9 Prozent der Abgeltungsteuer) an. Dass die Kirchensteuer bei der Ermittlung des Einkommens abziehbar ist und damit ihrerseits die Abgeltungsteuer mindert, wird gemäß § 32d Abs. 1 EStG durch eine Formel berücksichtigt.

Konten im Ausland

Kapitalerträge sind nach dem Welteinkommensprinzip in Deutschland zu versteuern, auch wenn sie im Ausland erzielt werden. Auf Kapitalerträge aus im Ausland angelegtem Kapital (zum Beispiel ausländische Fonds) kann keine Abgeltungsteuer einbehalten werden. Wenn Sie solche Kapitalerträge erzielen und Ihr Freistellungsvolumen (→ Seite 91) bereits anderweitig ausgeschöpft haben, müssen Sie unbedingt sämtliche Kapitalerträge in die Anlage Kap eintragen.

Vergessen Sie nicht, die eventuell im Ausland (zum Beispiel in Luxemburg oder Österreich) einbehaltene Quellensteuer ebenfalls einzutragen, da diese zu Ihren Gunsten auf die deutsche Einkommensteuer anrechenbar ist.

Falls Sie „vergessen", die ausländischen Kapitalerträge in Ihrer Steuererklärung anzugeben, müssen Sie auf böse Überraschungen gefasst sein: Aufgrund des Finanzkonten-Informationsaustauschgesetzes (Nachfolgeregelung zur Zinsinformationsverordnung) gelangen Informationen über im Ausland gezahlte Zinsen von ausländischen Banken an das deutsche Bundeszentralamt für Steuern und von dort zu dem für Sie zuständigen Finanzamt. Auf diesen automatisierten Informationsaustausch haben sich bereits mehr als neunzig Staaten geeinigt. Die Liste der Staaten, mit denen der automatische Datenaustausch zum 30. September 2018 erfolgt, hat das Bundesfinanzministerium im BMF-Schreiben vom 28. Juni 2018 (IV B 6 – S 1315/13/10021: 046) bekannt gegeben.

Freistellung von der Abgeltungsteuer

Steuerfrei ist gemäß § 20 Abs. 9 EStG ein Sparerpauschbetrag von 801 Euro je Person, bei Ehegatten also 1.602 Euro. Hierdurch ergibt sich das persönliche Freistellungsvolumen. Auf freigestellte Erträge wird keine Abgeltungsteuer fällig. Der Freistellungsauftrag ist bei der jeweiligen Bank einzureichen. In der Summe aller Freistellungsaufträge dürfen die oben genannten Beträge nicht überschritten werden, was vom Bundeszentralamt für Steuern kontrolliert wird. Dorthin müssen alle deutschen Banken die steuerfrei ausgezahlten Kapitalerträge melden, sodass die Daten anhand der Steueridentifikationsnummern auf die einzelnen Steuerpflichtigen bezogen werden können, egal bei wie vielen unterschiedlichen Banken sie Konten unterhalten. Wurden zu hohe Beträge steuerfrei vereinnahmt, muss der Betreffende dem Finanzamt sämtliche Kapitaleinkünfte offenlegen.

→ TIPP

Nutzen Sie das Freistellungsvolumen voll aus. Um unangenehmen Fragen aus dem Weg zu gehen, sollten Sie aber auch unbedingt darauf achten, es nicht zu überschreiten.

Auf nicht freigestellte Kapitalerträge müssen die Banken Abgeltungsteuer einbehalten und abführen. Wenn Sie allerdings nur niedrige andere Einkünfte haben, sollten Sie darüber nachdenken, eine Nichtveranlagungsbescheinigung (kurz: NV-Bescheinigung) zu beantragen. Nach Vorlage einer NV-Bescheinigung werden gemäß § 44a Abs. 2 Nr. 2 EStG sämtliche Kapitalerträge ohne Steuerabzug ausgezahlt.

→ TIPP

Um die Abgeltungsteuer zu vermeiden, ist die Nichtveranlagungsbescheinigung eine attraktive Alternative zur Freistellung.

Sie haben Anspruch auf eine NV-Bescheinigung, wenn Ihr Einkommen einschließlich der Kapitalerträge den Grundfreibetrag von 9.168 Euro (Alleinstehende, Stand 2019; für 2020 Erhöhung voraussichtlich auf 9.408 Euro geplant,) beziehungsweise 18.336 Euro (Verheiratete, Stand 2019; für 2020 voraussichtlich 18.816 Euro) nicht übersteigt. Sie erhalten die NV-Bescheinigung bei Ihrem zuständigen Wohnsitzfinanzamt.

Tragen Sie im Antragsformular NV 1 A (Antrag auf Ausstellung einer Nichtveranlagungsbescheinigung) Ihr voraussichtliches Einkommen im ersten Geltungsjahr sowie die Anzahl der beantragten NV-Bescheinigungen ein. Sie benötigen eine Bescheinigung für jede Bank, bei der Sie Kapitalvermögen angelegt haben.

Die NV-Bescheinigung gilt für jeweils drei Jahre. Die für Ehegatten ausgestellte NV-Bescheinigung gilt für alle Konten der Ehegatten, also auch für die, die nur auf einen der Ehegatten lauten. Die NV-Bescheinigung ist rechtzeitig vor der Fälligkeit der Kapitalerträge zu beantragen.

HINTERGRUND

Abgeltungsteuer kann zu hoch sein

Die Bezieher hoher Einkommen profitieren von dem für sie niedrigeren Abgeltungsteuersatz. Bei niedrigem Einkommen kann dagegen die Belastung durch die Abgeltungsteuer höher sein als der persönliche Steuersatz. So beträgt der Grenzsteuersatz – das heißt der Steuersatz, mit dem zusätzliche Einkünfte belastet werden – bei einem zu versteuernden Einkommen bis zu ca. 15.000 Euro (Alleinstehende) beziehungsweise ca. 30.000 Euro (Verheiratete) weniger als 25 Prozent. Liegt das steuerliche Einkommen (ohne die Kapitalerträge) darunter, kann die Abgeltungsteuer höher sein als die Steuer, die bei einer Einbeziehung der Kapitalerträge in die Einkommensteuerveranlagung entstehen würde.
Dies will der Gesetzgeber vermeiden und bietet den Steuerpflichtigen daher die Möglichkeit zur sogenannten Veranlagungsoption.

Veranlagungsoption/Günstigerprüfung

Um die Veranlagungsoption zu nutzen, tragen Sie Ihre Kapitalerträge in der Anlage KAP der Einkommensteuererklärung vollständig ein.

Um die Eintragungen korrekt vornehmen zu können, benötigen Sie Steuerbescheinigungen der jeweiligen Bank, die Sie – falls nicht bereits vorhanden – dort anfordern sollten. In diesen Steuerbescheinigungen finden Sie die Zeilen der Anlage KAP, die für die ausgewiesenen Erträge jeweils vorgesehen sind. Das Finanzamt prüft daraufhin, ob die Einbeziehung in die Veranlagung für Sie günstiger ist als die Abgeltungsteuer (sogenannte Günstigerprüfung). Ist dies der Fall, so wird im Einkommensteuerbescheid die entsprechende Steuerrückzahlung festgesetzt. Ist dagegen die Abgeltungsteuer für Sie doch günstiger, so müssen Sie keine Steuer nachbezahlen, da maximal der Abgeltungsteuersatz zur Anwendung kommt.

→ TIPP

Bei niedrigem Einkommen kann die Abgeltungsteuer zu hoch sein. Im Zweifel sollten Sie die Günstigerprüfung für Ihre Kapitalerträge beantragen. Achtung: Die Günstigerprüfung kann nur bis zur Unanfechtbarkeit des Steuerbescheids beantragt werden.

Wenn Sie nicht sicher sind, ob die Veranlagungsoption (Günstigerprüfung) für Sie von Vorteil ist, sollten Sie sämtliche Kapitalerträge in die Steuererklärung eintragen. Dies gilt umso mehr, weil der Antrag auf die Günstigerprüfung nach Ablauf der einmonatigen Einspruchsfrist nicht mehr gestellt werden kann.

Wenn Sie den Altersentlastungsbetrag nicht durch andere Einkünfte ausschöpfen, kann die Einbeziehung der Kapitalerträge in die Veranlagung für Sie auch dann günstiger sein, wenn Sie die jeweilige oben genannte Einkommensgrenze überschreiten.

Wenn Sie versehentlich nicht Ihr volles Freistellungsvolumen ausgeschöpft haben und daher zu viel Abgeltungsteuer einbehalten wurde, sollten Sie alle Kapitalerträge in der Steuererklärung eintragen, um die zu viel einbehaltene Abgeltungsteuer zurückzuerhalten. Diese Möglichkeit besteht auch dann, wenn Sie gar keine anderen steuerpflichtigen Einkünfte haben, weil Sie sich mit Ihrer Rente im Rahmen des Grundfreibetrags bewegen.

Veräußerung von Wertpapieren

Gewinne aus dem Verkauf von bereits vor dem 1. Januar 2009 erworbenen Wertpapieren sind steuerfrei. Veräußerungsgewinne aus ab dem 1. Januar 2009 gekauften Wertpapieren unterliegen dagegen stets als Kapitalerträge der Abgeltungsbesteuerung. Die Abgeltungsteuer wird an der Quelle – das heißt in der Regel von der Bank – einbehalten und ans Finanzamt abgeführt.

Der Sparerpauschbetrag von 801 Euro (Alleinstehende) und 1.602 Euro (Ehegatten) wird für alle Kapitalerträge nur einmal gewährt, das heißt, für Veräußerungsgewinne gibt es weder eine Freigrenze noch einen zusätzlichen Freibetrag. Das Ergebnis aus einem Wertpapierverkauf wird ermittelt, indem vom Veräußerungserlös die Anschaffungskosten und die direkt mit dem Verkauf zusammenhängenden Aufwendungen abgezogen werden.

WICHTIG

Beim Verkauf von Wertpapieren ist in steuerlicher Hinsicht entscheidend, ob sie vor oder nach dem 1. Januar 2009 gekauft wurden.

Werden Wertpapiere von einem inländischen Depot in ein anderes transferiert, so muss die abgebende Bank der übernehmenden die Anschaffungskosten mitteilen, damit diese einen späteren Veräußerungsgewinn oder -verlust richtig ermitteln kann. In anderen Fällen – insbesondere bei der Übertragung von Wertpapieren aus einem ausländischen Depot – kann der Steuerpflichtige die Anschaffungskosten durch eine entsprechende Bescheinigung des ausländischen Instituts nachweisen. Wenn keine Anschaffungskosten nachgewiesen werden, wird ein Gewinn in Höhe von 30 Prozent der Einnahmen aus dem Verkauf besteuert.

Wenn Sie in einem Depot die gleichen Wertpapiere mehrfach zu unterschiedlichen Anschaffungskosten zugekauft haben und nur einen Teil des Bestands verkaufen, wird gemäß § 20 Abs. 4 EStG unterstellt, dass die zuerst angeschafften Papiere als erste verkauft werden (sogenanntes FiFo-Verfahren; FiFo = First in – First out). Eine Abweichung davon ist nicht möglich, auch wenn die FiFo-Reihenfolge für Sie ungünstig sein sollte.

→ **TIPP**

Damit Sie später gezielt die Wertpapiere verkaufen können, die Sie zu den höchsten Anschaffungskosten erworben haben, kann es bei größeren Wertpapierbeständen durchaus sinnvoll sein, mehrere Depots parallel zu unterhalten und gleiche Papiere mit unterschiedlichen Anschaffungskosten in getrennten Depots zu halten.

Mitunter entstehen Verluste bei der Anlage. Negative Kapitalerträge wie durch Verkauf realisierte Aktienverluste und Stückzinsen werden grundsätzlich bereits von der Bank bei der Ermittlung der Abgeltungsteuer berücksichtigt. Das heißt, dass zunächst die betreffende Bank die Verluste von den Gewinnen abzieht und nur auf die verbleibende positive Differenz Abgeltungsteuer einbehält. Übersteigen die Verluste die positiven Erträge, so ist der verbleibende Verlust auf die Folgejahre zu übertragen und kann dann mit

VORSICHT

Verluste aus Aktiengeschäften dürfen nur mit Gewinnen aus Aktiengeschäften verrechnet werden, nicht dagegen mit Dividenden- oder Zinserträgen oder Gewinnen aus anderen Wertpapiergeschäften.

Gewinnen verrechnet werden; allerdings kann ein Aktienverlust auch in den Folgejahren immer nur mit Aktiengewinnen verrechnet werden.

Kompliziert wird es, wenn Depots bei verschiedenen Banken unterhalten werden. Dann kann sich nämlich bei einer Bank insgesamt ein Gewinn, bei einer anderen dagegen insgesamt ein Verlust aus Aktienverkäufen ergeben.

Um auch in diesem Fall einen sofortigen Verlustausgleich zu ermöglichen, hat der Gesetzgeber ein Bescheinigungsverfahren eingeführt: Wenn Sie dies verlangen, muss die Bank, bei der sich ein Verlust ergeben hat, Ihnen diesen Verlust bescheinigen.
Der Antrag auf Verlustbescheinigung ist unwiderruflich und muss bis zum 15. Dezember des Jahres, für das der Verlust bescheinigt werden soll, bei der Bank eingehen.

Im Rahmen der Einkommensteuererklärung muss die Bescheinigung zusammen mit Belegen über sämtliche Kapitalerträge und die jeweils einbehaltene Abgeltungsteuer eingereicht werden, damit der Verlust berücksichtigt und die zu viel einbehaltene Abgeltungsteuer erstattet werden kann. Stellt der Anleger den Antrag auf die Bescheinigung nicht oder nicht fristgerecht, so wird der Verlust bei der betreffenden Bank auf die Folgejahre vorgetragen und kann nur mit künftigen bei dieser Bank erzielten Gewinnen verrechnet werden.

BEISPIEL

Die Rentnerin Ilse H. verkauft am 10. November 2019 folgende Wertpapiere:

- → 200 Stück Aktien der Fantasy AG; der Veräußerungserlös beträgt 150 Euro/Stück; 100 Stück hatte sie am 14. März 2008 für 130 Euro/Stück erworben, die restlichen 100 Stück am 25. Januar 2012 für 100 Euro/Stück,
- → eine Anleihe der Science Fiction AG; Veräußerungserlös 20.000 Euro, Anschaffungskosten am 6. August 2013 19.000 Euro.

Die Kosten, die die Bank für den Ankauf der Wertpapiere in Rechnung stellte, sind in den genannten Anschaffungskosten bereits enthalten. Für die Verkäufe stellt die Bank 1 Prozent des Erlöses als Bankspesen in Rechnung. Außerdem vereinnahmt Frau H. 2019 Zinsen in Höhe von 3.000 Euro und Dividenden in Höhe von 4.000 Euro. Für die Verwahrung ihrer Wertpapiere zahlt sie Depotgebühren in Höhe von 100 Euro.

Berechnung

Sowohl die Zinsen und Dividenden als auch die Gewinne aus der Veräußerung der Wertpapiere unterliegen der Abgeltungsteuer. Der Gewinn aus der Veräußerung der Fantasy-Aktien, die bereits 2008 gekauft worden waren, wird allerdings nicht erfasst, da hierfür die Übergangsregelung für sogenannte Altfälle gilt.

Ermittlung des Gewinns:

Veräußerungserlös aus Aktien 100 St. zu 150 €/St.	15.000 €
abzüglich Anschaffungskosten 100 St. zu 100 €/St.	–10.000 €
abzüglich Veräußerungskosten 1 % von 15.000 €	–150 €
Veräußerungsgewinn	**=4.850** €
Veräußerungserlös aus der Anleihe	20.000 €
abzüglich Anschaffungskosten	–19.000 €
abzüglich Veräußerungskosten (1 %)	–200 €
Veräußerungsgewinn	**=800** €

Insgesamt unterliegen der Abgeltungsteuer damit:

Zinsen	3.000 €
Dividenden	+4.000 €
Gewinn Fantasy-Aktien	+4.850 €
Gewinn Anleihe	+800 €
Summe	**=12.650** €
abzüglich Sparerpauschbetrag	–801 €
abgeltungsteuerpflichtig	**=11.849** €

Die Bank behält Abgeltungsteuer in Höhe von 25 Prozent, hier also 2.962,25 Euro, zuzüglich 5,5 Prozent Solidaritätszuschlag (162,92 Euro) ein. Falls Frau H. kirchensteuerpflichtig ist, fällt entsprechend zusätzlich Kirchensteuer an. Die Depotgebühren kann Frau H. nicht steuerlich geltend machen, da außer dem Sparerpauschbetrag kein Abzug möglich ist. Hätte Frau H. die Aktien in mehreren Tranchen verkauft, würden sie in der Reihenfolge ihres Zukaufs als verkauft gelten.

VARIANTE

Würde Frau H. die oben angegebenen Wertpapiere verkaufen, jedoch statt eines Gewinns einen Verlust in Höhe von 4.850 Euro erzielen, sähe dies steuerrechtlich so aus:

Der Abgeltungsteuer unterliegen:

Zinsen	3.000 €
Dividenden	+4.000 €
Gewinn Anleihe	+800 €
Summe	**= 7.800** €
abzüglich Sparerpauschbetrag	–801 €
abgeltungsteuerpflichtig	**=6.999** €

Der Verlust aus dem Aktiengeschäft kann weder mit den Zinsen und Dividenden noch mit dem Gewinn aus dem Verkauf der Anleihe ausgeglichen werden. Er wird mit eventuellen zukünftigen Gewinnen aus Aktiengeschäften verrechnet. Frau H. muss hierzu nichts unternehmen, da ihre Bank den Verlust registriert und zu ihren Gunsten abzieht, sobald dies möglich ist. Hätte Frau H. noch ein weiteres Depot bei einer anderen Bank, sollte sie prüfen, ob dort 2019 Veräußerungsgewinne aus

Aktiengeschäften angefallen sind. In diesem Fall kann sie bis zum 15. Dezember 2019 eine Bescheinigung über den Verlust verlangen und den sofortigen Verlustausgleich in ihrer Einkommensteuererklärung für 2019 beantragen.

Erträge aus Lebensversicherungen

Kapitalauszahlungen, die im Todesfall geleistet werden, sind stets einkommensteuerfrei, allerdings können sich hieraus erbschaftsteuerliche Folgen ergeben.

Im Erlebensfall verzichtet der Gesetzgeber bei Lebensversicherungen, die **bis zum 31. Dezember 2004** (Datum des Versicherungsscheins) abgeschlossen wurden, unter bestimmten Voraussetzungen, von denen die wichtigsten im Folgenden genannt werden, auf die Besteuerung der Kapitalauszahlung:

- → Der Vertrag hatte eine mindestens zwölfjährige Laufzeit.
- → Während der gesamten Laufzeit bestand ein mindestens 60-prozentiger Todesfallschutz.
- → Es wurden mindestens fünf Jahre lang laufende Beiträge gezahlt.
- → Die Auszahlung erfolgt frühestens zwölf Jahre nach Vertragsabschluss.
- → Es darf keine schädliche Beleihung oder Abtretung des Versicherungsanspruchs erfolgt sein.

Sind alle Voraussetzungen erfüllt, so wird das Kapital aus der Lebensversicherung in diesen sogenannten Altfällen steuerfrei ausgezahlt. Dies gilt auch für die Kapitalauszahlung aus einer vom Arbeitgeber vor dem 1. Januar 2005 abgeschlossenen Direktversicherung. Wenn die Verträge im Rahmen von Gehaltsumwandlungen abgeschlossen wurden, werden die genannten Erträge allerdings bei gesetzlich Krankenversicherten mit Pflichtbeiträgen zur Kranken- und Pflegeversicherung belastet.

Falls eine der Voraussetzungen nicht erfüllt ist, müssen die rechnungsmäßigen und außerrechnungsmäßigen Zinsen aus den Sparanteilen als Einkünfte aus Kapitalvermögen versteuert werden und die Versicherungsgesellschaft ist verpflichtet, Abgeltungsteuer einzubehalten.

Bei Kapitalauszahlungen aus Lebensversicherungen, die **nach dem 31. Dezember 2004** abgeschlossen wurden, ist grundsätzlich der Unterschiedsbetrag zwischen der Ablaufleistung und den eingezahlten Beiträgen (ohne eventuelle zusätzliche Beiträge beispielsweise zur Absicherung des Berufsunfähigkeitsrisikos) steuerpflichtig.

Unter bestimmten Voraussetzungen muss nur die Hälfte des Unterschiedsbetrags zwischen der Ablaufleistung und den eingezahlten Beiträgen versteuert werden (sogenannte Hälftelung).

Die wichtigsten sind:

- Die Kapitalauszahlung erfolgt nach dem 60. Geburtstag (bei Vertragsabschluss ab 2012 nach dem 62. Geburtstag).
- Das Kapital wird mehr als zwölf Jahre nach dem Vertragsabschluss ausgezahlt.
- Bei Vertragsabschluss ab 1. April 2009 muss außerdem der Todesfallschutz mindestens 50 Prozent der Beitragssumme über die gesamte Laufzeit betragen oder die Todesfallsumme muss mindestens der Versicherungsleistung im Erlebensfall entsprechen.

Sind alle Voraussetzungen erfüllt, so unterliegt die Kapitalauszahlung nicht der Abgeltungsteuer, sondern der hälftige Unterschiedsbetrag wird mit dem individuellen Einkommensteuersatz belastet. Die Versicherungsgesellschaft ist dennoch verpflichtet, Kapitalertragsteuer auf den vollen Betrag einzubehalten; die hälftige Steuerbefreiung wird erst im Rahmen der Einkommensteuerveranlagung gewährt.

Die Kapitalauszahlung ist in der Anlage KAP der Einkommensteuererklärung in voller Höhe gemäß der Steuerbescheinigung in Zeile 23 (Kapitalerträge aus Lebensversicherungen, § 20 Abs. 1 Nr. 6 Satz 2 EStG) einzutragen; die hälftige Steuerbefreiung berücksichtigt das Finanzamt von Amts wegen. Die einbehaltene Kapitalertragsteuer (plus Solidaritätszuschlag) wird auf der Rückseite der Anlage KAP eingetragen und vom Finanzamt zugunsten des Steuerpflichtigen auf die Einkommensteuer angerechnet.

WICHTIG

Wenn die Voraussetzungen für die sogenannte Hälftelung bei der Kapitalauszahlung einer Lebensversicherung erfüllt sind, sollten Sie das an Sie ausgezahlte Kapital sowie die einbehaltene Kapitalertragsteuer (plus Solidaritätszuschlag) unbedingt in der Anlage KAP eintragen, um die zu viel einbehaltene Steuer erstattet zu bekommen. Wenn Sie nicht veranlagungspflichtig sind, sollten Sie in diesem Fall unbedingt eine freiwillige Einkommensteuerveranlagung beantragen.

Wird der Anspruch auf eine Versicherungsleistung veräußert, so ist der Unterschiedsbetrag zwischen dem erzielten Veräußerungserlös und den bis zur Veräußerung entrichteten Beiträgen in voller Höhe abgeltungsteuerpflichtig. Das Finanzamt erfährt auf jeden Fall von solchen Veräußerungen, da die Versicherungsgesellschaften verpflichtet sind, jeden Verkauf an das zuständige Finanzamt zu melden. Auf Verlangen des Veräußerers hat die Versicherungsgesellschaft ihm die Höhe der bis zum Verkauf gezahlten Beiträge zu bescheinigen.

VORSICHT

Für Gewinne aus der Veräußerung von Ansprüchen auf eine Versicherungsleistung gilt die Hälftelung nicht. Zudem müssen Versicherer alle Verkäufe von Versicherungsansprüchen ans Finanzamt melden.

Die Besteuerung des hälftigen Unterschiedsbetrags mit dem individuellen Steuersatz ist immer günstiger als die Belastung des vollen Unterschiedsbetrags mit Abgeltungsteuer. Je höher das zu versteuernde Einkommen und damit der persönliche Steuersatz, desto geringer wird zwar der Nachteil der Abgeltungsteuer, aber selbst beim Höchststeuersatz ist die Hälftelung immer noch günstiger.

→ **TIPP**

Nach Möglichkeit sollten Sie vermeiden, Ansprüche auf Versicherungsleistungen zu veräußern oder die Versicherung vorzeitig zu kündigen. Eine Alternative könnte eventuell darin bestehen, die Versicherung beitragsfrei weiterlaufen zu lassen.

Wie werden Erträge aus Immobilien versteuert?

Für manche Menschen ist es sinnvoll, kurz vor oder nach dem Renteneintritt eine Immobilie zu erwerben, sei es, um Erspartes anzulegen, um die Immobilie an Angehörige zu vermieten oder auch um selbst in eine kleinere, altersgerechte Wohnung zu ziehen. Andere vermieten Teile ihres vorher voll von der Familie genutzten Eigenheims, nachdem die Kinder ausgezogen sind.

Ermittlung der Einkünfte aus Vermietung und Verpachtung

Steuerlich führt die Vermietung von Häusern, Wohnungen oder anderen Immobilien des Privatvermögens zu Einkünften aus Vermietung und Verpachtung (§ 21 EStG). Die Mieten sind als Einnahmen zu erfassen; Werbungskosten sind bei der Ermittlung der steuerpflichtigen Einkünfte abziehbar.

Typische Werbungskosten bei Vermietung sind:

→ die Grundsteuer und andere Grundbesitzabgaben,
→ die Abschreibung auf das Gebäude beziehungsweise den Gebäudeteil,
→ Instandhaltungskosten,
→ Aufwendungen für Gartenpflege etc.,
→ Kosten für Hausverwaltung,
→ Finanzierungsaufwendungen,

→ nicht auf die Mieter umgelegte andere Kosten im Zusammenhang mit der Immobilie.

Die auf die Mieter umgelegten Nebenkosten sollten grundsätzlich als Einnahmen und in gleicher Höhe als Werbungskosten in der Anlage V eingetragen werden. In vielen Fällen akzeptiert das Finanzamt aber auch, dass man sie, da sie sich gegenseitig aufheben, in der Steuererklärung zur Vereinfachung ganz weglässt.

→ **TIPP**

Bewahren Sie die Nebenkostenabrechnungen für eventuelle Rückfragen auf – egal, ob Sie die Nebenkosten in der Steuererklärung weggelassen oder als Einnahmen und Werbungskosten berücksichtigt haben.

Generell können als Werbungskosten nur die Aufwendungen abgezogen werden, die mit der Erzielung der Einkünfte zusammenhängen. Nicht als Werbungskosten abziehbar sind daher die Kosten, die bei einer teilweise selbst bewohnten Immobilie auf den selbst genutzten Teil entfallen; diese können aber zum Teil durch die Steuerermäßigung gemäß § 35a EStG begünstigt sein (→ Seite 119 f.). Nach Möglichkeit werden die Aufwendungen direkt dem eigengenutzten oder dem vermieteten Teil zugeordnet, beispielsweise bei der Renovierung von Bädern, Fußböden oder der Erneuerung von Fenstern. Ist keine direkte Zuordnung möglich – zum Beispiel bei der Erneuerung des Dachs oder der Außenfassade – erfolgt die Aufteilung nach Quadratmetern Wohnfläche der jeweiligen Nutzungsart.

Abschreibung von vermieteten Immobilien

Wenn Sie ein Haus oder eine Wohnung vermieten, können Sie Abschreibungen als Werbungskosten geltend machen. Abschreibungsfähig ist nur das Gebäude, nicht dagegen der Grund und Boden, auf dem es steht. Beim Kauf von Eigentumswohnungen oder Häusern müssen deshalb die Anschaffungskosten (Kaufpreis zuzüglich Nebenkosten wie Grunderwerbsteuer und Gebühren) auf das Gebäude einerseits und den Grund und Boden andererseits aufgeteilt werden. Falls der Kaufvertrag keine Aufteilung vorsieht, erkennt das Finanzamt in vielen Fällen 80 Prozent der Anschaffungskosten als Gebäudeanteil an.

Abgeschrieben wird linear, also in gleichen Jahresbeträgen. Der jährliche Abschreibungsprozentsatz beträgt grundsätzlich 2 Prozent; bei Altgebäuden, die vor dem 1. Januar 1925 fertiggestellt wurden, 2,5 Prozent. Im Jahr der Fertigstellung oder Anschaffung wird monatsgenau zeitanteilig gerechnet. Entscheidend für den Beginn der Abschreibung ist der Übergang der Nutzen und Lasten, vorausgesetzt, ab diesem Zeitpunkt besteht die Absicht zur Vermietung.

BEISPIEL

Die Eheleute Meyer kauften am 20. Juli 2018 (Datum des notariellen Kaufvertrags) eine Eigentumswohnung in Stuttgart (Baujahr 1904). Der Übergang der Nutzen und Lasten erfolgte zum 1. September, die Eintragung ins Grundbuch erst im Januar 2019. Der Kaufpreis betrug 170.000 Euro, wovon 20 Prozent auf den Grund und Boden entfielen. Die Wohnung soll schnellstmöglich vermietet werden; erst im Februar 2019 wird aber ein geeigneter Mieter gefunden.

Zusätzlich zum Kaufpreis wurden folgende Beträge gezahlt:

Maklercourtage	3,57 % des Kaufpreises
Notarkosten	1.800 €
Grundschuldeintragung	500 €
Grunderwerbsteuer	5 % des Kaufpreises
Grundbucheintragung (2019)	800 €

Die Kosten der Grundschuldeintragung gehören nicht zu den Anschaffungskosten, sondern stellen sofort als Werbungskosten abziehbare Finanzierungsaufwendungen dar.

Die Anschaffungskosten betragen zum 31. Dezember 2018:

Kaufpreis	170.000 €
Maklercourtage	+ 6.069 €
Notarkosten	+ 1.800 €
Grunderwerbsteuer 5 %	+ 8.500 €
Anschaffungskosten bis 31. Dezember	= **186.369 €**

Davon entfallen 80 Prozent = 149.096 Euro (gerundet) auf das Gebäude; nach diesem Betrag bemisst sich die Abschreibung. Bei dem hier vorliegenden Altgebäude beträgt der Abschreibungssatz 2,5 Prozent pro Jahr. Da der Übergang der Nutzen und Lasten im September 2018 erfolgte und ab diesem Zeitpunkt Vermietungsabsicht bestand, beginnt die Abschreibung am 1. September 2018.

Abschreibung für 2018:
2,5 Prozent von 149.096 Euro × 4/12
= 1.243 Euro (gerundet)

Die 2019 gezahlten Gerichtskosten sind nachträgliche Anschaffungskosten und erhöhen zu 80 Prozent (= Gebäudeanteil) die Abschreibungsbemessungsgrundlage:

Abschreibungsbemessungsgrundlage für 2018	149.096 €
Nachträgliche Anschaffungskosten 80 % von 800 €	+ 640 €
Abschreibungsbemessungsgrundlage für 2019	= **149.736 €**
Abschreibung für 2019: 2,5 % von 149.736 € (gerundet)	= **3.744 €**

Die Abschreibung kann auch für Leerstandszeiten (zum Beispiel wegen Mieterwechsel) abgezogen werden. Voraussetzung ist, dass der Eigentümer ernsthafte Anstrengungen zur Vermietung – wie beispielsweise die Schaltung von Anzeigen oder die Beauftragung eines Maklers – nachweisen kann. So wurde teilweise vom Bundesfinanzhof trotz mehrjährigen Leerstands die Vermietungsabsicht bejaht. Zusätzlich zur Abschreibung können während des Leerstands auch andere Aufwendungen wie beispielsweise die Grundsteuer und die Betriebskosten als Werbungskosten abgezogen werden.

§ GESETZLICHE GRUNDLAGE

Erhöhte Absetzungen bei Gebäuden in Sanierungsgebieten

Besondere Vergünstigungen gibt es für Baudenkmale und Gebäude in städtebaulichen Sanierungsgebieten. Herstellungskosten für Modernisierungs-/Instandsetzungsmaßnahmen an diesen Objekten können gemäß § 7h oder 7i EStG unter bestimmten Voraussetzungen acht Jahre lang mit je 9 Prozent und weitere vier Jahre mit je 7 Prozent abgeschrieben werden. Unter analogen Voraussetzungen können bei der Nutzung solcher Gebäude zu eigenen Wohnzwecken zehn Jahre lang jeweils 9 Prozent des Modernisierungs-/Instandsetzungsaufwands gemäß § 10f EStG als Sonderausgaben abgezogen werden.

Abzug von Instandhaltungsaufwendungen

Aufwendungen für Reparaturen werden in der Regel sofort steuerwirksam als Werbungskosten abgezogen. Dies gilt allerdings nicht, wenn in den ersten drei Jahren nach der Anschaffung (= Zeitpunkt des Übergangs der Nutzen und Lasten) Instandhaltungsaufwendungen (netto, das heißt ohne Umsatzsteuer) von mehr als 15 Prozent der Anschaffungskosten anfallen. In diesem Fall liegt sogenannter anschaffungsnaher Aufwand vor, der nicht sofort abzugsfähig ist, sondern als nachträgliche Herstellungskosten die Abschreibungsbemessungsgrundlage erhöht und sich somit nur in Höhe des jeweiligen Abschreibungssatzes auswirkt. Vorsicht bei anschaffungsnahem Aufwand: Hohe Reparaturaufwendungen, die in den ersten drei Jahren nach dem Kauf anfallen, können unter Umständen nicht sofort als Werbungskosten abgezogen werden.

BEISPIEL

Im Beispiel auf Seite 101 erfolgte der Übergang der Nutzen und Lasten im September 2018; die Anschaffungskosten des Gebäudes betrugen 149.736 Euro. Die Grenze für den anschaffungsnahen Aufwand beträgt:

15 Prozent von 149.736 Euro
= 22.460 Euro.

Um nachträgliche Herstellungskosten zu vermeiden, dürfen bis zum September 2021 höchstens Reparaturen in Höhe von 22.460 Euro netto (= ohne Umsatzsteuer) durchgeführt werden. Wenn alle Reparaturen dem vollen Steuersatz unterliegen, darf die Summe der Rechnungsbeträge maximal 26.727 Euro betragen.

Herstellungskosten liegen in der Regel (die Ausnahme: anschaffungsnaher Aufwand, → Seite 102) nur vor, wenn etwas ein- oder angebaut wird, was vorher nicht vorhanden war, beispielsweise beim Ausbau eines vorher nicht genutzten Dachbodens. Wenn die Kosten einer einzelnen Baumaßnahme insgesamt 4.000 Euro (netto, das heißt ohne Umsatzsteuer) nicht übersteigen, erkennt das Finanzamt stets sofort abziehbare Werbungskosten an (R 21.1 Abs. 2 EStR).

→ **TIPP**

Verteilen Sie größere Reparaturkosten auf mehrere Jahre. Vergessen Sie dabei in den Folgejahren nicht, die jeweiligen Restbeträge in der Anlage V einzutragen.

Bei vermieteten Eigentumswohnungen erstellt der Hausverwalter in der Regel eine Abrechnung, aus der hervorgeht, welche Kosten auf den Mieter umgelegt werden können, und welche nicht umlagefähig (und damit beim Vermieter als Werbungskosten abziehbar) sind.

§ GESETZLICHE GRUNDLAGE

Verteilung von Reparaturaufwand kann steuerlich günstig sein

Wenn in einem Jahr größere Reparaturen anfallen, kann ein so hoher Werbungskostenüberschuss entstehen, dass sich nicht mehr alle steuerlich abziehbaren Beträge (wie Sonderausgaben etc.) auswirken würden. Um diese Werbungskosten zu „retten“, können Sie vom Wahlrecht des § 82b der Einkommensteuer-Durchführungsverordnung Gebrauch machen. Danach können größere Erhaltungsaufwendungen an Wohngebäuden auf zwei bis fünf Jahre gleichmäßig verteilt werden.

Eine Sonderstellung nimmt die **Zuführung zur Instandhaltungsrücklage** ein: Sie kann nicht auf die Mieter umgelegt werden, ist aber dennoch nicht als Werbungskosten abziehbar. Die in dieser Rücklage angesammelten Beträge können erst dann als Werbungskosten geltend gemacht werden, wenn die Instandhaltung tatsächlich durchgeführt wird. Die Höhe der auf Sie entfallenden, aus der Instandhaltungsrücklage entnommenen Aufwendungen können Sie der Abrechnung des Hausverwalters entnehmen.

VORSICHT

Vergessen Sie nicht, die Entnahmen aus der Instandhaltungsrücklage als Werbungskosten geltend zu machen.

Schuldzinsen und andere Finanzierungskosten

Finanzierungskosten sind in erster Linie laufende Zinsen aufgrund von Darlehen, die zur Finanzierung der Immobilie aufgenommen wurden. Außer den Zinsen sind auch Gebühren, Bereitstellungszinsen, Provisionen und ein bei der Darlehensauszahlung einbehaltenes marktübliches Disagio als Werbungskosten abziehbar.

Beim Kauf oder Bau einer Immobilie, die teilweise zu eigenen Wohnzwecken und teilweise für die Vermietung genutzt werden soll, kann nach Rechtsprechung des Bundesfinanzhofs der eigengenutzte Teil vorrangig mit Eigenkapital und der vermietete Teil vorrangig mit Fremdkapital finanziert werden, sodass wesentlich mehr Werbungskosten abgezogen werden können, als sich bei einer Aufteilung nach Quadratmetern ergeben würde. Dies funktioniert jedoch nur dann, wenn die Zahlungen für den eigengenutzten Teil getrennt von denen für den vermieteten Teil erfolgen. Die Verwendung des Darlehens für die vermietete Wohnung muss sich anhand des Zahlungsflusses nachvollziehen lassen.

Sowohl die Finanzierungskosten für eine Immobilie als auch die Höhe der Miete lassen sich steuerlich optimieren. Wenn Wohnraum zum Beispiel an Familienangehörige verbilligt vermietet wird, können sich attraktive Werbungskostenüberschüsse ergeben. Allerdings ist zu beachten, dass das Entgelt bei einer auf Dauer angelegten Wohnungsvermietung gemäß § 21 Abs. 2 EStG mindestens 66 Prozent der ortsüblichen Miete betragen muss, damit der volle Werbungskostenabzug möglich ist. Wenn das Entgelt niedriger als 66 Prozent der ortsüblichen Miete ist, kann nur der entsprechende Teil der Werbungskosten abgezogen werden.

BEISPIEL

Die Eheleute Meyer vermieten eine Eigentumswohnung an ihre Tochter. Die ortsübliche Miete beträgt 800 Euro/Monat; die Tochter zahlt monatlich 500 Euro. 2019 fallen für die Wohnung Werbungskosten von insgesamt 10.000 Euro an.

Da die Tochter nur 62,5 Prozent der ortsüblichen Miete bezahlt, werden nur 62,5 Prozent der angefallenen Werbungskosten berücksichtigt; abziehbar sind demnach nur 6.250 Euro. Hätte die Tochter beispielsweise 560 Euro Miete/Monat (= 70 Prozent der ortsüblichen Miete)

gezahlt, wären die Werbungskosten in voller Höhe abziehbar gewesen.

Vergleichsrechnung

Monatliche Miete	500 €	560 €
Mieteinnahmen/ Jahr	6.000 €	6.720 €
Abziehbare Werbungskosten	6.250 €	10.000 €
Verlust	250 €	3.280 €

Veräußerung von Immobilien

Der Verkauf von Immobilien des Privatvermögens unterliegt nur dann der Einkommensteuer, wenn die Immobilie innerhalb von zehn Jahren nach dem Kauf veräußert wird. Dies gilt als privates Veräußerungsgeschäft im Sinn des § 23 EStG (ehemals „Spekulationsgeschäft").

VORSICHT

Die Veräußerung Ihrer vermieteten Immobilie vor dem Ablauf der Zehnjahresfrist kann für Sie teuer werden.

Für die Berechnung der Zehnjahresfrist kommt es auf das Datum des betreffenden notariellen Grundstücksvertrags an.

Von dieser Veräußerungsgewinnbesteuerung ausgenommen sind Immobilien, die im Jahr des Verkaufs und in den beiden vorhergehenden Jahren oder durchweg seit ihrem Erwerb zu eigenen Wohnzwecken genutzt wurden.

Ein Veräußerungsgewinn nach § 23 EStG ist durch Abzug der Anschaffungskosten und eventueller Veräußerungskosten vom Verkaufserlös zu ermitteln. Allerdings sind die Anschaffungskosten um die Abschreibungen zu vermindern, die als Werbungskosten abgezogen wurden.

BEISPIEL

Rudolf K. erwarb 2009 ein unbebautes Grundstück, das er 2019 wieder verkauft.

Abschluss des notariellen Kaufvertrags	3. April 2009
Grundbucheintragung als Eigentümer	15. Juli 2009
Abschluss des notariellen Verkaufsvertrags	30. Mai 2019
Grundbucheintragung des neuen Eigentümers	1. Juli 2019

Laut Grundbuch war Herr K. weniger als zehn Jahre lang Eigentümer des Grundstücks. Trotzdem liegt kein privates Veräußerungsgeschäft vor, da zwischen dem notariellen Kauf- und Verkaufsvertrag mehr als zehn Jahre liegen.

BEISPIEL

Irmgard K. erwarb am 2. Januar 2012 für 100.000 Euro eine neue Eigentumswohnung und vermietet seitdem. Sie nahm in den Jahren 2012 bis 2018 die lineare Abschreibung gemäß § 7 Abs. 4 EStG in Anspruch. Am 30. Juni 2019 verkauft sie die Eigentumswohnung für 100.000 Euro. Der Gebäudeanteil beträgt 80 Prozent. Da Frau K. innerhalb von zehn Jahren ge- und verkauft hat, liegt ein steuerpflichtiges privates Veräußerungsgeschäft vor. Auf den ersten Blick ergibt sich kein Veräußerungsgewinn. Allerdings müssen die Anschaffungskosten um die in Anspruch genommene Abschreibung vermindert werden. Es ergibt sich folgender Veräußerungsgewinn:

Verkaufspreis		100.000 €
Anschaffungskosten	100.000 €	
abzgl. Abschreibung 2012 bis 2019: 7,5 × 2% von 80.000 €	– 12.000 €	
vom Verkaufspreis abzuziehen	88.000 €	– 88.000 €
Veräußerungsgewinn		= **12.000 €**

Im Endeffekt ist also die bei den Einkünften aus Vermietung und Verpachtung geltend gemachte Abschreibung „nachzuversteuern“.

URTEIL

Anhängiges Verfahren zum Veräußerungsgewinn bei Arbeitszimmer

Der Teil einer Wohnung, der zum Beispiel als Arbeitszimmer benutzt wird, dient nach Auffassung der Finanzverwaltung nicht zu eigenen Wohnzwecken und der darauf entfallende Teil des Gewinns ist damit bei einem Verkauf innerhalb von zehn Jahren zu versteuern. Zu dieser Frage ist allerdings ein Revisionsverfahren beim Bundesfinanzhof anhängig (Az. BFH: IX R 11/18). In der Vorinstanz hatte das Finanzgericht Köln argumentiert, dass ein auf das Arbeitszimmer entfallender Gewinn nicht zu besteuern sei, weil das häusliche Arbeitszimmer kein eigenes Wirtschaftsgut darstelle, sondern in den privaten Wohnbereich integriert sei.

Was kann von den Einkünften abgezogen werden?

Das zu versteuernde Einkommen lässt sich nach dem folgenden vereinfachten Schema ermitteln:

Einkünfte aus den verschiedenen Einkunftsarten
= Summe der Einkünfte
– Altersentlastungsbetrag (§ 24a EStG) für über 64-Jährige
= Gesamtbetrag der Einkünfte
– Sonderausgaben (§ 10 bis 10c EStG)
– außergewöhnliche Belastungen (§ 33 bis 33c EStG)
= zu versteuerndes Einkommen

Altersentlastungsbetrag

Der Altersentlastungsbetrag gemäß § 24a EStG wird gewährt, wenn der Steuerpflichtige vor Beginn des Kalenderjahres das 64. Lebensjahr vollendet hat; für 2018 muss er also am 1. Januar 1954 oder früher geboren sein; für 2019 vor dem 1. Januar 1955 oder früher.

Bis 2005 betrug der Altersentlastungsbetrag 40 Prozent des Bruttolohns und der anderen Einkünfte (mit Ausnahme von Versorgungsbezügen oder Leibrenten), höchstens jedoch 1.900 Euro pro Jahr. Begünstigt sind vor allem Nebenjobs, Miet-, Pacht- und Kapitalerträge, Letztere wegen der Abgeltungsteuer nur im Fall der Veranlagungsoption (→ Seite 92). Durch das Alterseinkünftegesetz wird der Altersentlastungsbetrag von 2005 bis 2040 allmählich reduziert, und zwar bis 2020 in Stufen von 1,6 Prozentpunkten pro Jahr und von 2021 bis 2040 in Stufen von 0,8 Prozentpunkten pro Jahr. Parallel zur Absenkung des Prozentsatzes wird auch der Höchstbetrag in Schritten von zunächst 76 Euro pro Jahr abgeschmolzen.

Gesetzliche Grundlage

Bestimmung des Altersentlastungsbetrags nach § 24a EStG

Kalenderjahr, in dem das 64. Lebensjahr vollendet wurde/wird	Altersentlastungsbetrag in Prozent	Höchstbetrag in Euro
2010	30,4	1.444
2011	28,8	1.368
2012	27,2	1.292
2013	25,6	1.216
2014	24	1.140
2015	22,4	1.064
2016	20,8	988
2017	19,2	912
2018	17,6	836
2019	16	760
2020	15,2	722
2021	14,4	684
2022	13,6	646
2023	12,8	608
2024	12	570
2025	11,2	532
2026	10,4	494
2027	9,6	456
2028	8,8	418
2029	8	380
2030	7,2	342

Entscheidend ist jeweils, wann der Steuerpflichtige das 64. Lebensjahr vollendet; der dann gültige Prozentsatz und Höchstbetrag werden für ihn festgeschrieben.

BEISPIEL

Irmgard K. wurde 2017 64 Jahre alt. Aus der Tabelle in § 24a EStG ergibt sich für sie ein Altersentlastungsbetrag in Höhe von 19,2 Prozent, höchstens 912 Euro. Von den weiteren Absenkungen des Prozentsatzes und des Höchstbetrags ist sie nicht betroffen.

Für über 64-Jährige, die außer ihrer Rente und einem Nebenjob keine weiteren Einkünfte (zum Beispiel Mieteinkünfte) haben, mit denen der Altersentlastungsbetrag genutzt werden könnte, erhöht dieser die steuerliche Attraktivität eines sozialversicherungspflichtigen Arbeitsverhältnisses im Vergleich zu einem sogenannten Minijob.

Sonderausgaben

Als Sonderausgaben abziehbar sind, wie auch vor dem Eintritt ins Rentenalter schon, unter anderem

- Spenden für gemeinnützige, mildtätige oder kirchliche Zwecke,
- die gezahlte Kirchensteuer,
- Vorsorgeaufwendungen.

Bernd Urban, vereidigter Buchprüfer und Steuerberater in eigener Kanzlei, rät mit Einmalzahlung(en) Rentenabschläge zu vermeiden: „Wenn Sie vor Erreichen des gesetzlichen Rentenalters eine vorgezogene Altersrente beantragen, müssen Sie mit empfindlichen Abschlägen rechnen. Das können Sie unter bestimmten Voraussetzungen vermeiden, indem Sie eine freiwillige Einmalzahlung an den gesetzlichen Rentenversicherungsträger leisten. Die Höhe können Sie mithilfe einer besonderen Rentenauskunft erfahren; eine Verpflichtung zur Einzahlung entsteht hierdurch nicht. Stellen Sie hierfür einen „Antrag auf Auskunft über die Höhe der Beitragszahlung zum Ausgleich einer Rentenminderung bei vorzeitiger Inanspruchnahme einer Rente wegen Alters“. Zum Zeitpunkt der Antragstellung müssen Sie mindestens fünfzig Jahre alt sein und es muss absehbar sein, dass Sie die Voraussetzungen für die vorzeitige gesetzliche Altersrente (insbesondere mindestens 35 Versicherungsjahre) erfüllen werden. Einzelheiten und Antragsformular → www.deutsche-rentenversicherung.de.“

Voraussetzung für den Abzug von Spenden ist eine entsprechende Zuwendungsbestätigung, die für das Kalenderjahr 2017 erstmalig nicht mehr mit der Steuererklärung eingereicht werden musste. Sie ist aber nach dem Erhalt des Steuerbescheides noch mindestens ein Jahr lang aufzubewahren, damit sie auf Anfrage des Finanzamts im Einzelfall vorgelegt werden kann. Zurzeit noch in der Pilotphase befindet sich die elektronische Übermittlung der Zuwendungsbestätigung an das zuständige Finanzamt durch den Empfänger der Spende. In bestimmten Fällen (Katastrophenhilfe, Spenden bis zu 200 Euro) genügt der Bankbeleg als Nachweis für die Spende.

Vorsorgeaufwendungen sind Versicherungsbeiträge wie die zur Renten-, Kranken-, Unfall- und Haftpflichtversicherung. Zum Abzug berechtigt ist der jeweilige Versicherungsnehmer. Keine Vorsorgeaufwendungen sind die sogenannten Sachversicherungen wie Hausrat, Kasko, Rechtsschutz. Innerhalb der Vorsorgeaufwendungen sind zu unterscheiden:

HINTERGRUND

Basis-Altersvorsorgeaufwendungen als Sonderausgaben abziehbar

Basis-Altersvorsorgeaufwendungen wie Beiträge zur gesetzlichen Rentenversicherung und zu Rürup-Verträgen konnten 2005 zu 60 Prozent als Sonderausgaben abgezogen werden.
Dieser Prozentsatz steigt um 2 Prozentpunkte pro Jahr, sodass sie ab 2025 zu 100 Prozent abziehbar sind.

Bernd Urban, vereidigter Buchprüfer und Steuerberater, gibt in Hinblick auf die Einmalzahlung(en) folgenden Steuertipp:

„Wenn Sie sich für die Einmalzahlung entscheiden, kann sie noch nach Rentenbeginn, spätestens aber vor dem Erreichen der Regelaltersgrenze, entrichtet werden. Da die nachgezahlten Beiträge als sogenannte Basis-Altersvorsorgeaufwendungen steuerlich abzugsfähig sind und der Höchstbetrag für sämtliche Basis-Altersvorsorgeaufwendungen von 24.305 Euro jährlich bei Ledigen, 48.610 Euro jährlich bei Ehepaaren (Stand 2019) nur selten ausgeschöpft wird, ist es häufig steuerlich günstiger, zumindest Teilbeträge bereits in Jahren zu zahlen, in denen Sie noch ganzjährig berufstätig sind. Denn dann sind Ihr Einkommen und damit auch Ihr persönlicher Steuersatz in der Regel wesentlich höher als in den Jahren des Rentenbezugs vor Erreichen der Regelaltersgrenze.“

- Basis-Altersvorsorgeaufwendungen,
- Krankenversicherungsbeiträge,
- sonstige Vorsorgeaufwendungen.

Kranken- und Pflegeversicherung

Da sie existenziell notwendig sind, nehmen die Kranken- und die Pflegepflichtversicherung eine Sonderstellung ein: Die Beiträge, die für den sogenannten **Basisschutz** erforderlich sind, können stets in voller Höhe abgezogen werden. Bei gesetzlich versicherten Arbeitnehmern ergeben sich die „Basis"-Krankenversicherungsbeiträge, indem die entrichteten Arbeitnehmerbeiträge um 4 Prozent vermindert werden. Hiermit wird der Krankengeldanspruch pauschaliert. Da Krankengeld für Rentner irrelevant ist, entfällt für sie dieser Abzug.

Die Beiträge zur **Pflegepflichtversicherung** sind stets in voller Höhe abziehbar. Dies gilt allerdings nicht für Beiträge zu einer zusätzlichen freiwilligen Pflegeversicherung. Diese können aber unter Umständen bei Steuerpflichtigen, die nach dem 31. Dezember 1957 geboren sind, im Rahmen eines besonderen Höchstbetrags berücksichtigt werden und sollten daher in das dafür vorgesehene Feld (Zeile 36 der Anlage Vorsorgeaufwand) eingetragen werden.

Beiträge zur **privaten Krankenversicherung** können voll abgezogen werden, soweit damit Leistungen abgesichert werden, die denen der gesetzlichen Krankenversicherung entsprechen (= sogenannter Basisschutz). Dies gilt nicht nur für die Absicherung des Steuerpflichtigen selbst, sondern auch für die seines Ehegatten. Die privaten Krankenkassen müssen die Höhe der begünstigten Beiträge bescheinigen. In der Bescheinigung werden in der Regel die Felder, in die die betreffenden Beträge einzutragen sind, genannt.

§ URTEIL

Selbstbehalt nicht als Krankenversicherungsbetrag abziehbar

Viele Tarife der privaten Krankenversicherungen sehen vor, dass die Versicherten einen jährlichen Sockelbetrag aus eigener Tasche bezahlen; nur die übersteigenden Krankheitskosten werden dann von der Versicherung übernommen. Mit Urteil vom 1. Juni 2016 (Az. X R 43/14) entschied der Bundesfinanzhof, dass dieser vom Versicherungsnehmer getragene Selbstbehalt nicht als Krankenversicherungsbeitrag abgezogen werden darf. Er kann stattdessen als außergewöhnliche Belastung geltend gemacht werden, hier läuft er aber aufgrund der sogenannten zumutbaren Belastung leider häufig ins Leere (Einzelheiten zu außergewöhnlichen Belastungen finden Sie ab Seite 110).

Sonstige Vorsorgeaufwendungen

Sonstige Vorsorgeaufwendungen in diesem Sinn sind Beiträge zu

- „Nicht-Basis"-Krankenversicherungen, zum Beispiel für Zusatzleistungen oder Tagegeld,
- Unfallversicherung,
- Haftpflichtversicherung,
- Arbeitslosenversicherung,
- Berufsunfähigkeitsversicherung,
- Risikolebensversicherung,
- bestimmte „Altfälle" von Kapitallebensversicherungen und Rentenversicherungen mit oder ohne Kapitalwahlrecht (ohne besondere staatliche Förderung und Vertragsabschluss vor dem 1. Januar 2005).

Diese sind in die entsprechend bezeichneten Felder der Anlage Vorsorgeaufwand einzutragen. Der Höchstbetrag für diese Vorsorgeaufwendungen beträgt bei Rentnern 1.900 Euro pro Person und Jahr. Sind beide Ehegatten Rentner und/oder Arbeitnehmer, so ergibt sich ein gemeinsamer Höchstbetrag von 3.800 Euro. Wenn dagegen nur ein Ehegatte Rentner ist und der andere seine Krankenversicherung voll aus eigenen Mitteln bezahlen muss und auch keinen Anspruch auf Beihilfe zu seinen Krankheitskosten hat (weil er zum Beispiel selbstständig tätig ist), erhöht sich für diesen Ehegatten der Höchstbetrag auf 2.800 Euro.

Auf die genannten Höchstbeträge werden allerdings die Basis-Kranken- und Pflegepflichtversicherungsbeiträge angerechnet, sodass der Höchstbetrag häufig schon allein hierdurch ausgeschöpft wird. In diesem Fall wirken sich die sonstigen Vorsorgeaufwendungen steuerlich nicht aus. Wird der Höchstbetrag durch die Basis-Kranken- und Pflegeversicherungsbeiträge nicht erreicht, so wird er mit sonstigen Vorsorgeaufwendungen „aufgefüllt".

Bis einschließlich 2019 führt das Finanzamt eine sogenannte Günstigerprüfung durch. Dabei wird geprüft, ob nach einer komplizierten Altregelung ein höherer Betrag abgezogen werden kann. Da der steuerliche Laie diese komplizierten Vergleichsrechnungen nicht überblicken kann, ist es wichtig, dass Sie alle Vorsorgeaufwendungen – je nach der Art des Versicherungsbeitrags – in die dafür vorgesehenen Felder der Anlage Vorsorgeaufwand eintragen.

Außergewöhnliche Belastungen

Als außergewöhnliche Belastungen sind gemäß § 33 EStG vom Gesamtbetrag der Einkünfte unter anderem abziehbar:

- Krankheits- und Pflegekosten,
- Aufwendungen aufgrund einer Körperbehinderung,
- Bestattungskosten, soweit der Nachlass des Verstorbenen hierfür nicht ausreichen sollte.

Zumutbare Belastung

Eine steuerliche Auswirkung ergibt sich allerdings nur, soweit die Summe aller angefallenen außergewöhnlichen Belastungen die zumutbare Belastung überschreitet. Da Zweifel an der Verfassungsmäßigkeit der zumutbaren Belastung bestehen, wird die Steuer bis zur abschließenden Klärung durch das Bundesverfassungsgericht vorläufig festgesetzt (Az. BVerfG: 2 BvR 221/17 und 2 BvR 1936/17). Sie sollten daher alle außergewöhnlichen Belastungen in das Einkommensteuerformular eintragen, auch wenn nach Ihrer eigenen Berechnung die zumutbare Belastung nicht erreicht wird. Die zumutbare Belastung ergibt sich als Prozentsatz des Gesamtbetrags der Einkünfte (→ Tabelle rechts).

→ **TIPP**

Tragen Sie Krankheits- und ähnliche Kosten auch bei geringer Höhe ins Formular ein, da diese durchaus als außergewöhnliche Belastung abziehbar sein könnten.

Gesetzliche Grundlage

Zumutbare Belastung (§ 33 Abs. 3 EStG) als Prozentsatz des Gesamtbetrags der Einkünfte

Gesamtbetrag der Einkünfte	Bis 15.340 €	15.341 € bis 51.130 €	Über 51.130 €
Alleinstehende Kinderlose	5 %	6 %	7 %
Verheiratete Kinderlose	4 %	5 %	6 %
Personen mit ein oder zwei Kindern*	2 %	3 %	4 %
Personen mit mehr als zwei Kindern*	1 %	1 %	2 %

*** Kinder in diesem Sinn sind nur solche, für die Kindergeld gezahlt wird.**

Offensichtlich ist es aus steuerlicher Sicht günstiger, außergewöhnliche Belastungen in einem Kalenderjahr zu sammeln und gemeinsam anzugeben, anstatt sie auf mehrere Jahre zu verteilen, und damit die zumutbare Belastung jedes Jahr nur geringfügig oder gar nicht zu überschreiten. Wenn Sie beispielsweise Brille und Hörgerät (= Krankheitskosten → Seite 113) im selben Jahr kaufen, steigt die Wahrscheinlichkeit, dass Sie die zumutbare Belastung überschreiten und sich Ihre Ausgaben somit als außergewöhnliche Belastung tatsächlich steuerlich auswirken.

Für die zeitliche Zuordnung ist die Bezahlung (Geldfluss) entscheidend. Abweichungen hiervon sind nur in Ausnahmefällen möglich und kommen nicht bereits deshalb in Betracht, weil die Aufwendungen so hoch sind, dass sie sich im Jahr der Zahlung nicht in

BEISPIEL

Das Rentnerehepaar K. hat einen Gesamtbetrag der Einkünfte in Höhe von 44.646 Euro. Die Kinder sind im steuerlichen Sinn nicht relevant. 2019 werden Eigenanteile an Medikamenten und andere Krankheitskosten in Höhe von insgesamt 3.000 Euro gezahlt. Weitere außergewöhnliche Belastungen fallen nicht an.

Ermittlung der zumutbaren Belastung:

4 % von 15.340 €	613,60 €
5 % von	
(44.646 € – 15.340 €)	+ 1.465,30 €
zumutbare Belastung	= **2.078,90** €

Die außergewöhnlichen Belastungen wirken sich also nur in Höhe von 922 Euro (= 3.000 Euro – 2.078 Euro) steuerlich aus.

vollem Umfang steuermindernd auswirken können (Beschluss des Bundesfinanzhofs vom 12. Juli 2017, Az. VI R 36/15).

→ **TIPP**

Soweit die nicht abziehbare zumutbare Belastung auf Pflegekosten entfällt, können diese im Rahmen der Steuerermäßigung für haushaltsnahe Dienstleistungen nach § 35a EStG geltend gemacht werden (→ Seite 119 ff.).

Krankheitskosten

Beispiele für Krankheitskosten sind Aufwendungen, Eigenanteile beziehungsweise Zuzahlungen für:

- ärztliche Behandlungen,
- Medikamente,
- Heilbehandlungen wie Physiotherapie oder Logopädie,
- Hilfsmittel wie Brillen, Kontaktlinsen oder Hörgeräte,
- Zuzahlungen bei Krankenhausaufenthalten oder Heilkuren,
- sogenannte IGeL-Leistungen, die von Ärzten erbracht werden, wie zum Beispiel besondere Augenuntersuchungen,
- Kosten für Heilpraktiker.

Eine steuerliche Auswirkung ergibt sich nur, soweit die zumutbare Belastung überschritten wird. Abziehbar ist immer nur der vom Steuerpflichtigen selbst getragene Aufwand, das heißt, Erstattungen von Krankenversicherungen oder der Beihilfe (bei Beamten) müssen von den entstandenen Kosten abgezogen werden. Dies gilt auch, wenn Ihnen die Erstattung erst im folgenden Jahr zufließt. Versäumen Sie es, Erstattungsansprüche geltend zu machen, so ist kein Abzug dieser – dann von Ihnen selbst getragenen – Kosten möglich.

Zusätzlich zu den reinen Krankheitskosten können auch die Fahrtkosten zum Arzt, Heilpraktiker oder zu Behandlungen abgezogen werden, bei öffentlichen Verkehrsmitteln in Höhe der entstandenen Kosten laut Beleg, bei Fahrten mit dem Auto in Höhe von 0,30 Euro je gefahrenem Kilometer.

Unter Umständen können auch Besuchsfahrten zu einem für längere Zeit im Krankenhaus liegenden Ehegatten geltend gemacht werden. Voraussetzung hierfür ist ein Attest des behandelnden Krankenhausarztes, in dem bestätigt wird, dass die Besuche entscheidend zur Heilung oder Linderung der Krankheit beitragen können (§ 64 Abs. 1 Nr. 3 EStDV).

Nachweis von Krankheitskosten

Der Nachweis der Kosten erfolgt durch entsprechende Belege; zusätzlich sollten Verordnungen von Ärzten oder Heilpraktikern vorgelegt werden. Ausreichend ist auch der Nachweis der teilweisen Erstattung durch die Pflege-/Krankenversicherung oder – bei Beamten – die Beihilfe. Für Brillen oder Kontaktlinsen genügt die einmalige Feststellung der Notwendigkeit einer Sehhilfe durch einen Augenarzt; später reicht der Beleg des Optikers.

→ **TIPP**

Holen Sie vor dem Beginn einer Kur, einer psychotherapeutischen Behandlung, einer wissenschaftlich nicht anerkannten Therapie oder dem Kauf medizinischer Hilfsmittel ein amtsärztliches (oder gleichwertiges) Attest ein.

§ GESETZLICHE GRUNDLAGE

Nachweis von Kosten für Heilkuren

Außer Krankheitskosten können auch die Kosten für Heilkuren berücksichtigt werden, allerdings nur unter bestimmten Voraussetzungen: Hier muss gemäß § 64 Abs. 1 Nr. 2 EStDV vor Beginn der Kur ein amtsärztliches Attest eingeholt werden, in dem die Notwendigkeit der Kur, bei Klimakuren auch der medizinisch angezeigte Kurort und die voraussichtliche Kurdauer bescheinigt werden. Alternativ genügen entsprechende Bescheinigungen des Medizinischen Dienstes, der Versicherungsanstalt (bei Pflichtversicherten) oder der Beihilfestelle (bei Beamten).

Ein ähnliches Attest ist vor Beginn einer psychotherapeutischen Behandlung, vor dem Kauf von medizinischen Hilfsmitteln, die als Gebrauchsgegenstände des täglichen Lebens anzusehen sind, oder vor Beginn einer wissenschaftlich nicht anerkannten Therapie wie zum Beispiel einer Frischzellen- oder Eigenbluttherapie einzuholen.

Behinderungsbedingte Aufwendungen

Abziehbar sind unter anderem Aufwendungen für:

- Wäsche,
- Pflegedienstleistungen,

- Krankenhausaufenthalte,
- medizinische Hilfsmittel wie zum Beispiel Treppenschräglift, Rollstuhl, Prothesen, Medikamente,
- die behindertengerechte Ausgestaltung der eigenen Wohnung (Umbaukosten),
- private Kfz-Kosten.

Für Aufwendungen, die aufgrund einer Behinderung entstehen, besteht ein Wahlrecht:

- Entweder weist der Steuerpflichtige die tatsächlichen Kosten mit Hilfe entsprechender Belege nach (dann erfolgt der Ansatz gemäß § 33 EStG analog zu den Krankheitskosten unter Abzug der zumutbaren Belastung) oder
- der Steuerpflichtige verzichtet auf den Einzelnachweis und nimmt einen Pauschbetrag gemäß § 33b EStG in Anspruch; beim Ansatz des Pauschbetrags kommt die zumutbare Belastung nicht zur Anwendung.

WICHTIG

Von den oben aufgezählten Aufwendungen sind nur die beiden Erstgenannten durch den Pauschbetrag abgegolten, das heißt die übrigen Aufwendungen können zusätzlich zum Pauschbetrag abgezogen werden.

Bei einer Minderung der Erwerbsfähigkeit (MdE) von mindestens 80 Prozent oder einer MdE von mindestens 70 Prozent und Geh- und Stehbehinderung können private Kfz-Kosten geltend gemacht werden (H 33.1–33.4 „Fahrtkosten behinderter Menschen" EStH). Grundsätzlich werden 3.000 Kilometer für Privatfahrten anerkannt; bei außergewöhnlich Gehbehinderten, Blinden oder Hilflosen bis zu 15.000 Kilometer pro Jahr, ausnahmsweise auch noch mehr. Der Ansatz der Fahrtkosten erfolgt in Höhe der tatsächlichen Kosten, das heißt mit 0,30 Euro pro gefahrenem Kilometer; höhere Kosten werden nur in Ausnahmefällen anerkannt.

BEISPIEL

Für Inge K. wurde eine Minderung der Erwerbsfähigkeit von 80 Prozent festgestellt. Sie besitzt einen Pkw. Inge K. kann ohne weitere Nachweise für ihre Privatfahrten 900 Euro (= 3.000 km à 0,30 Euro) als außergewöhnliche Belastung ansetzen. Daneben kann sie entweder den Behindertenpauschbetrag von 1.060 Euro (→ Tabelle Seite 117) geltend machen oder alternativ tatsächlich anfallende Kosten für laufende Pflegedienstleistungen, Wäsche etc. nachweisen.

Abziehbar sind bei körperbehinderten Menschen auch Aufwendungen für den Einbau eines behindertengerechten Badezimmers oder eines Aufzugs sowie weitere aufgrund ihrer Behinderung erforderliche Baumaßnahmen. Auch Aufwendungen für den behindertengerechten Umbau eines Kfz sind bei erheblich Gehbehinderten (Merkzeichen „aG“) als außergewöhnliche Belastungen abziehbar.

Kosten einer Heimunterbringung

Als außergewöhnliche Belastung abziehbar sind auf jeden Fall die Kosten für die Unterbringung in der Pflegestation eines Heims oder die in der Abrechnung des Heims einzeln ausgewiesenen Krankheits- und Pflegekosten. Ist der Steuerpflichtige nicht in der Pflegestation des betreffenden Heims untergebracht, so dürfen die Unterbringungskosten abgezogen werden, wenn die Heimunterbringung ausschließlich durch eine Krankheit veranlasst ist, durch die der Steuerpflichtige pflegebedürftig geworden ist.

Falls bei einer Heimunterbringung der Haushalt des Steuerpflichtigen aufgelöst wird, muss von den Unterbringungskosten eine Haushaltsersparnis in Höhe des Grundfreibetrags (2019: 9.168 Euro/Jahr) abgezogen werden; wird der Haushalt im Lauf des Jahres aufgelöst, erfolgt eine zeitanteilige Berechnung. Wenn beide Ehegatten im Heim leben und ihren eigenen Haushalt aufgegeben haben, ist die Haushaltsersparnis doppelt anzusetzen (Urteil des Bundesfinanzhofs vom 4. Oktober 2017, Az. VI R 22/16). Wurde der Haushalt (noch) nicht aufgelöst, so ist keine Haushaltsersparnis zu berücksichtigen.

Die rein altersbedingte Unterbringung in einem Altersheim wird steuerlich nicht berücksichtigt. Ist der Steuerpflichtige erst während seiner Heimunterbringung erkrankt, so gewährt die Finanzverwaltung allerdings den Abzug, wenn mindestens Pflegegrad 2, eine erhebliche Einschränkung der Alltagskompetenz oder das Merkzeichen „H“ oder „Bl“ festgestellt wurde.

Mit Urteil vom 13. Oktober 2010 (Az. VI R 38/09) entschied der Bundesfinanzhof, dass die Aufwendungen für die Heimunterbringung Krankheitskosten im Sinn von § 33 Abs. 1 EStG sein können, wenn jemand wegen Krankheit in einem Alters- oder Pflegeheim lebt, auch wenn keine zusätzlichen Pflegekosten entstanden sind und kein Merkzeichen „H“ oder „Bl“ im Schwerbehindertenausweis festgestellt ist. Erforderlich ist also eine Einzelfallbetrachtung.

Bestimmte haushaltsnahe Dienstleistungen sind für Heimbewohner gemäß § 35a EStG begünstigt (→ Seite 119 ff.).

Pauschbetrag für Menschen mit Behinderung

Anstelle der tatsächlichen Kosten können Menschen mit Behinderung gemäß § 33b EStG einen Pauschbetrag geltend machen, wenn ihr Grad der Behinderung mindestens 50 Prozent beträgt. Bei einem Grad der Behinderung von weniger als 50 Prozent, aber mindestens 25 Prozent wird ein Pauschbetrag nur unter den folgenden Voraussetzungen gewährt:

- → Wegen der Behinderung werden gesetzliche Renten oder andere laufende Bezüge gezahlt oder
- → es liegt eine dauernde Einbuße der körperlichen Beweglichkeit vor oder
- → die Behinderung beruht auf einer typischen Berufskrankheit.

→ **TIPP**

Nach schweren Erkrankungen beziehungsweise Operationen liegt oft ein erheblicher Behinderungsgrad in diesem Sinn vor. Beantragen Sie gegebenenfalls einen Schwerbehindertenausweis bei Ihrem zuständigen Versorgungsamt.

Der Grad der Behinderung ist durch einen Schwerbehindertenausweis beziehungsweise eine Bescheinigung der nach § 69 Abs. 1 SGB IX zuständigen Behörde nachzuweisen. Die Vorlage beim Finanzamt ist nur noch mit der Steuererklärung, in der der Pauschbetrag erstmalig beansprucht wird, oder bei einer Änderung des Grades der Behinderung erforderlich (ansonsten nur auf Anforderung der Finanzamtes). Künftig sollen die für die Gewährung des Behindertenpauschbetrags erforderlichen Daten elektronisch an das zuständige Finanzamt übermittelt werden.

Gesetzliche Grundlage

Höhe des Behindertenpauschbetrags gemäß § 33b Abs. 3 EStG

Grad der Behinderung	Pauschbetrag pro Jahr
25 oder 30 %	310 Euro
35 oder 40 %	430 Euro
45 oder 50 %	570 Euro
55 oder 60 %	720 Euro
65 oder 70 %	890 Euro
75 oder 80 %	1.060 Euro
85 oder 90 %	1.230 Euro
95 oder 100 %	1.420 Euro
Hilflose/Blinde	3.700 Euro

Für den Pauschbetrag von 3.700 Euro muss ein Schwerbehindertenausweis mit Merkzeichen „H" oder „Bl" oder eine Einstufung mindestens in Pflegegrad 4 vorliegen (§ 65 EStDV). Die Pauschbeträge sind immer Jahresbeträge. Bei Beginn, Wegfall oder Änderung der Behinderung im Lauf des Kalenderjahres gilt der höchste Pauschbetrag für das ganze Jahr.

→ **TIPP**

Die Bescheinigungen über die Körperbehinderung sind Grundlagenbescheide im Sinn von § 175 Abs. 1 AO, sodass eine

rückwirkende Anerkennung der Körperbehinderung zu einer Berichtigung der Einkommensteuerveranlagung führt.

Die Person mit Behinderung kann jedes Jahr zwischen dem Pauschbetrag und dem Ansatz der tatsächlichen Kosten wählen. Von den Pauschbeträgen wird keine zumutbare Belastung abgezogen. Mit dem Pauschbetrag sind alle durch die Behinderung bedingten laufenden Kosten wie die für Wäsche, Hilfeleistungen oder Hilfsmittel abgegolten.

Andere Krankheitskosten – zum Beispiel für Krankenhausaufenthalte oder Kuren, auch wenn ein Zusammenhang zur Körperbehinderung besteht – können unter Abzug der zumutbaren Belastung zusätzlich zum Pauschbetrag geltend gemacht werden. Ebenfalls neben den Pauschbeträgen können behinderungsbedingte Umbaukosten und unter den auf Seite 115 genannten Voraussetzungen Kosten für private Fahrten geltend gemacht werden.

Steuerliche Behandlung des Pflegegelds

Das von der gesetzlichen oder privaten Pflegeversicherung ausgezahlte Pflegegeld ist beim pflegebedürftigen Empfänger gemäß § 3 Nr. 1 EStG steuerfrei. Wird dieses Pflegegeld an Angehörige des Pflegebedürftigen weitergeleitet, die die Pflege und/oder die hauswirtschaftliche Versorgung durchführen, so ist es gemäß § 3 Nr. 36 EStG auch bei diesen Pflegepersonen steuerbefreit. Angehörigen gleichgestellt sind andere Menschen, die damit eine sittliche Pflicht gegenüber dem Pflegebedürftigen erfüllen.

Die Steuerbefreiung ist allerdings begrenzt auf das von der gesetzlichen Pflegeversicherung gezahlte Pflegegeld. Vom Pflegebedürftigen selbst zusätzlich gewährte Vergütungen müssen vom Empfänger versteuert werden.

§ URTEIL

Von Versicherung erstattete Pflegeaufwendungen nicht abziehbar

Allerdings kann der Pflegebedürftige Aufwendungen für die Pflege nur abziehen, soweit sie das an ihn ausgezahlte Pflegegeld übersteigen. Dies gilt laut Bundesfinanzhof gleichermaßen für die Leistungen aus der Pflegepflichtversicherung und aus zusätzlichen privaten Pflegeversicherungen (Urteil vom 14. April 2011, zitiert in H 33.1–33.4 „Pflegeaufwendungen“ EStH).

Pflegepauschbetrag

Gemäß § 33b Abs. 6 EStG können Steuerpflichtige, denen durch die Pflege von Personen, die nicht nur vorübergehend hilflos sind, außergewöhnliche Belastungen erwachsen, unter den im Folgenden genannten Voraussetzungen einen Pflegepauschbetrag von 924 Euro pro Jahr abziehen:

- Der Steuerpflichtige muss die Pflege selbst durchführen und zwar entweder in seiner Wohnung oder in der Wohnung des Pflegebedürftigen; eine zeitweise Unterstützung durch eine ambulante Pflegekraft ist unschädlich, R 33b Abs. 4 EStR.
- Die gepflegte Person muss ständig hilflos im Sinn von § 33b Abs. 6 S. 2 und 3 EStG sein, das heißt, es müssen die Voraussetzungen für den Pauschbetrag von 3.700 Euro vorliegen.
- Der Steuerpflichtige erhält für die Pflege keine Einnahmen (das heißt auch kein Pflegegeld oder Ähnliches). Keine Einnahmen in diesem Sinn sind von der Pflegekasse für die pflegende Person übernommene Beiträge zur Renten-, Kranken- und Pflegeversicherung (R 33b Abs. 7 EStR).

Der Pflegepauschbetrag von 924 Euro pro Jahr ist immer ein Jahresbetrag, das heißt, es findet keine Zwölftelung statt. Teilen sich mehrere Personen die Pflege eines Menschen, ist der Pflegepauschbetrag nach der Anzahl der Personen aufzuteilen.

→ TIPP

Werden mehrere Familienmitglieder unentgeltlich gepflegt, so kann der Pauschbetrag mehrfach gewährt werden.

Steuerermäßigung für haushaltsnahe Beschäftigungen/Dienstleistungen und Handwerkerleistungen

Während Freibeträge oder Sonderausgaben etc. die Bemessungsgrundlage der Einkommensteuer vermindern und sich daher umso stärker auswirken, je höher das zu versteuernde Einkommen ist, wirkt sich eine Steuerermäßigung als Abzug von der Einkommensteuer selbst und damit progressionsunabhängig aus, das heißt, es handelt sich praktisch um bares Geld, das der Staat zu den begünstigten Aufwendungen „zuschießt".

Nach § 35a EStG begünstigt sind folgende haushaltsnahe Aufwendungen:

- Beschäftigungsverhältnisse im Rahmen von Minijobs,
- sozialversicherungspflichtige Beschäftigungsverhältnisse,
- von Unternehmen ausgeführte Dienstleistungen,
- bestimmte Pflege- und Betreuungsleistungen,
- Handwerkerleistungen (nur der Arbeitslohn, nicht die Kosten für Baumaterial oder Ähnliches).

Voraussetzung für die Steuerermäßigung ist in allen Fällen, dass dem Finanzamt eine Rechnung des Leistungserbringers vorgelegt wird und die Zahlung auf dessen Konto erfolgt ist, was mit dem Bankbeleg nachzuweisen ist. Als Nachweis für ein haushaltsnahes Beschäftigungsverhältnis gelten Bescheinigungen/Belege der Deutschen Rentenversicherung Knappschaft-Bahn-See (für Minijobs) und allgemeine Lohnsteuer- und Sozialversicherungsnachweise (bei versicherungspflichtigen Beschäftigungen).

Einzelheiten zu § 35a EStG finden Sie im Schreiben des Bundesfinanzministeriums vom 9. November 2016, IV C 8 – S 2296 – b/07/1003:008.

Haushaltsnahe Beschäftigungsverhältnisse

Wenn Sie jemanden sozialversicherungspflichtig oder im Rahmen eines sogenannten Minijobs für Hausarbeiten anstellen oder von Unternehmen haushaltsnahe Dienstleistungen in Anspruch nehmen, können Sie die Steuerermäßigung gemäß § 35a Abs. 1 oder 2 EStG geltend machen.

Vom Finanzamt nicht anerkannt werden Beschäftigungsverhältnisse zwischen Personen, die im selben Haushalt leben, zum Beispiel zwischen Eltern und im Haushalt lebenden Kindern. Leben Angehörige dagegen nicht mit im Haushalt, können entsprechende Beschäftigungsverhältnisse anerkannt werden, wenn sie unter fremdüblichen Bedingungen abgeschlossen und durchgeführt werden.

Verträge mit Familienangehörigen werden nur anerkannt, wenn sie dem Fremdvergleich standhalten. Außerdem muss der Angehörige das erhaltene Entgelt gegebenenfalls versteuern. Ausnahme: Beim Minijob muss der Zahlende zusätzliche Abgaben abführen, mit denen die Steuern des Empfängers abgegolten sind.

Minijob im Haushalt

Wenn eine Haushaltshilfe im Rahmen eines Minijobs, also auf 450-Euro-Basis (im Fachjargon: „geringfügiges Beschäftigungsverhältnis") beschäftigt wird, beträgt die Steuerermäßigung gemäß § 35a Abs. 1 EStG 20 Prozent der gesamten angefallenen Kosten (überwiesene Vergütung + gezahlte pauschale Abgaben), höchstens aber 510 Euro pro Haushalt und Jahr. Maximal begünstigt sind damit Aufwendungen von insgesamt 2.550 Euro/Jahr, was 212,50 Euro/Monat entspricht.

Das Beschäftigungsverhältnis muss ordnungsgemäß bei der Minijob-Zentrale angemeldet werden (→ im Internet unter www.minijob-zentrale.de). Zur Erleichterung der korrekten Abwicklung sollte das Haushaltsscheckverfahren genutzt werden. Dieses ist laut Randnummer 5 des Schreibens des Bundesfinanzministeriums vom 15. Februar 2010, BStBl. I S. 783, Voraussetzung für die Steuerermäßigung.

Jeder geringfügig Beschäftigte darf nur insgesamt bis zu 450 Euro im Monat verdienen. Wenn er außerdem sozialversicherungspflichtig arbeitet, darf er zusätzlich nur einen einzigen Minijob ausüben. Der Arbeitgeber muss monatlich die pauschalen Steuern und Versicherungsbeiträge in Höhe von bis zu 14,44 Prozent der an die Haushaltshilfe gezahlten Vergütung an die Minijob-Zentrale abführen; das heißt, wenn 100 Euro ausgezahlt werden, fallen bis zu 14,44 Euro als zusätzliche Kosten an.

BEISPIEL

Sie überweisen im Rahmen eines Minijobs pro Monat 200 Euro an Ihre Haushaltshilfe. Zusätzlich fallen monatlich pauschale Abgaben in Höhe von 28,88 Euro (= 14,44 Prozent) an. Pro Jahr ergeben sich Aufwendungen von 2.746,56 Euro (= 228,88 Euro × 12). Die Steuerermäßigung beträgt 549,31 Euro (= 20 Prozent von 2.746,56 Euro), maximal jedoch 510 Euro/Jahr. Von Ihrer Einkommensteuerschuld werden also 510 Euro abgezogen.

→ TIPP

Im vorliegenden Beispiel wird der Höchstbetrag überschritten, sodass ein Teil der Aufwendungen steuerlich ins Leere läuft. Wenn der Minijob mit 14,44 Prozent pauschalen Abgaben belastet ist, wird der Höchstbetrag von 510 Euro bereits mit einer monatlichen Vergütung von rund 186 Euro voll ausgeschöpft.

Sozialversicherungspflichtige Haushaltshilfe

Wenn die Haushaltshilfe sozialversicherungspflichtig beschäftigt wird, beträgt die Steuerermäßigung zwar ebenfalls 20 Prozent, der Höchstbetrag ist aber mit 4.000 Euro pro Haushalt und Jahr wesentlich höher (§ 35a Abs. 2 EStG).

Er gilt allerdings nicht nur für diese Beschäftigungsverhältnisse, sondern als gemeinsamer Höchstbetrag auch für haushaltsnahe Dienstleistungen, Pflege- und Betreuungsleistungen. Begünstigt sind auch hier sowohl die an die Haushaltshilfe überwiesenen Beträge als auch die zusätzlich gezahlten Sozialbeiträge und die einbehaltene und abgeführte Lohnsteuer. Der Höchstbetrag wird voll ausgeschöpft, wenn insgesamt (für Lohn und Sozialbeiträge etc.) 20.000 Euro pro Jahr (entspricht 1.667 Euro pro Monat) gezahlt werden.

Haushaltsnahe Dienstleistungen

Von haushaltsnahen Dienstleistungen spricht man, wenn es sich nicht um die Beschäftigung von Arbeitnehmern handelt, sondern die Hausarbeit von Unternehmen erledigt wird.

Beispiele für begünstigte Dienstleistungen:
- Fensterputzer,
- Reinigungsdienste,
- Gartenbaufirmen, die den Garten in Ordnung halten (nicht begünstigt sind dagegen die Kosten für die Neuanlage eines Gartens),
- Aufwendungen, die an eine Umzugsfirma für Möbelpacken etc. gezahlt werden,
- Straßen- und Gehwegreinigung sowie Winterdienst.

Beispiele für nicht begünstigte Dienstleistungen:
- die Kosten für eine Wäscherei oder chemische Reinigung,
- die Zubereitung von Essen durch Catering-Dienste oder Essen auf Rädern.
- Friseur- oder Kosmetikdienstleistungen (zum Beispiel Fußpflege), die in der eigenen Wohnung , also innerhalb des Haushalts, erbracht werden.

TIPP

Vergessen Sie auch als Mieter nicht, die in Ihrer Nebenkostenabrechnung ausgewiesenen Kosten für haushaltsnahe Dienstleistungen in der Einkommensteuererklärung einzutragen.

Bei eigengenutzten und angemieteten Eigentumswohnungen können auch die in der Jahresabrechnung des Hausverwalters ausgewiesenen umgelegten Dienstleistungen für Gartenpflege, Treppenhausreinigung, Schneeschaufeln und Ähnliches geltend gemacht werden, da sie als im Haushalt erbracht gelten.

Heimbewohner können die in der Abrechnung des Heims ausgewiesenen Aufwendungen für die im Folgenden aufgeführten Dienstleistungen geltend machen:
- Reinigung des Zimmers/Appartements sowie der Gemeinschaftsflächen,
- Zubereitung und Servieren von Mahlzeiten,
- Wäscheservice, soweit er im Heim erfolgt.

Pflege- und Betreuungsleistungen

Begünstigt sind Dienstleistungen zur Grundpflege zum Beispiel in Bezug auf Körperpflege, Ernährung und Mobilität sowie Betreuungsleistungen. Ein Nachweis der Pflege- oder Betreuungsbedürftigkeit ist nicht erforderlich.

TIPP

Aufgrund der Rentenfreibeträge kann es vorkommen, dass Rentner keine Einkommensteuer zahlen, obwohl ihre Rente erheblich über dem steuerlichen Existenzminimum liegt. Zahlen sie dann selbst für Pflege- oder Betreuungsleistungen, die in ihrem eigenen Haushalt anfallen, kann die Steuerermäßigung nicht ge-

nutzt werden. Werden diese Leistungen dagegen von ihren erwerbstätigen Kindern getragen, können diese die Steuerermäßigung geltend machen.

Anders als in den bereits genannten Fällen müssen die Pflege- und Betreuungsleistungen nicht im Haushalt des Zahlenden erbracht werden, sondern können auch im eigenen Haushalt der betreuten beziehungsweise gepflegten Person erfolgen (§ 35a Abs. 4 EStG). Das heißt, die betreute oder gepflegte Person muss nicht im selben Haushalt leben wie die Person, die die Aufwendungen trägt und daher die Steuerermäßigung in Anspruch nimmt. So kann beispielsweise ein Sohn oder eine Tochter Aufwendungen geltend machen, die er oder sie an einen Pflegedienst für die Pflege oder Betreuung der Eltern in deren eigenem Haushalt zahlt.

Ein eigener Haushalt in diesem Sinn ist auch ein Appartement in einem Altenwohnheim oder -stift. Voraussetzung ist lediglich, dass es sich um eine abgeschlossene Wohneinheit mit Bad und Kochgelegenheit handelt. Begünstigt sind außer Pflegeleistungen auch Hausarbeiten wie Putzen oder Wäschepflege und auch die Begleitung zu Arztbesuchen oder zum Einkaufen sowie kleinere Botengänge, zum Beispiel zur Apotheke.

Die Steuerermäßigung wird nur gewährt, soweit die Kosten nicht von dritter Seite (zum Beispiel Pflegeversicherung) übernommen werden. Pflegekosten können alternativ als außergewöhnliche Belastungen geltend gemacht werden (→ Seite 111 f.). Die nach dieser Regelung nicht abziehbare zumutbare Belastung ist als haushaltsnahe Dienstleistung begünstigt. Aufwendungen, die nach § 33 EStG als außergewöhnliche Belastung abgezogen werden können und außerdem die Voraussetzungen für die Steuerermäßigung nach § 35a EStG erfüllen, sind in der Zeile 67 und außerdem in den Zeilen 68 bis 70 des sogenannten Mantelbogens einzutragen.

→ **TIPP**

Beantragen Sie für die als außergewöhnliche Belastung wegen der zumutbaren Belastung nicht abziehbaren Pflegekosten den Abzug als haushaltsnahe Dienstleistungen.

Handwerkerleistungen

Für Reparaturen und andere Arbeiten an selbstgenutztem Wohnraum können Sie die Steuerermäßigung gemäß § 35a Abs. 3 EStG in Anspruch nehmen. Die Steuerermäßigung beträgt 20 Prozent des gezahlten Arbeitslohns, höchstens aber 1.200 Euro je Haushalt und Jahr. Falls Sie Ihr Haus teilweise vermieten und teilweise selbst bewohnen, werden die Aufwendungen – soweit möglich – direkt dem eigengenutzten oder dem vermieteten Teil zugeordnet, beispielsweise bei der Renovierung von Bädern, Fußböden oder der Erneuerung von Fenstern. Ist keine direkte Zuordnung möglich – zum Beispiel bei der Erneuerung des Dachs oder der Außenfassade – so erfolgt die Aufteilung nach Quadratmetern Wohnfläche der jeweiligen Nutzungsart.

Steuerlich geförderte Handwerkerleistungen in diesem Sinn sind alle Renovierungs-, Erhaltungs- und Modernisierungsaufwendungen am eigengenutzten Haus, in der Wohnung oder auf dem Grundstück, zum Beispiel:

- Maler-/Fliesenlegerarbeiten,
- Sanitär-/Heizungsarbeiten,
- Elektrikerarbeiten,
- Maurerarbeiten,
- Gartenarbeiten,
- Kehrgebühren des Schornsteinfegers.

→ **TIPP**

Nutzen Sie die Steuerermäßigungen für Handwerkerleistungen gemäß § 35a EStG bei eigengenutztem Wohnraum.

Auch eine Erweiterung der Wohnfläche des von Ihnen bereits bewohnten Hauses, wie zum Beispiel der Ausbau eines bisher nicht genutzten Dachgeschosses, kann begünstigt sein, nicht dagegen die Errichtung eines neuen Gebäudes. Dabei zählen nur die reinen Arbeitskosten. Bei Maßnahmen, für die Material- und Arbeitsaufwand angefallen ist, muss der Arbeitsaufwand vom Handwerker separat ausgewiesen werden. Gegebenenfalls müssen Sie eine entsprechende Rechnung anfordern. Begünstigt ist der Bruttobetrag, das heißt einschließlich der Umsatzsteuer. Wenn der Arbeitslohn in der Rechnung nur „netto" ausgewiesen ist, müssen Sie also den dort angegebenen Betrag um 19 Prozent Umsatzsteuer erhöhen.

VORSICHT

Eine weitere wichtige Voraussetzung für die Steuervergünstigung ist, dass der Rechnungsbetrag auf ein Konto des Erbringers der Handwerkerleistung gezahlt werden muss. Bei Barzahlung ist kein Abzug möglich.

Ob Sie Eigentümer des Hauses beziehungsweise der Wohnung sind, spielt keine Rolle, das heißt, auch Mieter können die von ihnen getragenen Aufwendungen geltend machen. Bei eigengenutzten Eigentumswohnungen können auch die in der Jahresabrechnung des Hausverwalters entsprechend ausgewiesenen Handwerkerleistungen geltend gemacht werden. (Wenn Sie dagegen die Eigentumswohnung vermieten, sind Handwerkeraufwendungen insgesamt – nicht nur der Arbeitslohn – als Werbungskosten abziehbar → Seite 99 ff.).

Wann werden die Aufwendungen aus der Abrechnung des Hausverwalters berücksichtigt?

Manche Abrechnungen werden erst recht spät im Jahr erstellt. Damit sich die Abgabe der Steuererklärungen dadurch nicht verzögert, räumt die Finanzverwaltung ein Wahlrecht ein: Sie können die Handwerkerleistungen entweder in Jahr der Zahlung (= dem Jahr für das die Abrechnung erstellt wurde) oder im Jahr des Zugangs der Abrechnung (= im Folgejahr) geltend machen (Rz. 47 des Schreibens des Bundesfinanzministeriums vom 9. November 2016, IV C 8 – S 2296 – b/07/10003:008, BStBl I 2016 S. 1213). Sie sollten allerdings darauf achten, dieses Wahlrecht im Zeitablauf stets gleich auszuüben, da es sonst passieren kann, dass eine Abrechnung doppelt oder gar nicht erfasst wird.

§ GESETZLICHE GRUNDLAGE

Später Zugang der Abrechnung

Für einen Fall, in dem die Abrechnung der Hausverwaltung erst so spät im Jahr zugegangen war, dass zu diesem Zeitpunkt bereits die Einspruchsfrist für den betreffenden Steuerbescheid abgelaufen war, entschied das Finanzgericht Köln, dass der Steuerpflichtige Anspruch auf eine Änderung des Bescheids zu seinen Gunsten nach § 173 Abs. 1 Nr. 2 AO hat, also wegen Bekanntwerden neuer Tatsachen.

→ **TIPP**

Machen Sie die nach § 35a EStG begünstigten Aufwendungen aus Ihrer Nebenkostenabrechnung beim Finanzamt geltend.

Höchstbeträge

Gesetzliche Grundlage

Steuerermäßigungen gemäß § 35a EStG

Art der Haushaltshilfe/ Dienstleistung	Höhe des Abzugs von der Steuerschuld	Höchstbetrag pro Haushalt und Jahr
Geringfügige Beschäfigung (450-Euro-Job)	20 % der Aufwendungen (inkl. der pauschalen Abgaben)	510 Euro
Sozialversicherungspflichtige Beschäftigung	20 % der Aufwendungen (inkl. Arbeitgeberbeiträge)	
Haushaltsnahe Dienstleistung, d. h. Zahlung an ein Unternehmen	20 % der Aufwendungen	Gemeinsamer Höchstbetrag von 4.000 Euro
Pflege-/Betreuungsdienstleistung, Zahlung an ein Unternehmen (z.B. Pflegedienst)	20 % der Aufwendungen	
Handwerkerleistung	20 % des Arbeitslohns laut Rechnung	1.200 Euro

Die Höchstbeträge sind haushaltsbezogen, das heißt, sie gelten unabhängig davon, wie viele Personen im Haushalt leben beziehungsweise ob Ehegatten oder Alleinstehende veranlagt werden. Die verschiedenen Höchstbeträge können parallel in Anspruch genommen werden. Alle Zahlungen müssen aufgrund von ordnungsgemäßen Rechnungen und auf Konten der Empfänger geleistet werden.

Wie ergibt sich die Einkommensteuer aus dem zu versteuernden Einkommen?

Für Alleinstehende kommt der Grundtarif, für Verheiratete der Splittingtarif der Einkommensteuer zur Anwendung. Verwitwete werden im Jahr des Todes des Ehegatten und im Folgejahr nach dem günstigeren Splittingtarif besteuert.

Von dem Steuerbetrag laut nachfolgender Tabelle werden noch bestimmte Steuerermäßigungen abgezogen, zum Beispiel die für haushaltsnahe Dienstleistungen und Handwerkerleistungen etc. (→ Seite 119 ff.) und die Steuerermäßigung für Spenden und Beiträge an politische Parteien und Freie Wählergemeinschaften nach § 34g EStG. Demnach sind Parteispenden und -mitgliedsbeiträge etc. von jeweils maximal 1.650 Euro pro Jahr (Alleinstehende) beziehungsweise 3.300 Euro

(Ehegatten) durch eine 50-prozentige Steuerermäßigung begünstigt.

Verschiedene Einkommens- und dazugehörige Einkommensteuerbeträge ab 2018 (gerundet)

Zu versteuerndes Einkommen in Euro	Einkommensteuer laut Grundtarif in Euro	Einkommensteuer laut Splittingtarif in Euro
8.000	0	0
10.000	150	0
12.000	510	0
14.000	950	0
16.000	1.440	0
20.000	2.470	300
24.000	3.570	1.020
28.000	4.740	1.900
32.000	5.980	2.870
36.000	7.290	3.890
40.000	8.670	4.930
44.000	10.120	6.010
48.000	11.640	7.130
52.000	13.240	8.280
60.000	16.580	10.700
70.000	20.780	13.900
80.000	24.980	17.340

Einkommensteuerbescheid überprüfen

Generell sollten Sie die im Einkommensteuerbescheid enthaltenen Erläuterungen lesen, weil das Finanzamt ausführen muss, in welchen Punkten es von Ihren Angaben abweicht.

> **! WICHTIG**
>
> **Im Fall von Abweichungen zwischen Ihren Angaben und denen im Steuerbescheid müssen Sie beachten, dass die Einspruchsfrist nur einen Monat beträgt. Danach können Steuerbescheide nur noch ausnahmsweise und unter ganz speziellen Voraussetzungen geändert werden. Fragen Sie also zeitnah beim Finanzamt nach oder wenden Sie sich rechtzeitig an einen Steuerberater.**

Die Berechnung der festzusetzenden Einkommensteuer wurde in diesem Kapitel zwar in den Grundzügen erläutert, ist in der Praxis aber höchst komplex, sodass Sie als Laie kaum richtig nachrechnen können, ob das Finanzamt die korrekte Steuer ermittelt hat. Wenn Sie Ihre Einkommensteuererklärung mit Hilfe eines EDV-Programms erstellt haben, können Sie zumindest vergleichen, ob die Berechnung des Programms mit der des Finanzamts übereinstimmt. Auch wenn dies der Fall ist, können Sie allerdings nicht sicher sein, dass Sie alles richtig und für Sie steuerlich optimal in das Programm eingegeben haben.

Finanzen und private Versicherungen

Gerade im Ruhestand sollte die Finanzstrategie noch einmal neu entwickelt werden. Denn jetzt geht es um andere Ziele als bisher. Ein wichtiger Aspekt ist vor allem die Sicherheit Ihrer Anlage, sei es für den eigenen Bedarf oder für Ihre Kinder und Enkelkinder. Bei Erreichen des Rentenalters lohnen sich außerdem die Überprüfung und gegebenenfalls Neuordnung der privaten Versicherungen. Welche Überlegungen dabei wichtig sind und welche Produkte sich für wen eignen, erfahren Sie auf den folgenden Seiten.

Ihre persönliche Situation unter der Lupe

Mit dem Übergang vom aktiven Berufsleben in den Ruhestand ändert sich für Sie auch der Bedarf an Finanz- und Versicherungsprodukten. Manches, das vor dem Renteneintritt sinnvoll war, wird danach weniger empfehlenswert – und umgekehrt können nach dem Rentenbeginn Finanzprodukte oder Versicherungspolicen für Sie interessant werden, die zuvor nicht zur Diskussion gestanden haben.

Der näher rückende Rentenbeginn sollte Anlass sein, um die Finanzplanung nochmals gründlich unter die Lupe zu nehmen, und zu überlegen, wie sich in den kommenden Jahren Einkommen und Vermögen entwickeln sollten. Bevor Sie sich für bestimmte Finanzprodukte entscheiden, sollten die folgenden drei Fragen klar und eindeutig beantwortet sein:

- Welche Renditechancen sind mit der Kapitalanlage verbunden?
- Welche Verlustrisiken könnte ich im schlimmsten Fall tragen?

- Wie schnell kann ich auf das Geld zugreifen, wenn es kurzfristig benötigt wird?

Dazu kommen die Themen Steuern und Versicherungen als weitere Aspekte. In Bezug auf die Steuern sollten Sie darauf achten, dass Ihr ohnehin im Vergleich zum Arbeitnehmerverdienst geringeres Renteneinkommen möglichst wenig durch Steuern geschmälert wird. Bei Versicherungen gilt im Rentenalter meist die Devise „Weniger ist mehr". Das bedeutet: Reduzieren Sie die Zahl Ihrer Versicherungspolicen auf den Schutz, den Sie auch wirklich brauchen. Achten Sie jedoch darauf, dass die existenziellen Risiken möglichst ohne gefährliche Lücken abgedeckt sind.

Die gängigsten Anlageformen im Überblick

Im Bereich der Geldanlage stehen Sie vor einem regelrechten Anbieterdschungel. Banken und Finanzvermittler wollen Ihnen ihre Produkte schmackhaft machen und werben um die Gunst der oft kapitalkräftigen Ruheständler. Doch ob das angepriesene Produkt auch wirklich für Sie geeignet ist, steht auf einem anderen Blatt. Um Ihnen einen groben Überblick über Ihre Möglichkeiten zu verschaffen, werden in diesem Kapitel zunächst einmal die gängigsten Anlageformen mit ihren Chancen und Risiken erläutert.

→ **TIPP**

Möglicherweise werden Ihnen Geldanlagen angeboten, die Sie in der nachfolgenden Zusammenfassung nicht finden. Hierbei handelt es sich dann in aller Regel um besonders riskante oder nachteilige Anlageprodukte, die in einem eigenen Kapitel (→ Seite 148 ff.) erläutert werden.

Generell gilt: Wenn Sie die Funktionsweise einer Kapitalanlage nicht wirklich verstehen, sollten Sie lieber davon absehen.

Geldanlagen bei Banken

Banken sind wichtige Anlaufstellen in Fragen der Geldanlage und sie bieten auch die wohl bekanntesten Anlageprodukte an. In dieser Rubrik geht es allerdings nicht um alle Produkte, die Ihnen in einem Gespräch bei der Bank angeboten werden – denn die Kreditinstitute vertreiben auch Angebote von Versicherungen, Bausparkassen und Investmentgesellschaften.

Welche Chancen und Risiken damit verbunden sind, erfahren Sie an späterer Stelle (→ Seite 133 ff.). Hier geht es um die klassischen „Eigenprodukte" der Banken und Sparkassen, nämlich

- Tages- und Festgelder,
- Sparkonten und Sparverträge,
- Sparbriefe,
- Anspar- und Auszahlpläne.

Tages- und Festgelder unterscheiden sich vor allem durch die Zugriffsmöglichkeit. Während Sie beim Tagesgeld jederzeit Beträge in beliebiger Höhe abrufen und einzahlen können, haben Sie beim Festgeld eine fixe Laufzeit zwischen einem Monat und mehreren Jahren.

Das Tagesgeld eignet sich vor allem für die Anlage der kurzfristig verfügbaren Geldreserve. Besonders vorteilhaft ist die einfache Handhabung: Sie eröffnen das Tagesgeldkonto, geben für die Auszahlungen Ihr Girokonto als Referenzkonto an und können nun mit einer einfachen Überweisung oder per Dauerauftrag Geld anlegen. Der Abruf von Guthaben kann in aller Regel in der Filiale sowie per Telefon oder Online-Banking erfolgen. Wenn Sie Ihr Tagesgeldkonto bei einer Direktbank führen, ist die Kontoführung nur per Internet oder Telefon möglich. Eine Mindestanlagesumme ist in aller Regel nicht erforderlich.

Bei Festgeldkonten sind Mindestanlagesummen marktüblich, die je nach Anbieter meist zwischen 1.000 und 5.000 Euro liegen. Häufig erhalten Sie bei größeren Anlagesummen auch höhere Zinsen. Je nach Vereinbarung mit der Bank wird das Festgeld bei Fälligkeit auf Ihr Girokonto ausgezahlt oder automatisch verlängert, wenn Sie zuvor nicht gekündigt haben.

Manche Banken setzen bei Tages- und Festgeldern Lockangebote ein. Dabei erhalten Sie einen befristeten Sonderzins, wenn Sie gleichzeitig einen Teil Ihres Kapitals in einen bestimmten Investmentfonds einzahlen. Von solchen Offerten ist abzuraten, wenn Sie nicht von vornherein vorhatten, Ihr Geld in genau diese Anlageprodukte aufzusplitten.

VORSICHT

Viele Banken verlängern die Festgelder automatisch, wenn der Kunde nicht vor Ablauf gekündigt hat. Das kann bedeuten, dass beispielsweise ein einjähriges Festgeld wieder auf ein Jahr fest angelegt wird, weil der Bank keine Kündigung vorliegt. Wenn Sie irrtümlicherweise davon ausgegangen sind, dass das Festgeld automatisch ausgezahlt wird, und den Betrag bereits für eine konkrete Anschaffung eingeplant haben, müssen Sie im schlimmsten Fall das automatisch angelegte Guthaben bis zur Fälligkeit durch einen teuren Überbrückungskredit ersetzen.

→ TIPP

Um Pannen zu vermeiden, sollten Sie gleich beim Abschluss des Anlagevertrags das Festgeld vorsorglich kündigen, und sich dies von der Bank bestätigen lassen. Dann können Sie bei der Fälligkeit in aller Ruhe entscheiden, ob das ausgezahlte Geld neu angelegt oder anderweitig verwendet werden soll.

Sparkonten und -verträge sind deutlich weniger flexibel als das Tagesgeld. Zwar können Sie vom klassischen Sparbuch ebenfalls täglich Geld abheben, aber meist nur bis zu einer Obergrenze von 2.000 Euro pro Monat. Bei höheren Beträgen gilt dann eine dreimonatige Kündigungsfrist. Sparverträge bieten zwar meist höhere Zinsen, schränken aber den Zugriff weiter ein. Entweder gelten längere Kündigungsfristen oder die Mindestlaufzeit wird auf einen bestimmten Zeitraum festgelegt. Eine andere Variante besteht darin, dass der Sparvertrag mit niedrigen Zinsen beginnt, die jedoch im Lauf der Jahre immer weiter ansteigen. Je länger Sie das Geld liegen lassen, umso höher sind dann auch Ihre Zinsen.

Bei **Sparbriefen** gibt es hingegen keine Möglichkeit des vorzeitigen Zugriffs. Sie haben eine feste Laufzeit und können vor der Fälligkeit nicht aufgelöst werden. Die Zinsen werden entweder jährlich ausgeschüttet oder bis zum Ende angesammelt – das sind dann die sogenannten aufgezinsten und abgezinsten Sparbriefe. Der Unterschied: Bei der Abzinsung wird der künftige Zins vom Nennwert der Sparbriefe abgezogen. Bei einem Wert von 1.000 Euro legen Sie einen deutlich niedrigeren Betrag an und erhalten am Ende exakt 1.000 Euro. Beim aufgezinsten Sparbrief legen Sie hingegen die 1.000 Euro gleich komplett an und erhalten am Ende den Nennwert mitsamt den angesammelten Zinsen.

Darüber hinaus bieten Banken sowohl Produkte für das regelmäßige Sparen als auch die umgekehrte Variante in Form eines Auszahlplans. Wenn Sie beim Sparen Wert auf Flexibilität legen, sollten Sie darauf achten, dass Sparpläne auch einmal ausgesetzt werden können, und Extraeinzahlungen möglich sind. Meistens gibt es bei zunehmender Spardauer entweder einen einmaligen Bonus bei der Kündigung, dessen Höhe sich nach der Laufzeit richtet, oder eine Jahr für Jahr steigende Grundverzinsung. Bei Auszahlplänen können Sie zumeist sowohl zwischen fester und variabler Verzinsung als auch zwischen der Auszahlung der Zinsen (ohne Kapitalverzehr) und Zinsen plus Kapitalanteil (mit Kapitalverzehr) wählen.

Bei inländischen Banken und Sparkassen ist das Geld der Sparer hervorragend gegen Verlust im Fall einer Bankenpleite abgesichert. Bei Instituten, die den Sicherungssystemen der Sparkassen, Privat- oder Genossenschaftsbanken angehören, liegt die Obergrenze pro Sparer bei der Einlagensicherung im hohen Millionenbereich. Darüber hinaus gibt es einige wenige Banken, die entweder als unselbstständige Zweigniederlassungen ausländischer Geldhäuser dem Sicherungssystem des Heimatlandes angehören oder die nur die gesetzliche Mindestsicherung nach deutschem Recht bieten. Bei der Mindestsicherung sind maximal 100.000 Euro pro Anleger abgesichert, sofern die Bank ihren Hauptsitz innerhalb der Europäischen Union hat. Wenn Ehepartner Geld auf einem Gemeinschaftskonto anlegen, verdoppelt sich die gesetzliche Einlagensicherung auf 200.000 Euro, weil die Sicherungsgrenze für jeden der beiden Kontoinhaber gesondert gilt.

→ **TIPP**

Wenn Sie sich nicht sicher sind, welchem Sicherungssystem eine Bank angehört, sollten Sie bei höheren Anlagesummen diese Frage vor Ihrer Anlageentscheidung unbedingt klären. Fragen Sie nach der Zugehörigkeit zur Einlagensicherung und lassen Sie sich die Obergrenze für das abgesicherte Kundenguthaben nennen.

Vorteile: Die Geldanlage bei Banken ist eine sehr sichere Angelegenheit, wenn das Institut einem der drei großen deutschen Sicherungssysteme oder zumindest der EU-weit einheitlichen Mindestsicherung angehört. Bei Produkten mit fester Verzinsung können Sie überdies schon im Voraus genau ermitteln, welche Summe Ihnen bei Fälligkeit zur Verfügung steht.

Nachteile: Das hohe Maß an Sicherheit erkaufen Sie sich mit vergleichsweise bescheidenen Zinssätzen. Wenn Sie höhere Zinsen erzielen wollen, müssen Sie in aller Regel Einschränkungen bei der Flexibilität in Kauf nehmen.

Bausparverträge

Sparverträge mit fester Verzinsung gibt es nicht nur bei Banken, sondern auch bei Bausparkassen. Sie schließen dabei mit der Bausparkasse einen Vertrag über eine bestimmte Bausparsumme ab und beginnen, darauf regelmäßig Geld einzuzahlen. Die Höhe der Sparraten ist flexibel und Extraeinzahlungen sind problemlos möglich. Wird der Vertrag regelmäßig bespart, ist er nach rund sieben Jahren zuteilungsreif. Wichtig dabei: Die Bausparsumme muss auf die monatlichen Raten optimal abgestimmt werden, damit die Zuteilungsreife im geplanten Zeitraum erreicht wird. Je nach Bauspartarif betragen die optimalen Monatsraten zwischen 3 und 5 Promille der Bausparsumme.

Mit der Zuteilung des Bausparvertrags haben Sie das Recht, sich die Differenz zwischen Guthaben und Vertragssumme als Bauspardarlehen auszahlen zu lassen – unter der Voraussetzung, dass das Geld für wohnwirtschaftliche Zwecke wie beispielsweise Renovierungsarbeiten am Eigenheim verwendet wird. Für den Kredit bekommen Sie von vornherein einen festen Zinssatz und einen verbindlichen Tilgungsplan. Sie können jedoch auch bei der Zuteilung auf den Kredit verzichten und sich einfach das Guthaben auszahlen lassen.

Ähnlich wie die Banken haben auch Bausparkassen ein Einlagensicherungssystem, bei dem auf jeden Fall Guthaben bis zu 250.000 Euro pro Kunde hundertprozentig abgesichert sind. Verlustängste müssen Sie daher beim Bausparen nicht bekommen.

Interessant kann diese Sparform für Sie durch die staatliche Förderung in Form von Wohnungsbauprämie und durch die Möglichkeit der Vertragsumschreibung auf Ihre Kinder werden. Allerdings erhalten Sie beziehungsweise Ihre Kinder die Wohnungsbauprämie nur, wenn der Bausparvertrag für die Finanzierung von Wohneigentum oder für andere wohnwirtschaftliche Zwecke wie Renovierung und Sanierung verwendet wird.

Weil das Bausparen bei einer Spardauer von weniger als sieben Jahren meist wenig lukrativ ist, kommt es in erster Linie für „junge Rentner" in Betracht, die damit ein finanzielles Polster für künftige Renovierungsarbeiten am Eigenheim ansparen wollen.

Vorteile: Bausparen ist eine sehr sichere Anlageform und die Rendite kann bei Beachtung der wohnwirtschaftlichen Verwendung durch die Wohnungsbauprämie noch gesteigert werden. Weitere Vorteile können sich möglicherweise für Ihre Kinder durch die Übertragung des Darlehensanspruchs ergeben. Dies erfordert in aller Regel die Zustimmung der Bausparkasse.

Nachteile: Oft sind mit dem Bausparen hohe Gebühren – vor allem in Form von Abschluss- und Kontoführungsgebühr – verbunden. Wenn Sie den Vertrag als reine Geldanlage ohne Darlehensübertragung an Ihre Kinder nutzen wollen, sollten Sie beim Anbietervergleich darauf achten, dass die Abschlussgebühr nachträglich wiedererstattet wird, wenn Sie auf den Abruf des Darlehens verzichten. Aufgrund der langen Anspardauer kommt Bausparen für ältere Rentner eher nicht infrage.

Geldanlage bei Versicherungen

Viele Verbraucher haben mit einer Kapitallebens- oder Privatrentenversicherung ihre Altersvorsorge aus eigenen Mitteln ergänzt, indem sie in früheren Jahren einen entsprechenden Vertrag abgeschlossen haben. Beim Übergang ins Rentenalter kann eine spezielle Variante des Versicherungssparens für Sie interessant werden: die Sofortrente. Hierbei zahlen Sie einen einmaligen Betrag in die Versicherung ein. Im Gegenzug erhalten Sie lebenslang eine vertraglich vereinbarte Rente. Den Garantieanteil der Rente erhalten Sie auf jeden Fall. Dieser basiert auf dem Höchstrechnungszins von derzeit 0,9 Prozent (Stand 2018), der sich jedoch nicht auf das gesamte Anlagekapital bezieht, sondern nur auf den

Nettoanlagebetrag, von dem Verwaltungs- und Vertriebskosten bereits abgezogen wurden. Dazu kommen noch die sogenannten Überschussanteile der Versicherung aus dem Erfolg ihrer Kapitalanlagen. Die daraus resultierenden Erhöhungen der Auszahlungen sind jedoch nicht garantiert und können auch bei einer Verschlechterung des Anlageerfolgs wieder zurückgenommen werden. Vereinbart werden kann entweder eine jährlich gleichbleibende oder eine stetig steigende Rente – im letzteren Fall ist jedoch die Auszahlung zu Beginn im Vergleich zur gleichbleibenden Rente niedriger. Vor allem in steuerlicher Hinsicht bietet die Sofortrente einige Vorteile, die im Kapitel „Wie der Wechsel ins Rentnerdasein Ihre Finanzstrategie beeinflusst" (→ Seite 155 ff.) ausführlich erläutert werden.
Die Entscheidung für eine private Sofortrente ist buchstäblich eine Entscheidung fürs Leben – denn diesen Vertrag können Sie nicht mehr auflösen. Allenfalls die Absicherung Ihrer Angehörigen ist möglich, indem für den Fall Ihres Ablebens entweder die Weiterzahlung der Rente bis zum Ablauf der Rentengarantiezeit oder die lebenslange Weiterzahlung an Ihren Partner vereinbart wird. Allerdings fällt dann die Grundrente niedriger aus. Eine Alternative besteht darin, die Anlage bei der Versicherung aufzusplitten, und jeweils die Hälfte auf sich selbst und die andere Hälfte auf den Ehe- oder Lebenspartner anzulegen. Dann ist im Fall des Ablebens für den hinterbliebenen Partner zumindest die lebenslange Weiterzahlung der eigenen Privatrente gesichert.
Die Kapitalanlage bei einer Versicherung kann als sicher eingestuft werden, da die Branche ein Auffangsystem für notleidende Versicherer eingerichtet hat. Außerdem müssen die Versicherer von Gesetzes wegen auf eine risikoarme Struktur ihrer Kapitalanlagen achten: Der Anteil an Aktien und Fondsanteilen darf nicht höher sein als 35 Prozent und der Rest fließt zum größten Teil in sichere Bundeswertpapiere und Bankschuldverschreibungen und zu einem kleineren Teil in Immobilien.

Vorteile: Die private Sofortrente bietet Ihnen ein sicheres und steuerlich interessantes regelmäßiges Zusatzeinkommen.

Nachteile: Flexibilität ist für private Rentenversicherer ein Fremdwort – der Vertrag wird genauso geführt, wie Sie ihn abgeschlossen haben. Bei einem frühen Ableben profitiert allein die Versicherung: Selbst wenn erst ein minimaler Teil des Kapitals verbraucht ist, gibt es für die Hinterbliebenen höchstens die befristete Weiterzahlung, sofern diese bei Vertragsabschluss vereinbart worden ist.

Mehr Sicherheit, weniger Rente

Je mehr Wert Sie auf die Absicherung Ihres Partners legen, desto mehr Abstriche müssen Sie bei der laufenden Rente machen. Die Vergleichsrechnung zeigt, wie sich unterschiedliche Sicherungsstrategien auf die monatliche Rente auswirken können. Als Berechnungsbasis dient eine Sofortrente für zwei Partner im Alter von jeweils 65 Jahren.

	Variante 1: Maximale Absicherung	Variante 2: Reduzierte Absicherung
Einzahlung	**100.000 Euro**	**jeweils 50.000 Euro für jeden Partner**
Rentengarantiezeit	**10 Jahre**	**keine**
Weiterzahlung an den Partner im Todesfall	**100 Euro**	**keine**
Garantierte Monatsrente für beide Partner	**277,46 Euro**	**330,33 Euro**
Weiterzahlung an hinterbliebenen Partner im Todesfall	**277,46 Euro**	**165,16 Euro**

Anleihen

Anleihen sind im Prinzip Kredite, die Sie als Anleger einem Unternehmen oder Staat geben: Durch Ihr Investment stellen Sie dem Herausgeber der Anleihe einen bestimmten Betrag zur Verfügung und im Gegenzug verpflichtet sich dieser zur regelmäßigen Zinszahlung und zur Rückzahlung des angelegten Betrags zum vereinbarten Fälligkeitstermin. Der Zinssatz ist meist über die gesamte Laufzeit festgelegt, Anleihen mit variabler Verzinsung sind eher die Ausnahme.

Der Unterschied zum ähnlich funktionierenden Sparbrief besteht vor allem darin, dass die meisten Anleihen täglich an der Börse gehandelt werden. Damit können Sie bei Bedarf auch Anleihen mit längerer Restlaufzeit kurzfristig „verflüssigen". Allerdings können damit unter Umständen Kursverluste verbunden sein: Wenn die Marktzinsen zwischenzeitlich gestiegen sind, sinken erfahrungsgemäß insbesondere die Börsenkurse von Anleihen mit längerer Restlaufzeit. Als Faustregel gilt dabei, dass bei einem Anstieg der Marktzinsen um 1 Prozentpunkt die Kurse von festverzinslichen Anleihen pro Jahr Restlaufzeit um 1 Prozentpunkt nachgeben.

Anleihen werden sowohl von Staaten als auch von Banken, Versicherungen oder Industrieunternehmen herausgegeben. Wie sicher eine Anleihe ist, hängt von der Bonität des Herausgebers ab. Je solider die Finanzlage eines Staates oder Unternehmens, desto geringer ist das Risiko, dass die Anleihe wegen einer Pleite des Herausgebers wertlos wird. Hingegen mussten in der Vergangenheit schon die Inhaber von griechischen Staatsanleihen einen Teil ihres Investments in den Wind schreiben – um nur ein Beispiel von vielen zu nennen.

Da es für einzelne Investoren schwierig ist, die Bonität einer Vielzahl an Anleihenherausgebern einzustufen, haben sich dieser Aufgabe die so genannten Ratingagenturen gewidmet. Diese Agenturen prüfen die Zahlungskraft der wichtigsten Unternehmen und Staaten und fassen ihre Einstufung in einem Notensystem zusammen (→ Tabelle unten). Maßgebend sind am Kapitalmarkt vor allem die Ratings der amerikanischen Agenturen Standard & Poor's und Moody's.

→ TIPP

Wenn Sie auf ein niedriges Ausfallrisiko Wert legen, sollten Sie sich bei Ihren Anleiheninvestments auf Papiere von Herausgebern im A-Bereich konzentrieren.

Zusätzliche Sicherheit bieten Pfandbriefe, die eine Sonderform der Anleihen bilden. Wie andere Schuldverschreibungen werden auch Pfandbriefe an der Wertpapierbörse gehandelt. Die Papiere sind mit einer festen Laufzeit und einem gleichbleibenden Festzins ausgestattet.

Für die Rückzahlung steht jedoch nicht nur die herausgebende Bank gerade, sondern sie gewährt den Inhabern ihrer Pfandbriefe

Die Noten der Ratingagenturen

Beurteilung	Moody's	Standard & Poor's
Erstklassige Schuldner mit sehr hoher Finanzkraft und sehr niedrigem Ausfallrisiko	Aaa bis Aa3	AAA bis AA-
Sehr gute Schuldner mit solider Finanzlage	A1 bis A3	A+ bis A-
Gute Schuldner, deren Finanzkraft von ungünstigen Marktentwicklungen beeinträchtigt werden kann	Baa1 bis Baa3	BBB+ bis BBB-
Schuldner mit derzeit guter Finanzlage, die sich jedoch rasch verschlechtern kann	Ba1 bis B3	BB+ bis B-
Hoch riskante Schuldner, bei denen Zins- und Tilgungszahlungen bereits gefährdet sind oder die sich bereits im Verzug befinden	Caa bis C	CCC+ bis D

auch Zugriff auf die Grundschulden, die sie sich von ihren eigenen Kunden bei der Immobilienfinanzierung ins Grundbuch eintragen lässt. Das bedeutet: Würde die Bank pleitegehen, müsste sich der Inhaber von Pfandbriefen nicht zusammen mit anderen Anleiheninhabern in die lange Schlange der Gläubiger einreihen, sondern bekäme die für die Pfandbriefe hinterlegten Grundschuldsicherheiten übertragen. Damit werden die Pfandbriefinhaber so gestellt, als hätten sie selbst das besicherte Baudarlehen an den Kreditnehmer der Bank ausgegeben.

Um die Pfandbriefinhaber davor zu schützen, dass die hinterlegten Sicherheiten im Ernstfall nicht werthaltig genug sind, hat der Gesetzgeber strenge Regeln aufgestellt. So darf eine Bank ihre Pfandbriefe nur mit Krediten und den dazugehörigen Grundschulden hinterlegen, wenn die Höhe der Grundschuld maximal 60 Prozent des von unabhängigen Gutachtern ermittelten Beleihungswerts der Immobilie beträgt. Jede Pfandbriefserie muss mit konkreten Krediten und Grundschulden verbunden sein, was durch den Eintrag der jeweiligen Darlehen in den sogenannten Deckungsstock geschieht.

Eine Variante der grundschuldbesicherten Pfandbriefe bilden die öffentlichen Pfandbriefe. Diese Papiere sind nicht mit Immobilienkrediten abgesichert, sondern mit Krediten, die an die öffentliche Hand – insbesondere an Kommunen – ausgegeben worden sind.

Auch Bundesobligationen und Bundesanleihen zählen zu den besonders sicheren Schuldverschreibungen, da die Bundesrepublik Deutschland ein sehr solider Schuldner ist.

Vorteile: Vor allem Pfandbriefe und Bundeswertpapiere sind sichere Anlagen, mit denen Sie dank regelmäßiger Zinsausschüttungen Ihr Renteneinkommen aufbessern können.

Nachteile: Langlaufende festverzinsliche Wertpapiere können bei steigenden Marktzinsen Kursverluste bringen, wenn sie vor der Fälligkeit verkauft werden. Darüber hinaus schmälern die Bankgebühren für Kauf, Verkauf und Depotführung die Rendite.

→ TIPP

Wenn Sie auf börsennotierte Schuldverschreibungen setzen, sollten Sie mit Blick auf die Kosten die depotführende Bank mit Sorgfalt auswählen. Für Kauf und Verkauf werden sehr unterschiedliche Orderprovisionen verlangt, die sich nachteilig auf den Nettogewinn auswirken. Dazu kommen unter Umständen jährliche Gebühren für die Führung des Wertpapierdepots. Besonders kostengünstig sind meist Direktbanken, bei denen Sie keine Beratung erhalten und die lediglich die ihnen per Telefon oder Internet erteilten Aufträge ausführen.

Aktien

Aktien sind Beteiligungen an börsennotierten Unternehmen, deren Wert stark schwanken kann. Der Kurs an der Börse wird nicht nur von der aktuellen Gewinnlage des Unternehmens beeinflusst, sondern von einer Vielzahl an Hoffnungen und Ängsten. Diese beziehen sich auf das Unternehmen, die Branche, die Region oder die ganze Weltwirtschaft. Kurz: Was die Zukunft bringt, kann selbst von Experten allenfalls vage eingeschätzt werden.

Generell ist es sinnvoll, im Hinblick auf den Renteneintritt den Aktienanteil in Ihrem Vermögen deutlich herunterzufahren. Das bedeutet zwar nicht, dass Sie im Rentenalter vollständig auf Aktienanlagen verzichten müssen. Dennoch sollten Sie zunächst dafür sorgen, dass der Teil des Vermögens, aus dem Sie Ihre Altersversorgung bestreiten, sicher angelegt ist. Bleiben dann noch freie Vermögenswerte übrig, können Sie einen Teil davon am Aktienmarkt investieren.

> ! WICHTIG
>
> **Risikostreuung**
>
> Achten Sie darauf, dass Sie Aktien unterschiedlicher Branchen und Regionen halten, um Ihr Risiko zu streuen. Um auch bei weniger großem Anlagevermögen eine optimale Streuung zu erzielen, empfiehlt sich in vielen Fällen die Anlage in Aktienfonds oder börsennotierte Indexfonds (ETF) als Alternative zum Direktinvestment in einzelne Aktien.

In Zeiten niedriger Zinsen rücken die von börsennotierten Unternehmen gezahlten Dividenden in den Blickpunkt. Oftmals wird von Anlageberatern empfohlen, mit dividendenstarken Aktien beziehungsweise entsprechenden Aktienfonds das laufende Einkommen im Rentenalter zu ergänzen, wobei die Dividendenausschüttungen praktisch als Zusatzeinkommen dienen sollen.

Das ist auch nicht grundlegend falsch, birgt jedoch einige Risiken, die Sie nicht unterschätzen sollten. So lange die Dividenden regelmäßig fließen, geht die Rechnung mit dem Zusatzeinkommen auf. Allerdings können Unternehmen jederzeit ihre Ausschüttungen kürzen oder gar ganz aussetzen, wenn sich die Gewinnsituation verschlechtert. Dazu kommen die Kursschwankungen an der Börse, die sich ganz direkt auf den Wert Ihres Aktiendepots auswirken.

Vor diesem Hintergrund sollten Sie Einnahmen aus Dividenden niemals für die Mitfinanzierung der laufenden Lebenshaltungskosten einplanen, sondern allenfalls als zusätzliche Ergänzung Ihres sicheren Einkommens aus der gesetzlichen Rente sowie der privaten und betrieblichen Altersvorsorge. Mit dieser Strategie können Sie sicher-

Gute Zeiten, schlechte Zeiten

Zwei Zeiträume können exemplarisch verdeutlichen, wie stark die Kursausschläge nach oben und unten sein können. Von Anfang 2008 bis Anfang 2009 erlitt der Deutsche Aktienindex (DAX) herbe Verluste (oben), während er später – hier von Anfang 2017 bis Anfang 2018 (unten) – wieder ordentliche Gewinne verbuchen konnte.

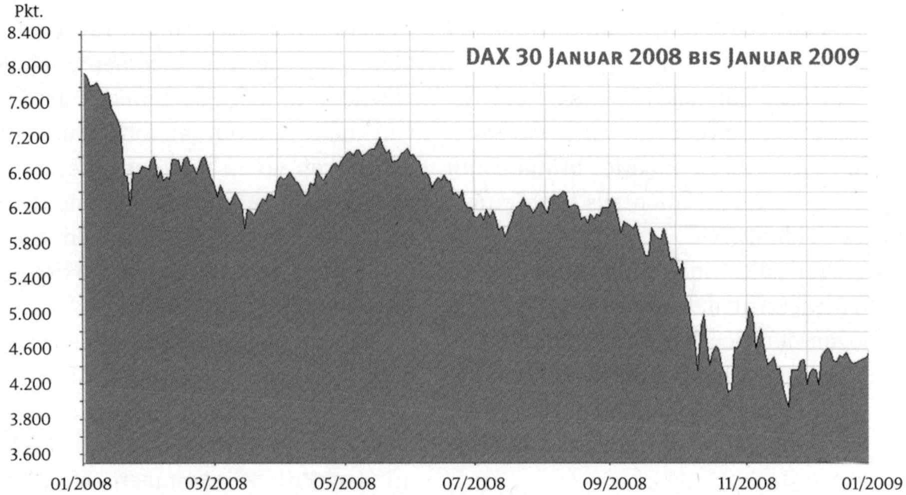

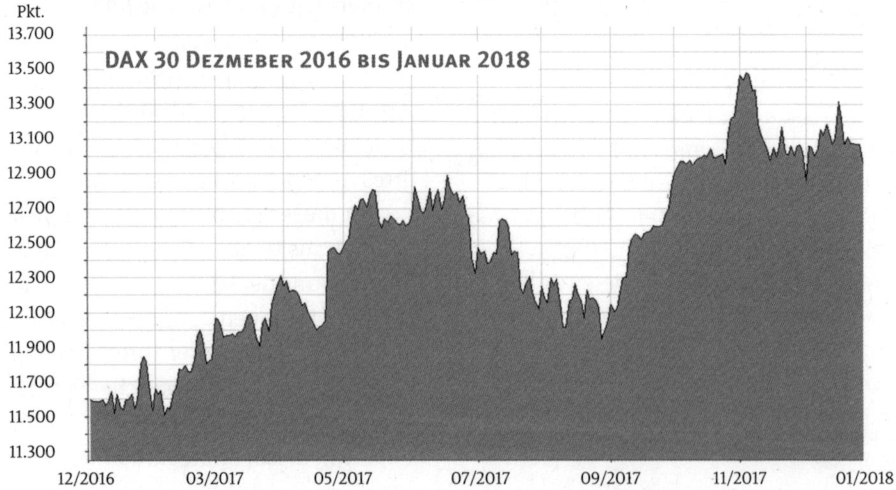

stellen, dass auch in schlechten Börsenphasen für Ihren Lebensunterhalt gesorgt ist.

Vorteile: In Zeiten guter Börsenentwicklung können Aktien eine überdurchschnittliche Rendite in Form von Kursgewinnen und Dividendenausschüttungen bringen.

Nachteile: Aktien können in schlechten Zeiten stark an Wert verlieren, bei einer Pleite des Unternehmens droht sogar der Totalverlust. Auch die Höhe der Dividenden kann starken Schwankungen unterworfen sein. Bei kleineren Anlagesummen schmälern die hohen Mindestgebühren für Kauf, Verkauf und Depotführung Ihre Rendite.

Investmentfonds

Mit Investmentfonds bietet die Finanzbranche Privatanlegern die Möglichkeit, schon kleine Beträge über eine Vielzahl unterschiedlicher Wertpapiere zu streuen. Die Geldanlagen der einzelnen Anleger werden in einem gemeinschaftlichen Sondervermögen gesammelt und das Fondsmanagement legt das Gesamtkapital gemäß der Fondsstrategie in den entsprechenden Einzelinvestments an. Dem jeweiligen Anleger wiederum gehört das seinem Anteil am Gesamtkapital entsprechende Stückchen vom Kuchen.

Kostenlos sind die Leistungen der Fondsgesellschaften jedoch nicht zu bekommen. So wird bei der Anlage in Investmentfonds ein sogenannter Ausgabeaufschlag erhoben, der je nach Fondsgattung bis zu 5 Prozent betragen kann. Das bedeutet: Wenn von Ihrem Geld 100 Euro in den Fonds fließen sollen, müssen Sie bei einem Ausgabeaufschlag von 5 Prozent dafür 105 Euro bezahlen, die Differenz behält die Fondsgesellschaft als Gebühr. Dazu kommen die jährlichen Verwaltungsgebühren, die aus dem Fondsvermögen entnommen werden und ebenfalls je nach Fondsgattung und Anbieter stark variieren können. Üblicherweise betragen sie zwischen 0,5 Prozent und 2 Prozent der angelegten Kundengelder. Ebenfalls berücksichtigen sollten Sie noch die Depotgebühren der Bank, bei der Sie die Fondsanteile verwalten lassen.
Investmentfonds werden üblicherweise nach ihrem Inhalt in einzelne Gattungen unterteilt:

- → Aktienfonds,
- → Rentenfonds,
- → Geldmarktfonds,
- → Misch- und Dachfonds,
- → offene Immobilienfonds.

Aktienfonds legen das Geld ihrer Anleger, wie es der Name vermuten lässt, in Aktien an. Je nach Fondsausrichtung gibt es dabei unterschiedliche Anlagestrategien. Manche Fonds streuen das Vermögen breit über Aktien von Großkonzernen aus aller Welt, andere konzentrieren sich auf bestimmte Branchen oder Regionen. Die beste Risikostreuung

FINANZEN

Verwaltungsgebühren und Ausgabeaufschläge beachten

Weil die Kosten Ihren Gewinn schmälern, sollten Sie beim Fondsvergleich auch auf die Verwaltungsgebühren und Ausgabeaufschläge achten. Zum Vergleich der laufenden Verwaltungsgebühren empfiehlt sich die Gesamtkostenquote, die als „TER“ (Total Expense Ratio) bezeichnet wird und von den Anbietern ausgewiesen werden muss. Beim Ausgabeaufschlag können Sie einiges sparen, wenn Sie auf Anlageberatung verzichten und die Fondsanteile bei einer Direktbank oder einem Discountbroker kaufen. Dort ist der Ausgabeaufschlag oft um 50 Prozent oder noch mehr reduziert.

haben Sie mit breit gefächerten Fonds, die ihr Kapital weltweit oder zumindest europaweit anlegen und sich nicht auf eine bestimmte Branche konzentrieren.

Rentenfonds haben nichts mit der gesetzlichen oder privaten Rentenversicherung zu tun, sondern investieren das Fondsvermögen in Anleihen. Die Ausrichtung kann in Euro-Anleihen oder in unterschiedlichen Währungen erfolgen. Rentenfonds mit Anlageschwerpunkt auf Staatsanleihen von Schwellenländern oder hochverzinslichen Unternehmensanleihen mit geringerer Bonität bringen zwar höhere Verzinsungen, aber auch größere Wertschwankungsrisiken mit sich.

Geldmarktfonds sind für die kurzfristige Anlage gedacht und haben meist nur niedrige Verwaltungsgebühren und keinen Ausgabeaufschlag. Das Geld wird entweder in Tagesgelder bei Banken oder in Anleihen mit kurzer Restlaufzeit investiert. Allerdings haben die vergangenen Jahre gezeigt, dass nach Abzug von Verwaltungs- und Depotgebühren die Fonds oft weniger Gewinn bringen als ein gut verzinstes Tagesgeld, das mit keinen Nebenkosten verbunden ist.

Misch- und Dachfonds kombinieren Aktien- und Anleiheninvestments. Die Ausrichtung kann entweder sicherheitsorientiert mit hohem Anleihenanteil oder risikoreicher mit hohem Aktienanteil sein. Der Unterschied zwischen beiden Fondsarten: Mischfonds investieren direkt in Aktien und Renten, die Manager von Dachfonds suchen sich für ihr Investment einzelne Aktien- und Rentenfonds aus.

Offene Immobilienfonds weisen eine besondere Anlagestruktur auf. Der Großteil des Geldes wird in Großimmobilien wie Einkaufszentren oder Bürohochhäusern angelegt. Dabei gilt als gesetzliche Vorschrift: Ein

Fonds muss in mindestens zehn unterschiedliche Objekte investieren, von denen keins mehr als 15 Prozent des Gesamtvermögens ausmachen darf. Um den Auszahlungswünschen der Anleger jederzeit nachkommen zu können, müssen mindestens 5 Prozent des Fondsvermögens in börsennotierten Anleihen oder täglich verfügbaren Bankguthaben angelegt werden. Die Fonds gelten als risikoarm, die Rendite ist in etwa mit derjenigen von sicherheitsorientierten Rentenfonds vergleichbar. Der Vorteil für Anleger liegt in der steuerlich günstigen Behandlung der Erträge: Weil ein Teil der Fondsrendite aus steuerfreien Wertsteigerungen der Immobilien besteht, werden die Gewinne nicht in voller Höhe mit Abgeltungsteuer belegt.

Im Zuge der Finanzkrise bekamen einige offene Immobilienfonds in den Jahren 2008 und 2009 Liquiditätsprobleme, weil Anleger massenhaft Geld abziehen wollten. Daher hat der Gesetzgeber die Rückgabe- und Kündigungsregelungen für Anleger verschärft. Seit Juli 2013 gelten folgende Modalitäten:

→ Wenn Sie die Fondsanteile vor dem 1. Januar 2013 erworben haben, müssen Sie eine Kündigungsfrist von zwölf Monaten einhalten. Pro Kalenderhalbjahr können Sie Anteile im Wert von maximal 30.000 Euro ohne Kündigungsfrist börsentäglich zurückgeben.

→ Haben Sie die Anteile zwischen dem 1. Januar 2013 und dem 21. Juli 2013 erworben, kommt noch eine Mindesthaltefrist von 24 Monaten hinzu.

→ Für Anteile, die Sie ab dem 22. Juli 2013 erworben haben, entfällt die Möglichkeit, halbjährlich bis zu 30.000 Euro ohne Einhaltung einer Kündigungsfrist abzuheben. Damit kommen Sie im Bedarfsfall auch nicht mehr kurzfristig an Ihr Guthaben heran.

VORSICHT

Auf keinen Fall dürfen Sie offene Immobilienfonds mit geschlossenen Immobilienfonds verwechseln. Letztere werden nicht von staatlichen Aufsichtsbehörden überwacht, sondern sind unternehmerische Beteiligungsmodelle mit oftmals hohem Anlagerisiko. Achten Sie darauf, dass eine eindeutige Zuordnung erfolgt, wenn Ihnen ein Immobilienfonds angeboten wird.

Wie gut ein Investmentfonds beim Gewinn abschneidet, hängt nicht nur von der Entwicklung der Kapitalmärkte, sondern auch vom Geschick und von der Kompetenz des Fondsmanagements ab. Vor der Auswahl eines Fonds sollten Sie sowohl die kurzfristige als auch die längerfristige Wertentwicklung in der Vergangenheit unter die Lupe nehmen. Eine Garantie für künftige Gewinne gibt es nicht und somit sind die Zahlen der Vergan-

CHECKLISTE

So können Sie Investmentfonds leicht vergleichen

Allgemeine Angaben

Anlagebetrag: ______________________________ Euro

Gewünschte Fondsgattung:

- ☐ Aktienfonds
- ☐ Misch-/Dachfonds
- ☐ Rentenfonds
- ☐ offene Immobilienfonds
- ☐ Geldmarktfonds

Gewünschte Managementform:

- ☐ aktiv gemanagter Fonds
- ☐ ETF mit Nachbildung eines Index

Branchenausrichtung (nur bei Aktienfonds):

- ☐ breit gestreut
- ☐ konzentriert auf folgende Branche: ______________

Regionale Anlageschwerpunkte:

- ☐ Deutschland
- ☐ Europa
- ☐ Euroländer
- ☐ weltweit

	Fonds 1	Fonds 2	Fonds 3
Fondsgesellschaft:			
Name des Fonds:			
Anbietende Bank/Vermittler:			
Kosten:			
Ausgabeaufschlag regulär:			
Ausgabeaufschlag bei Direktbank:			
Bei Discountbroker:			
Verwaltungsgebühr jährlich:			
Gebühr für Depotführung:			
Rendite:			
Weiterentwicklung 1 Jahr:			
Weiterentwicklung 5 Jahre:			
Weiterentwicklung 10 Jahre:			

genheit der einzige Anhaltspunkt für die Einschätzung. Einen Überblick über die Wertentwicklung der letzten Jahre bietet Ihnen beispielsweise jeden Monat die Zeitschrift Finanztest der Stiftung Warentest.

Aktiv gemanagte Aktienfonds sind mit vergleichsweise hohen Nebenkosten verbunden: Die Fondsmanager müssen bezahlt werden, dazu kommen Kosten für Markt- und Unternehmensanalysen. Deshalb hatten vor einigen Jahren einige Finanzdienstleister eine pfiffige Idee: Sie entwickelten Fonds, die mithilfe von automatischen Handelssystemen einfach immer einen bestimmten Aktienindex – beispielsweise den DAX oder den EuroStoxx – abbilden. Weil man dafür kein Personal braucht, sind solche Indexfonds mit weitaus niedrigeren Nebenkosten verbunden.

Die Idee setzte sich durch und heute gibt es unter der Bezeichnung „ETF" (Exchange Traded Funds) eine Vielzahl an börsennotierten Indexfonds. Der Ein- und Ausstieg erfolgt über den Börsenhandel – nur eben mit dem Unterschied, dass man keine Aktie, sondern einen Anteilsschein an einem Indexfonds kauft oder verkauft. Außer den Ordergebühren fallen je nach Fondsgattung zwischen 0,1 und 0,5 Prozent an internen Verwaltungsgebühren an.

ETFs gibt es nicht nur auf Aktienindizes, sondern auch auf Anleihezinsen, Währungen und Rohstoffe. Sie sind eine kostengünstige Alternative zu aktiv gemanagten Investmentfonds, auch wenn sie von Banken meist kaum propagiert werden. Das hat einen ganz einfachen Grund: Während Banken beim Verkauf eines herkömmlichen Investmentfonds hohe Provisionen einstreichen, verdienen sie beim Handel mit ETFs nur an der Ordergebühr.

Achten Sie beim Vergleich von Investmentfonds darauf, dass Sie immer Fonds derselben Gattung miteinander vergleichen. Weil beispielsweise Aktienfonds und Rentenfonds vollkommen unterschiedliche Risikoprofile und Renditechancen haben, führt ein Vergleich zwischen unterschiedlichen Anlageklassen beziehungsweise Fondsgattungen niemals zu einem brauchbaren Ergebnis.

Vorteile: Investmentfonds bieten Ihnen die Möglichkeit, schon kleine Beträge über die Kapitalmärkte breit zu streuen. Offene Immobilienfonds verbinden überdies eine gute Anlagesicherheit mit steuerlichen Vorteilen, können jedoch im Bedarfsfall nur mit langen Kündigungsfristen liquidiert werden.

Nachteile: Die Nebenkosten sind bei aktiv gemanagten Fonds ziemlich hoch und das Angebot ist aufgrund der Vielzahl an Fonds und Strategien recht unübersichtlich.

Das Eigenheim als Kapitalanlage

Auch das selbst genutzte Wohneigentum zählt zu den wichtigen Bausteinen der privaten Altersvorsorge. Den Wert sehen Sie zwar auf keinem Kontoauszug, wohl aber in Form einer handfesten Kostenersparnis: Wenn Sie als Rentner in den eigenen vier Wänden wohnen, müssen Sie keine Miete bezahlen und benötigen für die laufende Lebenshaltung entsprechend weniger Geld.

Das bringt Ihnen zumindest indirekt sogar eine Steuerersparnis: Wenn Sie für die Miete beispielsweise zusätzliche Zinseinkünfte einplanen müssten, wären diese bei Überschreiten des Sparerfreibetrags steuerpflichtig, während Sie die Mietausgaben nicht steuermindernd geltend machen können. Allerdings müssen Sie die Eigenheimfinanzierung sorgfältig planen, um rechtzeitig zum Rentenbeginn schuldenfrei zu sein. Worauf Sie dabei achten sollten, können Sie im Kapitel „Wie der Wechsel ins Rentnerdasein Ihre Finanzstrategie beeinflusst" (→ Seite 155 ff.) nachlesen.

Darüber hinaus sollten Sie beachten, dass Renovierungs- und Instandhaltungsmaßnahmen notwendig sind, wenn Ihr Eigenheim in die Jahre kommt. Ob Dachreparatur, Fensteraustausch oder Erneuerung der Installationen: Wenn größere Maßnahmen anstehen, können schnell fünfstellige Beträge zusammenkommen. Für diese Anlässe sollten Sie ausreichende Finanzreserven vorhalten – nicht zuletzt auch vor dem Hintergrund, dass viele Banken Rentnern keine Kredite gewähren.

Vorteile: Im Rentenalter sparen Sie nicht nur die Miete, sondern machen sich dadurch zumindest teilweise von der Inflation in Form von Mietpreissteigerungen unabhängig.

Nachteile: Wenn Sie die Finanzierung nicht so konzipiert haben, dass die letzte Kreditrate vor Rentenbeginn gezahlt wurde, kann das Eigenheim zur ernsthaften finanziellen Belastung werden. Überdies sollten Sie mit zunehmendem Alter der Immobilie ein ausreichendes finanzielles Polster für Instandhaltung und Renovierung einplanen.

Vermietetes Wohneigentum

Wer über entsprechendes Kapital und Einkommen verfügt, kann seine Altersvorsorge mit vermietetem Wohneigentum ergänzen. Wichtig dabei ist ähnlich wie beim Eigenheim, dass die Finanzierung bis zum Renteneintritt abgeschlossen ist, sodass ab dann die Mieteinnahmen ohne Abzug von Zins und Tilgung zur Verfügung stehen. Allerdings müssen Sie als Vermieter einen Teil der laufenden Nebenkosten – beispielsweise die Instandhaltungsrücklage und die Hausverwaltergebühr – selbst tragen, da sie nicht alle Kosten auf den Mieter abwälzen können.

Zusätzlich ist zu beachten, dass regelmäßige Investitionen in die Modernisierung erforderlich sind. Bei Eigentumswohnungen wird dies teilweise bereits in Form der gemeinschaftlichen Instandhaltungsrück-

Beispielrechnung: Was von der Miete übrig bleibt

	monatlich	jährlich
Kaufpreis der Wohnung	250.000 Euro	
Kaltmiete	700 Euro	8.400 Euro
Brutto-Mietrendite	3,36 %	
Vom Vermieter selbst zu tragende Kosten (z. B. Rücklagen, Verwaltergebühr)	100 Euro	1.200 Euro
Vorsorge für Renovierungen und Reparaturen	50 Euro	600 Euro
Nettomiete nach Abzug vor Kosten und Vorsorge	550 Euro	6.600 Euro
Netto-Mietrendite	2,64 %	

lage berücksichtigt, mit der Maßnahmen finanziert werden, die das gesamte Gebäude betreffen – beispielsweise die Fassaden- oder Dachsanierung. Darüber hinaus sollten Sie einen Teil der Mieteinnahmen gleich auf die Seite legen, um Rücklagen für Renovierungen innerhalb der Wohnung wie etwa die Modernisierung von Bad und Küche oder den Austausch von Bodenbelägen zu bilden.

Vorteile: Vermietetes Wohneigentum bringt nicht nur monatliche Mieteinnahmen, sondern bei guter Lage und Bausubstanz auch Potenzial für steigende Mieten und Wertzuwachs.

Nachteile: Die Vermietung erfordert persönliches Engagement, das mit zunehmendem Alter mühevoller werden kann. Für das Erreichen der Schuldenfreiheit zum Renten-

VORSICHT

Als Immobilienanleger sollten Sie sich darüber im Klaren sein, dass mit der Vermietung ein nicht zu unterschätzender persönlicher Aufwand verbunden ist. Das betrifft beispielsweise das Organisieren von Reparaturen und Renovierungen oder die Durchführung von Besichtigungen und die Auswahl des neuen Mieters bei einem Mieterwechsel. Unter Umständen können auch unangenehme Situationen wie Zahlungsverzug oder Rechtsstreit mit dem Mieter auf Sie zukommen. All dies kann mit zunehmendem Alter zu Belastungen führen. Daher ist es ratsam, im Familienkreis zu klären, ob sich ab einem bestimmten Zeitpunkt eines der Kinder um die Vermietung kümmern kann.

eintritt ist ein hoher finanzieller Aufwand während der aktiven Berufszeit erforderlich. Darüber hinaus sollten Sie genügend Geldreserven für künftige Renovierungen und Reparaturen bereithalten.

Nachteilige Anlageprodukte

Ältere Menschen sind bei Bankberatern und Finanzvermittlern als Kunden sehr beliebt, denn ihnen kann man oft auch Finanzprodukte verkaufen, die von jüngeren Anlegern kritisch betrachtet werden. Gerade die ältere Generation bringt den Banken noch ein verhältnismäßig hohes Vertrauen entgegen, was zuweilen gnadenlos ausgenutzt wird, um aus der Gutgläubigkeit Profit zu schlagen.

Das führt immer wieder zu geradezu skandalösen Situationen in der Anlageberatung. Weil die Berater – oder besser gesagt die Verkäufer von Finanzprodukten – unter erheblichem Erfolgsdruck stehen, nutzen sie zuweilen das Vertrauen der oft vermögenden älteren Kunden aus, um ihre Verkaufsvorgaben zu erfüllen. Welche Risiken der Anleger damit eingeht und ob das Finanzprodukt auch wirklich zu seinen Bedürfnissen passt, steht dabei nicht selten auf einem ganz anderen Blatt.

So berichtete beispielsweise das Handelsblatt vor einiger Zeit von sechzig zumeist älteren Anlegern, die wegen Verlusten mit einem hochriskanten Anleihederivat Klage gegen das Geldinstitut einreichten, das ihnen die Papiere verkauft hatte. Viele der Betroffenen waren bereits über siebzig Jahre alt, als sie das Papier auf Anraten der Bankberater erworben hatten. In einem der Fälle kam der Banker sogar eigens ins Seniorenheim, um der damals 86-jährigen Bewohnerin – die ausdrücklich eine hundertprozentig sichere Geldanlage gewünscht hatte – den Kaufvertrag zur Unterschrift vorzulegen.

→ TIPP

Auch wenn es Ihnen schwerfallen mag: Bringen Sie den Vertretern von Banken, Versicherungen oder anderen Finanzdienstleistern ein gesundes Maß an Misstrauen entgegen. Das betrifft auch diejenigen, die sich selbst als „unabhängige Berater“ bezeichnen und Ihnen versprechen, Ihre Finanzen ganz neutral zu durchleuchten. Meist handelt es sich dabei um Vertriebsorganisationen, die zwar keiner Bank angehören, aber für jeden Abschluss hohe Provisionen kassieren. Prüfen Sie die Angebote sorgfältig und unterschreiben Sie im Zweifel lieber nicht, wenn Sie das Produkt nicht vollständig verstanden haben. Studieren Sie die Unterlagen zu Hause in aller Ruhe.

Anlagezertifikate

Anlagezertifikate bilden eine extrem unübersichtliche Gattung: Mehr als 100.000 unterschiedliche Produkte kursieren auf dem deutschen Markt. Als „Zertifikate" werden Schuldverschreibungen bezeichnet, deren Wertentwicklung von der Wertentwicklung anderer Finanzprodukte abhängt. Sie zählen zu den sogenannten strukturierten Finanzprodukten und werden von Banken herausgegeben und vorwiegend an Privatkunden verkauft.

Zertifikate bieten keine feste Verzinsung. Erfolg und Misserfolg hängen vom zugrunde gelegten Börsengeschäft ab. Daher stehen hohen Ertragschancen auch hohe Verlustrisiken gegenüber. Dazu kommt: Bei Anlagezertifikaten greift keine Einlagensicherung, weil es sich um keine Spar- oder Kontoguthaben handelt. Wird der Herausgeber zahlungsunfähig, droht dem Inhaber des Zertifikates der Totalverlust.

Der Wert eines Anlagezertifikats hängt davon ab, was in den Zertifikatsbedingungen steht. Bei einem Indexzertifikat wird beispielsweise der Wert an die Entwicklung eines sogenannten Basiswerts gebunden. Dies kann ein Index sein oder auch der Kurs einer bestimmten Aktie. Dabei verläuft die Wertentwicklung des Zertifikats jedoch längst nicht immer parallel zur Entwicklung des Basiswerts. Welche Auswirkungen eine Veränderung des Basiswerts auf das Anlagezertifikat hat, hängt vom Typ des Zertifikats und von den festgelegten Bedingungen ab.

→ TIPP

Für die Vermögensanlage im Ruhestand sind Anlagezertifikate wenig bis überhaupt nicht geeignet. Wenn Sie Kapitalmarktrisiken in Kauf nehmen können und wollen, sollten Sie lieber einen Aktienfonds wählen – und für risikoarme Anlagen sind Zinsanlagen bei Banken die bessere und kostengünstigere Wahl.

Beteiligungsmodelle

Beteiligungsmodelle werden auch als „geschlossene Fonds" bezeichnet und verkörpern unternehmerische Beteiligungen. Der Initiator des Modells versucht, über Vertriebspartner weitere Geldgeber für ein bestimmtes Investitionsobjekt zu gewinnen. Ist genügend Kapital eingesammelt worden, wird der Fonds für weitere Investoren geschlossen – daher die Bezeichnung „geschlossener Fonds". Im Gegenzug wird den Investoren eine Beteiligung am Gewinn des Projekts versprochen. Häufig angebotene Investitionsobjekte sind Immobilien, Projekte aus dem Bereich der erneuerbaren Energie wie beispielsweise Windparks oder nicht börsennotierte Unternehmen.

Die Beteiligung an solchen unternehmerischen Modellen erfolgt in der Regel durch den Beitritt als Gesellschafter. Gängige Rechtsformen sind Gesellschaften bürgerlichen Rechts (GbR) sowie Kommanditgesellschaften, bei denen der Investor als Komman-

„Ein beliebtes Verkaufsargument ist eine überdurchschnittlich hohe Ausschüttung, die sozusagen als Extra-Rente dienen soll."

DAVID RIECHMANN unterstützt als Referent für Bank- und Kapitalmarktrecht die Finanzberater der Verbraucherzentrale Nordrhein-Westfalen in juristischen Fragen.

Wie groß ist der Anteil älterer Menschen, die bei der Verbraucherzentrale Beratung wegen dubioser Kapitalanlagen suchen?

DAVID RIECHMANN: Wir führen zwar keine Altersstatistik bei unseren Beratungen, aber man kann in der Praxis feststellen, dass ein nennenswerter Teil der Ratsuchenden sechzig Jahre oder älter ist. Mit dem Renteneintritt entsteht oft ein hoher Anlagebedarf, weil beispielsweise Lebensversicherungen zur Auszahlung kommen. Da wittern dann die Graumarkt-Anlageverkäufer ihre Chance.

Welche typischen Fälle sind dabei zu beobachten?

Zum einen kommen Verbraucher in unsere Anlageberatung, die vor ihrer Entscheidung Anlageprodukte neutral prüfen lassen wollen. Zum anderen gibt es leider auch viele, die mit ihrer Kapitalanlage bereits viel Geld verloren haben. Dann gilt es in der Rechtsberatung durch unsere Fachanwälte herauszufinden, ob möglicherweise Entschädigungsansprüche etwa aus der Berater- oder Prospekthaftung geltend gemacht werden können.

Gibt es unseriöse Anlageprodukte, die bevorzugt an ältere Anleger verkauft werden?

Die Art der Anlageformen kann durchaus je nach Alter der Zielgruppe variieren. Während jüngeren Verbrauchern oft internetaffine Graumarkt-Anlagen wie etwa Bitcoin-Investments schmackhaft gemacht werden, finden sich bei älteren Verbrauchern meist die klassischen Gefahrenprodukte wie Beteiligungsmodelle – also geschlossene Fonds – oder Nachrangdarlehen. Bei letzteren handelt es sich um hochriskante Darlehen an Unternehmen, die im Insolvenzfall erst ganz am Schluss bedient werden. Der Anleger geht dann allzu oft leer aus.

Mit welchen Verkaufstricks werden Anleger im fortgeschrittenen Alter in unseriöse Kapitalanlagen gelockt?

Ein besonders beliebtes Verkaufsargument ist eine überdurchschnittlich hohe Ausschüttung, die sozusagen als Extra-Rente dienen soll. Die Aussicht auf die Erträge soll darüber hinwegtäuschen, dass weder die Höhe der Ausschüttung noch die Rückzahlung des investierten Kapitals gesichert sind. Die Risiken stehen zwar irgendwo im

Verkaufsprospekt, doch sie werden im Verkaufsgespräch gern verharmlost oder auch verschwiegen. Wer dann arglos unterschreibt, verbucht am Ende womöglich nicht nur Ertragsausfälle, sondern verliert auch sein Kapital.

Was empfehlen Sie, um solche Verluste zu vermeiden?

Bei hohen Renditeversprechen sollten Verbraucher hellhörig werden und das Angebot ganz besonders kritisch prüfen. Hilfe hierzu bieten auch die Beratungsstellen der Verbraucherzentralen. Wer die Funktionsweise eines Anlageprodukts mitsamt den dazugehörigen Risiken nicht ganz genau verstanden hat, sollte von einem Abschluss absehen.

ditist fungiert. Ebenfalls häufig ist der Eintritt als „stiller Gesellschafter" in ein Unternehmen, dessen Rechtsposition eher der eines Kreditgebers als der des Mitunternehmers gleicht. Kaum von Bedeutung ist hier die direkte Beteiligung an einer GmbH, weil dabei der Beitritt neuer Gesellschafter mit hohem finanziellen Aufwand für die notarielle Beglaubigung und den Eintrag ins Handelsregister verbunden ist – und außerdem haben GmbH-Gesellschafter weitreichende Mitspracherechte bei Unternehmensentscheidungen, was den Anbietern nicht unbedingt recht ist.

Dass diese Anlagemodelle für die private Altersvorsorge ungeeignet sind, resultiert aus der mangelnden Flexibilität, der hohen Kostenbelastung, dem oftmals großen Verlustrisiko und der hohen Anzahl an schwarzen Schafen auf dem Markt. .

Die Laufzeiten von Beteiligungsmodellen betragen üblicherweise fünf bis zwanzig Jahre. Während der Laufzeit werden die laufenden Erträge an die Anleger ausgeschüttet, sofern nach Abzug der internen Kosten genügend Geld übrig ist. Am Ende wird das Investitionsobjekt verkauft und der Verkaufserlös unter den Investoren verteilt. Allerdings ist ein vorzeitiger Ausstieg nicht möglich, sodass dem Anleger bei einer Änderung der Lebenssituation oder bei einer erkennbaren Verschlechterung des Anlageerfolgs die Hände gebunden sind.

HINTERGRUND

Welche Investitionsobjekte häufig angeboten werden

Immobilien: Bei dieser Fondskonstruktion fließt das Geld der Anleger in eine oder mehrere Großimmobilien. Im Gegensatz zu offenen Immobilienfonds erfolgt jedoch keine breite Streuung – vor allem auch deshalb, weil das eingesammelte Kapital viel geringer ist als bei offenen Immobilienfonds. Je nach Fondsstrategie kann es sich um Immobilien im In- oder Ausland handeln, die Art der Nutzung reicht von Wohn- und Büroimmobilien über Hotels und Einkaufszentren bis hin zu Logistikimmobilien. Bei Auslandsimmobilien wird gerne mit der Steuerersparnis geworben, da die Erträge nicht in Deutschland, sondern im Land des Immobilienstandorts zu versteuern sind.

Schiffe: Hier investieren die Anleger in Schiffe, wobei es sich meist um Containerschiffe oder Tanker handelt. Die Schiffe werden dann an eine Chartergesellschaft weitervermietet und nach Abzug der Betriebs- und Verwaltungskosten wird die Charterrate unter den Anlegern aufgeteilt. Auch hier erfolgt eine steuerlich begünstigte Behandlung der Erträge.

Erneuerbare Energien: Investitionsziel sind meist Windkraft- oder große Fotovoltaikanlagen. Hier bieten die Energieversorger zwar meist fest kalkulierbare Einspeisungspreise. Allerdings können die Erträge je nach Wind- beziehungsweise Sonnenintensität stark schwanken und auch bei den Wartungskosten brachte so mancher Fonds seinen Investoren schon unangenehme Überraschungen.

Private Equity: Hinter diesem Fachbegriff verbirgt sich die Investition in nicht börsennotierte und zumeist mittelständische Unternehmen. Die Risiken sind bei solchen Beteiligungsmodellen meist sehr hoch, weil der unternehmerische Erfolg stark schwanken kann. Zusätzliche Risiken kommen noch hinzu, wenn über einen solchen Fonds Forschungs- und Entwicklungsvorhaben von noch jungen Firmen finanziert werden.

Leasing: Bei Leasingfonds werden die Investoren Eigentümer von Wirtschaftsgütern, die an unternehmerische Nutzer verleast werden. Die Palette erstreckt sich dabei über unterschiedliche Güter wie Flugzeuge, Eisenbahnwaggons, Transportcontainer oder Fahrzeugflotten von Autovermietern.

Gerade für ältere Anleger ist schon die langfristige Bindung ein zwingendes Ausschlusskriterium: Es ist wenig sinnvoll, sich im Alter von siebzig Jahren für zwei Jahrzehnte an eine nicht veräußerbare Kapitalanlage zu binden.

Die Kosten werden von den Anbietern der Beteiligungsmodelle auf vielfältige Weise abgezweigt: Üppige Vermittlerprovisionen und großzügige Managementgebühren sorgen dafür, dass bei manchen Modellen mehr als ein Viertel der eingeworbenen Anlegergelder gleich wieder in Auszahlungen an die Verkäufer und Verwalter umgewandelt wird. Die Folge: Im Verhältnis zum Anlagerisiko werden die Anleger nur unzureichend am Gewinn beteiligt. Eine Kontrolle durch staatliche Aufsichtsbehörden wie bei Investmentfonds oder Banken gibt es für die Initiatoren geschlossener Fonds nicht. Daher zählen diese Produkte zum „grauen Kapitalmarkt".

Zwar gibt es in diesem Segment durchaus seriöse und solide kalkulierte Angebote, aber mangels einer rechtlichen Kontrollinstanz ist in diesem Anlagesegment der Anteil schwarzer Schafe recht hoch. Das verdeutlichen zahlreiche Schadenersatzprozesse nach Fondspleiten, so etwa im Bereich der sogenannten Schrottimmobilien oder bei Beteiligungen an Containerschiffen, bei denen weit überteuerte Investitionsobjekte über dubiose Fondskonstruktionen schöngerechnet wurden.

VORSICHT

Trotz vollmundiger Renditeprognosen sollte das Verlustrisiko nicht außer Acht gelassen werden. Immerhin handelt es sich um unternehmerische Beteiligungen, bei denen im schlimmsten Fall der Totalverlust eintreten kann. Erhöht wird das Risiko durch die häufig angewandte Praxis, dass zusätzlich zu den eingesammelten Anlegergeldern noch Bankkredite aufgenommen werden, um die Investition zu finanzieren. Weil die Banken gegenüber den privaten Kapitalgebern Vorrang haben, kann bei schlechter wirtschaftlicher Entwicklung das Eigenkapital nur allzu schnell aufgezehrt sein.

Außerbörsliche Wertpapiere

Immer mal wieder findet sich im Briefkasten Werbepost von Unternehmen, die mit Anleihen oder Genussscheinen Geld von privaten Anlegern einsammeln wollen.

Das Gefährliche dabei: Der gute Ruf der Anleihe als vergleichsweise sichere und gut kalkulierbare Anlagegattung hat auch Anbieter auf den Plan gerufen, mit deren Solidität es nicht zum Besten bestellt ist. Um den strengen Augen von Börsenaufsicht und Ratingagenturen zu entgehen, werden Anleihen mit fragwürdiger Bonität häufig nur im Direktverkauf und ohne anschließende Börsennotierung angeboten.

Für Sie als Anleger birgt dies außer dem bereits bestehenden Ausfallrisiko noch einen weiteren Nachteil: Weil die Papiere nicht über die Börse verkauft werden können, ist es dem Inhaber nicht möglich, sich während der Laufzeit bei schwindendem Vertrauen in das Unternehmen von den Anleihen über einen Verkauf zu trennen.

In den vergangenen Jahren haben vor allem private Anleger mit nicht börsennotierten Anleihen und Genussscheinen einen hohen dreistelligen Millionenbetrag verloren, weil die Schuldner pleitegingen. Teils wurden solche Papiere über Vermittler an den Sparer gebracht, teils im Direktverkauf. Mit breit gestreuten Werbesendungen, Hochglanzprospekten und Anzeigenkampagnen wurde den Anlegern suggeriert, die außerbörsliche Unternehmensanleihe sei eine sinnvolle und renditeträchtige Alternative zum Sparbrief oder Festgeldkonto.

Als Argument für die scheinbare Solidität solcher hochriskanten Anleihen dient regelmäßig der Hinweis darauf, dass das Unternehmen mit seinem gesamten Vermögen für die Rückzahlung der Papiere geradesteht. Das mag zwar formal richtig sein, ist aber in der Praxis meist weitaus weniger wert, als viele vermuten. Denn: Im Insolvenzfall müssen sich die Anleihegläubiger ihre Ansprüche mit den Banken und Lieferanten des Unternehmens teilen. Privilegiert sind hierbei in aller Regel die Banken, die für ihre Kredite zumeist Sicherheiten in Form von Grundschulden oder Pfandrechten auf Maschinen oder Firmenwagen verlangen. Auf diese Vermögenswerte haben dann im Ernstfall die Inhaber von Anleihen keinen Zugriff mehr.

→ TIPP

Wenn Sie eine Werbesendung mit einem Anleihe- oder Genussscheinangebot erhalten, sollten Sie diese einfach ignorieren und umgehend entsorgen. Gleiches gilt, wenn Ihnen ein Finanzvermittler solche „Wertpapiere" schmackhaft machen will. Die zahlreichen Pleiten der vergangenen Jahre haben deutlich bewiesen, dass bei diesen Geldanlagen der Totalverlust näher ist, als viele vermutet haben.

Noch riskanter als außerbörsliche Anleihen sind Genussscheine, die außer den Merkmalen einer Anleihe auch bestimmte Eigenschaften der Aktie mit sich bringen. Hier werden im Insolvenzfall die Inhaber ähnlich wie Aktionäre erst dann bedient, wenn alle Schulden komplett getilgt sind. Dazu kommt: Wenn der Jahresgewinn für die Zahlung der Zinsen für die Genussscheine nicht ausreicht, fällt diese aus. Zwar stellen viele Genussschein-Herausgeber ihren Investoren in Aussicht, dass in solchen Fällen der ausgefallene Zins in den Folgejahren nachgezahlt wird. Aber dafür muss erst einmal wieder ausreichend Gewinn erwirtschaftet werden.

Wie der Wechsel ins Rentnerdasein Ihre Finanzstrategie beeinflusst

Wie bereits erwähnt, verändern sich mit dem Übergang in den beruflichen Ruhestand die Anforderungen an Ihre finanzielle Strategie. Dabei geht es nicht allein um die Tatsache, dass Ihnen auf der einen Seite im Rentenalter ein geringeres Einkommen als zuvor zur Verfügung steht und Sie andererseits meist auch mit niedrigeren Ausgaben auskommen. Dazu kommt nämlich, dass sich bei der gesamten Geldstrategie eine fundamentale Änderung vollzieht: Während des Berufslebens liegt Ihr Hauptaugenmerk üblicherweise auf dem Aufbau des Vorsorgevermögens; im Rentenalter verlagert sich der Schwerpunkt auf den Erhalt des Vermögens und auf die regelmäßige Nutzung der daraus erzielten Erträge. In den folgenden Abschnitten lesen Sie, wie Sie die wichtigsten Anforderungen realisieren können:

→ im Rentenalter keine Schulden mehr zu haben,
→ das Vermögen sicher, rentabel und steuerlich optimiert anzulegen,
→ ausreichende Geldreserven für ungeplante Ausgaben und die Gesundheitsvorsorge aufzubauen,
→ die Übertragung von Vermögen an die nächste Generation strukturiert zu planen.

Schuldenfrei in den Ruhestand

Wenn das niedriger gewordene Einkommen im Rentenalter nicht zu Einschränkungen bei der Lebenshaltung führen soll, ist die Reduzierung von Kreditkosten ein sinnvoller und notwendiger Schritt. Ob Anschaffungskredit oder Baufinanzierung: Stets sollte die Devise gelten, mit dem Eintritt ins Rentenalter keine Schulden mehr zu haben.

→ TIPP

Um dieses Ziel zu erreichen, ist die Überprüfung Ihrer Finanzierungspläne schon einige Zeit vor dem Rentenbeginn erforderlich. Würden Sie erst zwei oder drei Jahre vor dem Abschied aus dem Berufsleben merken, dass Ihre Baufinanzierung noch zehn Jahre laufen wird, wäre selbst mit Sondertilgungen die Schuldenfreiheit zum Rentenbeginn kaum noch erreichbar.

Gerade bei der Baufinanzierung ist eine weitsichtige Vorausplanung notwendig. So sollte ab dem 50. Lebensjahr eine laufende Finanzierung auf eine möglichst schnelle Tilgung ausgerichtet sein. Dazu kombinieren Sie im Idealfall die beiden nachfolgend geschilderten Instrumente.

→ Hohe vertragliche Tilgung: Bei Baufinanzierungen brauchen Sie sich mit den Modellrechnungen, die 1 Prozent anfängliche Tilgung vorsehen, überhaupt nicht mehr befassen. Im Alter von 50 Jahren ist bei

Baukrediten mit gleichbleibender Rate (Annuitätendarlehen) eine Anfangstilgung von mindestens 6 Prozent pro Jahr erforderlich, mit jedem zusätzlichen Lebensjahr kommen ein paar Prozentpunkte zusätzliche Anfangstilgung hinzu. Lassen Sie sich vor Abschluss des Finanzierungsvertrags genau ausrechnen, wann Sie schuldenfrei sind.

→ Sondertilgungen: Mit einer Sondertilgungsklausel im Kreditvertrag eröffnen Sie sich die Möglichkeit, bis zu einer jährlichen Obergrenze zusätzliche Tilgungen leisten zu können. Damit lässt sich nicht nur die Rückzahlung erheblich beschleunigen, sondern auch der Zinsaufwand kräftig senken.

Gleiches gilt auch bei Anschaffungskrediten: Jeder Kredit sollte so ausgelegt sein, dass von der letzten Rückzahlungsrate bis zum Rentenbeginn möglichst noch eine gewisse Zeitreserve besteht.

→ TIPP

Zur Schuldentilgung brauchen Sie nicht allein Ihr laufendes Einkommen zu verwenden. Oft werden nach und nach Kapitalanlagen oder Sparpläne fällig, die Sie dann zur Rückzahlung von Krediten mit einsetzen können – das ist auf jeden Fall günstiger und sinnvoller, als Geldanlagen und Kredite parallel laufen zu lassen.

Absicherung der Vermögenswerte

Solange Sie in absehbarer Zeit auf Ihr Guthaben nicht zugreifen müssen, können Sie ein gewisses Maß an Wertschwankungen in Kauf nehmen und beispielsweise Geld am Aktienmarkt oder in Währungen außerhalb des Euroraums investieren.

Doch mit dem näher rückenden Rentenbeginn ändern sich die Anforderungen an die Sicherheit Ihrer Kapitalanlagen. Auch wenn Sie das Guthaben im Rentenalter nicht verbrauchen, so ist doch oft der Zugriff auf die daraus resultierenden Erträge eingeplant. Das passt weder mit Fremdwährungsanlagen noch mit Aktien zusammen: In beiden Fällen müssten Sie stark schwankende Einnahmen in Kauf nehmen. Bei Aktien können in schlechten Jahren Dividendenausfall und Kursverluste für herbe Verluste sorgen und bei Anlagen in fremden Währungen würde ein nachhaltiger Devisenkursverlust den Wertverfall Ihres Guthabens nach sich ziehen.

Daher sollten Sie bei dem Teil Ihres Vermögens, der die Altersversorgung mit abdecken soll, für hundertprozentige Sicherheit sorgen. Schrittweise sollten Sie den Anteil an Aktien und Fremdwährungen – inklusive der entsprechenden Investmentfonds – reduzieren und in sichere Anlagen umschichten.

→ TIPP

Wenn Sie die Umschichtungsaktion über einen Zeitraum von rund fünf Jahren laufen lassen, können Sie gezielt Zeiten hoher Börsenkurse nutzen, um beim Wechsel der Anlageform die optimalen Kursgewinne erzielen zu können. Als Faustregel gilt dabei: Je mehr Zeit Sie dafür einplanen, umso weniger stehen Sie unter Druck und müssen womöglich bei Umschichtungen im Börsentief Renditeeinbußen in Kauf nehmen.

Steuerliche Optimierung der Kapitalanlagen

Auch in der Geldanlage sollten Sie im Hinblick auf den beruflichen Ruhestand Ihre steuerliche Situation neu ordnen. Zunächst einmal gilt: Wären Sie vor dem Jahr 2006 in Rente gegangen, hätten 50 Prozent der gesetzlichen Renteneinnahmen als steuerpflichtiges Einkommen gezählt. Mit jedem Jahr des späteren Rentenbeginns stieg dieser lebenslang gültige Satz um 2 Prozentpunkte an. Beim Renteneintritt im Jahr 2018 liegt der zu versteuernde Anteil schon bei 76 Prozent. Es gibt für jeden Bürger den Sparerpauschbetrag: Pro Anleger sind Kapitalerträge bis zu 801 Euro pro Jahr steuerfrei. Gehen Zinsen, Dividenden und realisierte Kursgewinne darüber hinaus, werden 25 Prozent plus Solidaritätszuschlag und gegebenenfalls Kirchensteuer als Abgeltungsteuer fällig.

Wenn Sie Einnahmen aus Vermietung erwirtschaften, kommt als weiterer Freibetrag der Altersentlastungsbetrag hinzu. Dieser Freibetrag wird jedoch jährlich reduziert, im Jahr 2019 liegt er bei maximal 836 Euro. Der Altersentlastungsbetrag greift auch dann, wenn Sie als Rentner noch einen Nebenjob haben oder selbstständig tätig sind.

Besondere Regelungen gelten bei privaten Rentenversicherungen. Weil hier das eingezahlte Kapital nach und nach aufgezehrt wird, muss nur ein Teil der Auszahlungen als Einkommen versteuert werden – das ist der sogenannte Ertragsanteil. Dessen Höhe ist von Ihrem Alter bei Auszahlungsbeginn abhängig. Je später die erste Auszahlung erfolgt, umso niedriger wird der Ertragsanteil bewertet. Wenn die privaten Rentenzahlungen im Alter von 65 Jahren beginnen, liegt der Ertragsanteil bei 18 Prozent. Das ist wie folgt zu verstehen: Wenn Sie jährlich 1.000 Euro Privatrente beziehen, stuft das Finanzamt davon nur 180 Euro als steuerpflichtiges Einkommen ein, das dann zu Ihren anderen steuerpflichtigen Einkünften addiert wird.

→ TIPP

Manchmal kann es auch sinnvoll sein, Erträge aus Geldanlagen ganz gezielt ins Rentenalter zu verschieben. Dies ist dann der Fall, wenn Sie bereits vor Erreichen der Altersgrenze den Sparerfreibetrag ausgeschöpft haben und aufgrund Ihres Einkommens einen vergleichsweise hohen Steuersatz bei der Besteuerung Ihrer Zinseinkünfte in Kauf nehmen müssen.

Weil das steuerpflichtige Einkommen im Rentenalter in aller Regel vergleichsweise niedrig ausfällt, können oftmals selbst ehemals Gutverdienende wieder von der staatlichen Förderung beim Bausparen profitieren. Zwar gibt es für Rentner keine Arbeitnehmersparzulage mehr. Die Wohnungsbauprämie können Sie jedoch in Anspruch nehmen, wenn Ihr zu versteuerndes jährliches Einkommen unter der Grenze von 25.600 Euro für Ledige und 51.200 Euro für Verheiratete liegt. Bis zu 512 Euro können Ledige als jährliche Sparleistung für die Wohnungsbauprämie geltend machen, bei Verheirateten sind es 1.024 Euro. Die Prämie beträgt pro Beitragsjahr 8,8 Prozent der Sparleistung und wird nach sieben Jahren als Gesamtsumme dem Vertrag gutgeschrieben – allerdings nur unter der Voraussetzung, dass das Geld für wohnwirtschaftliche Zwecke wie Renovierung oder Modernisierung verwendet wird.

Zu weiteren steuerlichen Aspekten, die Sie als Rentner berücksichtigen sollten, finden Sie detaillierte Informationen im Kapitel „Einkommensteuerrechtliche Fragen“ → Seite 65 ff.

Anlage fälliger Lebensversicherungen

Mit dem absehbaren Ende der beruflichen Tätigkeit neigt sich auch die Phase des Vermögensaufbaus dem Ende zu und die bisher aufgebauten Kapitalanlagen werden nach und nach fällig. Besonders große Auszahlungen auf einen Schlag können Sie erwarten, wenn Sie eine kapitalbildende Lebensversicherung angespart haben.

Dann stellt sich natürlich die Frage: Wie kann das ausgezahlte Geld am sinnvollsten angelegt werden?

Zuallererst sollten Sie noch eventuell bestehende Schulden wie beispielsweise Konsumentenkredite tilgen. Im Anschluss daran hängt die Antwort vor allem davon ab, wie hoch Ihre zu erwartende gesetzliche Rente ist, welches regelmäßige Zusatzeinkommen Sie erzielen wollen und welche Beträge für spätere Anschaffungen oder Investitionen erst einmal auf die Seite gelegt werden sollen.

→ TIPP

Wenn Sie flexibel bleiben wollen, sollten Sie Anlagen mit steigendem Zins bevorzugen – beispielsweise Banksparverträge mit steigendem Zins –, die den kurzfristigen Zugriff ermöglichen, und gleichzeitig bei langer Anlagedauer gute Zinsen bringen.

Wenn Ihre gesetzliche Rente vergleichsweise niedrig ausfällt, weil Sie beispielsweise nur wenige Beitragsjahre vorweisen können, kann die Investition eines Teils des Auszahlungsbetrags in eine private Rentenversicherung sinnvoll sein. Damit sichern Sie sich Ihr ganzes Leben lang eine garantierte regelmäßige Rentenzahlung, dazu kommen noch die steuerlichen Vorteile durch die Besteuerung des niedrigen Ertragsanteils.

Allerdings sollten Sie bedenken, dass auch ein Teil Ihres Vermögens später einmal kurz- oder mittelfristig wieder zur Verfügung stehen sollte – und das ist mit einer privaten Rentenversicherung nicht machbar. Die Gründe können vielfältig sein: Sie reichen von der Unterstützung der Kinder beim Immobilienerwerb über die mittelfristig geplante Anschaffung eines neuen Autos oder die Finanzierung von Reisen bis hin zur Vorsorge für altersgerechte Umbaumaßnahmen in der Wohnung. Hier kommt es darauf an, wie schnell im Bedarfsfall das Geld zur Verfügung stehen soll. Bei Sparbriefen haben Sie einen interessanten Zinssatz, der Zugriff ist jedoch während der Laufzeit nicht möglich.

Wenn Sie sich mithilfe privater Kapitalanlage ein Zusatzeinkommen verschaffen wollen, müssen Sie überlegen, ob dabei ein Kapitalverzehr stattfinden soll oder nicht. Weil manchmal das Vermögen nicht ausreicht, um allein aus den Zinsen die Zusatzrente zu bestreiten, bieten viele Banken und andere Geldanlageinstitute auch Auszahlpläne mit Kapitalverzehr an. Bei dieser Variante bekommen Sie nicht nur die Zinsen, sondern auch Jahr für Jahr einen kleinen Teil des angesparten Kapitals aufs Girokonto gutgeschrieben.

BEISPIEL

Peter S. hat ein Vermögen von 50.000 Euro und benötigt daraus eine jährliche Ausschüttung von 2.250 Euro. Da ihm nur 0,5 Prozent Zinsen geboten werden, entscheidet er sich dafür, pro Jahr zusätzlich 4 Prozent aus der Substanz zu entnehmen, um auf den erforderlichen Ausschüttungsbetrag zu kommen.

Ein weitverbreiteter Irrtum ist, dass er somit über 25 Jahre hinweg eine gleichbleibende jährliche Gutschrift erhält. Nein, denn er muss nämlich berücksichtigen, dass mit dem schwindenden Kapital auch die Zinserträge niedriger werden. Wenn er immer dieselbe Ausschüttung erhalten will, muss er somit immer mehr Geld aus der Substanz zuschießen. Bei 4 Prozent anfänglichem Kapitalverzehr und einem Zinssatz von 0,5 Prozent ist das Guthaben bereits nach 23 Jahren und sechs Monaten aufgebraucht.

Der Effekt aus dem Beispiel ist auch aus den Annuitätendarlehen bei der Baufinanzierung bekannt, dort fällt er positiv auf. Sie beginnen zwar auch nur mit 1 Prozent anfänglicher Tilgung, aber dennoch brauchen Sie längst keine hundert Jahre, um Ihre Schulden bei gleichbleibender Kreditrate wieder loszuwerden.

Finanzielle Vorsorge für Gesundheit und Pflege

Wer mit 63 oder 65 Jahren in den Ruhestand geht und körperlich fit ist, mag sich oft nur ungern mit eventuellen künftigen körperlichen Problemen des Alters befassen. Doch die Realität zeigt, dass das Leben im hohen Alter beschwerlich werden kann. Dann kann es notwendig sein, die Wohnung baulich so umzugestalten, dass die Mühen des Alltags auf ein Minimum beschränkt bleiben – das kann beispielsweise durch den Einbau eines Treppenlifts geschehen oder durch die Anpassung des Badezimmers an körperliche Einschränkungen.

Solche Investitionen kosten eine ordentliche Stange Geld und Sie wissen im Voraus nicht genau, wann sie erforderlich sein werden. Die ideale finanzielle Vorsorge für diesen Fall liegt damit in Anlageformen, die langfristig gute Gewinne bringen und bei Bedarf innerhalb weniger Monate in Anspruch genommen werden können. Dies können sowohl sichere Anleihen beziehungsweise entsprechende Fonds als auch vergleichbare Bankanlagen sein.

In diesem Zusammenhang wird Rentnern häufig der Erwerb eines Appartements in einem Pflegeheim empfohlen – zunächst als Kapitalanlage und später mit der Option auf die Selbstnutzung. Allerdings kosten die Wohnungen je nach Größe, Ausstattung und Lage zwischen 100.000 und 500.000 Euro, dazu kommen die laufenden Wohnnebenkosten. Auch mit der späteren Selbstnutzung ist es so eine Sache: Wenn Ihre Kinder in ein paar Jahren von Hamburg nach München ziehen und Sie im hohen Alter einen Pflegeplatz in deren Nähe suchen wollen, werden Sie ein zuvor erworbenes Pflegeappartement in Hamburg nicht selbst nutzen können. Vor diesem Hintergrund sollten vor einer Entscheidung sowohl der eigene Bedarf als auch die Seriosität des Anbieters und das Finanzierungs- und Ertragsrisiko kritisch geprüft werden.

Übertragung an die nächste Generation

Ein wichtiger Aspekt bei der Vermögensplanung im Rentenalter ist oftmals auch die Übertragung von Kapital an Kinder oder Enkel. Hier können Sie sich die gesetzlichen Regelungen bei der Erbschaftsteuer zunutze machen: Demnach gilt nämlich, dass bei Schenkungen die vollen Freibeträge nach Ablauf von zehn Jahren wieder zur Verfügung stehen.

Das bedeutet in der Praxis: Wenn Sie einem Ihrer Kinder oder Enkel einen bestimmten Betrag übergeben, reduziert sich der erbschaftsteuerliche Freibetrag für die nächsten zehn Jahre um diese Summe. Nach Ablauf dieser Frist gilt wieder der volle Freibetrag, sodass Sie auch ein größeres Vermögen in Zehnjahresschritten steuerschonend an die nächste Generation übertragen können.

Je nach persönlicher Situation können Sie Sachwerte wie Grundstücke und Wohnungen oder auch Geldwerte an Ihre Nachkommen weitergeben. Bei Geldwerten muss es sich nicht zwangsläufig um Überweisungen vom Girokonto handeln. Auch Sparbriefe oder Wertpapiere können an Kinder und Enkel übertragen werden, diese treten dann an Ihrer statt in den laufenden Vertrag ein.

→ TIPP

Eine Besonderheit bietet der Bausparvertrag. Hier können Sie nämlich nicht nur das Guthaben, sondern auch den Darlehensanspruch auf Angehörige umschreiben lassen. Der Vorteil: Wenn die nächste Generation gerade vor dem Erwerb von Wohneigentum steht, steht ihr bei einem zuteilungsreifen Bausparvertrag sowohl Eigenkapital in Form des bereits eingezahlten Guthabens als auch der Darlehensanspruch zum Festzins zur Verfügung. Im Gegensatz zu vielen Banken verlangen Bausparkassen keinen Zinsaufschlag, wenn die Kreditsumme 60 Prozent des Immobilienwerts überschritten hat – und somit können Sie mit der Weitergabe eines zuteilungsreifen Bausparvertrags bei der Einsparung von Finanzierungskosten mithelfen.

Wenn Sie nicht riskieren wollen, nachträglich Ihren bereits sicher geglaubten Anspruch auf die Wohnungsbauprämie zu verlieren, sollten Sie beachten, dass der Bausparvertrag nur für die Finanzierung einer Wohnimmobilie oder deren Renovierung oder Modernisierung eingesetzt wird.

Formal betrachtet ist eine Übertragung des Bausparvertrags an Dritte – auch an Verwandte – von der Zustimmung der Bausparkasse abhängig. Insbesondere die Erteilung des Darlehens setzt eine positiv verlaufene Prüfung der Bonität voraus. Die Erfahrungen der Praxis haben jedoch gezeigt, dass bei geordneten finanziellen Verhältnissen in der Familie normalerweise keine Probleme oder Einwendungen zu befürchten sind.

Liquiditätsreserve nicht vergessen

Auch im Rentenalter ist es wichtig, für unvorhergesehene Ausgaben eine finanzielle Reserve auf der hohen Kante zu haben. Bei Erwerbstätigen gilt die Faustregel, dass zwei bis drei Nettomonatsgehälter ständig verfügbar sein sollten. Im Rentenalter sollten Sie den Betrag sogar noch etwas höher ansetzen, da einerseits Ihre laufende Rente geringer ist als das einstige Arbeitseinkommen und damit weniger finanzielle Flexibilität bietet und auf der anderen Seite eher einmal öfter eine ungeplante Ausgabe ansteht. Vor allem in Anbetracht immer höher werdender Eigenbeteiligungen bei Gesundheits- und Behandlungskosten sollten Sie für solche Fälle genügend Freiraum einplanen.

→ **TIPP**

Das Girokonto ist ein denkbar ungeeigneter Aufbewahrungsort für die „eiserne Reserve“ – denn kaum eine Bank zahlt Zinsen für Guthaben auf dem Konto. Abgesehen von einem kleinen Puffer, der beispielsweise für eine höher als erwartet ausgefallene Telefonrechnung oder den einen und anderen Spontankauf reichen sollte, sollten Sie lieber ein Tagesgeldkonto für Ihre finanzielle Reserve in Betracht ziehen.

Bei der Auswahl des passenden Tagesgeldkontos oder Sparbuchs sollten Sie nicht nur auf den Zinssatz, sondern auch auf das Kleingedruckte achten. Wenn Sie öfter einmal größere Beträge abrufen wollen, sollten Sie sicherstellen, dass das Konto nicht als Sparkonto geführt wird. Der Unterschied: Beim Sparkonto ist die monatliche Verfügbarkeit in der Regel auf 2.000 Euro limitiert, größere Beträge gibt es nur mit dreimonatiger Kündigungsfrist. Tagesgelder können hingegen ohne Limit aufgelöst werden.

VORSICHT

Banken werben oft mit Kombi-Offerten zu Lockvogelkonditionen. Hier werden jedoch für das Tagesgeld die hohen Zinsen nur gezahlt, wenn gleichzeitig Investmentfondsanteile gekauft werden oder ein – meist kostenpflichtiges – Wertpapierdepot angelegt wird. Aufgrund der hohen Nebenkosten im Wertpapiergeschäft sind diese Angebote unterm Strich meist unattraktiv.

Beispiele für die Finanzplanung im Rentenalter

Zwar ist es wohl ziemlich unwahrscheinlich, dass eines der nachfolgenden Beispiele hundertprozentig auf Ihre Situation zutrifft – es ist nun mal jeder Mensch ein „Unikat“. Doch Beispiele haben den Vorteil, dass sie Ihnen Anregungen liefern können, wenn es um die wichtigen Gesichtspunkte bei der Umsetzung Ihrer Finanzstrategie geht. Lesen Sie daher einfach die nachfolgenden Beispielfälle durch und ziehen Sie aus jedem einzelnen die Informationen, die Sie brauchen können.

Beispiel 1: die langjährigen Arbeitnehmer
Ein Ehepaar, beide Ende fünfzig, steht kurz vor dem Beginn der Altersrente. Der Ehemann ist seit dem Beginn der Lehre im Alter von 15 Jahren ununterbrochen berufstätig, die Ehefrau kann trotz Kinderpausen immerhin 35 Beitragsjahre vorweisen. Gesetzliche Rente und Betriebsrente werden ausreichen, um die Lebenshaltungskosten zu decken.

Allerdings ist das Eigenheim noch nicht komplett abgezahlt, der Schuldenstand liegt bei 20.000 Euro. Eine Liquiditätsreserve von 4.000 Euro ist vorhanden. In zwei Jahren kommt eine Lebensversicherung zur Auszahlung, zu erwarten sind rund 100.000 Euro.

Die Strategie: Die Liquiditätsreserve sollte weitergeführt werden, bei Bedarf kann das Geld auf ein möglichst gut verzinstes Konto umgeschichtet werden. Aus der Ausschüttung der Lebensversicherung sollten vorrangig die restlichen Schulden komplett getilgt werden. Danach bleiben 80.000 Euro übrig, die bei einem durchschnittlichen Zins von 0,5 Prozent pro Jahr 400 Euro an Zinseinkünften bringen. Als längerfristige Vorsorgemaßnahme für Gesundheit und Pflege können rund 40.000 Euro steuerschonend in einen offenen Immobilienfonds angelegt werden, da hier der Anlagehorizont mehr als zehn Jahre beträgt. Die Kündigungsfrist beträgt nach Ablauf von 24 Monaten ein Jahr, das bei entsprechenden anderen Reserven überbrückt werden kann. Der Rest des Geldes kann in Zinsanlagen investiert werden. Eine sinnvolle Anlageform sind beispielsweise Bankprodukte, die jährlich steigende Zinsen bei flexiblem Zugriff bieten.

Beispiel 2: die Gutverdienenden

Im Beispiel des Ehepaars mit vergleichsweise hohem Arbeitseinkommen hat sich zwar ein recht ansehnliches Vermögen aufgebaut. Doch weil der Verdienst über der Beitragsbemessungsgrenze lag und beim Ehemann nur 35 Beitragsjahre zu verzeichnen sind, ist die Differenz zwischen letztem Arbeitseinkommen und gesetzlicher Rente recht groß. Um den gewohnten Lebensstandard halten zu können, benötigt das Paar aus der privaten Vorsorge ein monatliches Extraeinkommen von 400 Euro. Der Renteneintritt ist in drei Jahren geplant.

Die Vermögensseite sieht wie folgt aus: Aus zwei Lebensversicherungen, die fällig werden, sind 150.000 Euro zu erwarten. Dazu kommen noch Anteile an Aktienfonds in Höhe von 60.000 Euro, Rentenfonds im Wert von 25.000 Euro und ein Tagesgeldguthaben von 15.000 Euro. Außerdem ist ein schuldenfreies Eigenheim vorhanden.

Um die Einkommenslücke zu schließen, zahlt das Ehepaar 90.000 Euro in eine private Sofortrente ein, wobei sie für jeden Partner einen separaten Vertrag in Höhe von 45.000 Euro abschließen. Damit wird eine monatliche Garantierente von rund 300 Euro sichergestellt, die dank der günstigen Ertraganteilbesteuerung bei Auszahlungsbeginn mit 65 (also in drei Jahren) nur als steuerpflichtiges Monatseinkommen von 63 Euro bewertet wird. Die Überschussanteile werden für eine jährliche Erhöhung der Rente verwendet. Verstirbt einer der Partner, wird dank der Aufsplittung der Verträge die Hälfte der Privatrente weitergezahlt.

Damit bleiben aus der Lebensversicherung noch 60.000 Euro übrig, die ebenfalls steuerschonend in offene Immobilienfonds angelegt werden. Das Guthaben auf dem Tagesgeldkonto und in Rentenfonds wird weitergeführt, die Anteile der Aktienfonds werden über drei Jahre hinweg schrittweise reduziert, sodass insgesamt die Hälfte des Fondsvermögens in schwankungsarme Rentenfonds investiert wird. Mit dem restlichen Aktienkapital will das Ehepaar auch künftig die Chancen der Aktienmärkte nutzen – dem steht auch nichts entgegen, da die sicher angelegten finanziellen Reserven üppig genug sind.

Beispiel 3: der Mieter

Nach etwas mehr als vierzig Rentenbeitragsjahren geht ein alleinstehender Arbeitnehmer mit 65 Jahren in den Ruhestand. Weil er beruflich bedingt häufig den Wohnort gewechselt hat, wohnt er zur Miete und plant auch nicht den Erwerb von Wohneigentum. Die betriebliche Altersvorsorge fand in Form einer Direktversicherung statt, die nun in Höhe von 20.000 Euro zur Auszahlung kommt. Aus einer privaten Rentenversicherung mit Kapitalwahlrecht kann er nun entscheiden, ob der angesparte Betrag von 30.000 Euro verrentet oder auf einen Schlag ausgezahlt werden soll. Des Weiteren sind 10.000 Euro in Aktienfonds und 10.000 Euro auf einem Tagesgeldkonto vorhanden.

Mit einer regelmäßigen und stetig steigenden Zusatzrente sollte sich der Mieter gegen Mietsteigerungen im Rentenalter absichern. Somit bietet es sich an, die private Rentenversicherung verrenten zu lassen – und zwar in Form einer dynamischen Rente, die jährlich um 2 Prozent oder etwas mehr ansteigt. Weil das Gesamtvermögen den Sparerpauschbetrag nicht ankratzt, sollte der Schwerpunkt auf sichere Zinsanlagen gelegt werden. Der Aktienfondsanteil sollte auf jeden Fall deutlich reduziert werden.

Beispiel 4: die Unterstützer von Kindern und Enkeln

Ein Ehepaar, das dank langjähriger Arbeitnehmerschaft und einer guten Betriebsrente keine Versorgungslücken im Rentenalter hat, tritt in den beruflichen Ruhestand. Die jüngere Tochter hat vor kurzem geheiratet und in einigen Jahren möchte sie mit ihrem Mann zusammen eine Wohnung kaufen. Der ältere Sohn hat bereits ein Reihenhaus gekauft und steckt mitten in der Finanzierung. Einer der Enkel steht vor dem Abitur und möchte studieren.

Die Vermögenslage: Aus einer Kapitallebensversicherung werden demnächst 80.000 Euro fällig. Auf Sparbüchern befinden sich 10.000 Euro, weitere 20.000 Euro sind in Sparbriefen angelegt. Das Eigenheim wurde erst vor kurzem umfassend renoviert und ist schuldenfrei.

Um die Kinder bei der Finanzierung von Haus und Wohnung zu unterstützen, werden in zwei Bausparverträge jeweils 10.000 Euro als Startguthaben eingezahlt. Mit regelmäßigen jährlichen Zusatzeinzahlungen in Höhe von insgesamt 1.024 Euro wird die staatliche Wohnungsbauprämie genutzt. Wenn in einigen Jahren die Verträge zuteilungsreif sind, werden sie an die Kinder überschrieben, und diese können dann Guthaben und Darlehensanspruch in ihre Finanzierung einbauen. Wenn beide Bausparverträge für die Immobilienfinanzierung eingesetzt werden, ist auch kein Verfall der Ansprüche auf Wohnungsbauprämie zu befürchten.

Auch der Enkel benötigt voraussichtlich finanzielle Unterstützung beim Studium. Für diesen Zweck werden 5.000 Euro zunächst für ein Jahr fest angelegt. Danach wird bei Bedarf das Guthaben auf ihn überschrieben und in einen fünfjährigen Auszahlplan mit Kapitalverzehr angelegt, sodass dem Enkel für diese Zeit ein zusätzliches Taschengeld zur Verfügung steht.

Die 10.000 Euro auf dem mager verzinsten Sparbuch werden als eiserne Reserve auf ein besser verzinstes Tagesgeld umgeschichtet. Für künftige Anschaffungen sowie die Gesundheits- und Pflegevorsorge wandert der Rest der ausgezahlten Lebensversicherung in einen Banksparvertrag mit jährlich ansteigendem Zins und der Möglichkeit der bedarfsweisen vorzeitigen Kündigung.

Beispiel 5: die Selbstständigen

Ganz anders müssen Selbstständige kalkulieren, die aus der gesetzlichen Rentenversicherung ausgestiegen sind und schwerpunktmäßig auf die private Altersvorsorge setzen. Dies könnte beispielsweise jemand sein, der als selbstständiger Dienstleister tätig war, sein Unternehmen nun verkauft hat, und sich (aus seiner früheren Arbeitnehmertätigkeit) mit einem minimalen Anspruch auf gesetzliche Rente in Höhe von 400 Euro monatlich zur Ruhe setzen will. Die Ehefrau hat eine Monatsrente von 500 Euro zu erwarten.

Aus dem Verkauf des Betriebs erhält er nach Abzug der Steuern 100.000 Euro. Eine Kapitallebensversicherung bringt nochmals 130.000 Euro, die frei zur Verfügung stehen. In Aktienfonds sind 50.000 Euro investiert, in Rentenfonds stecken 30.000 Euro. Eiserne Reserve: 10.000 Euro auf einem Tagesgeldkonto. Ein schuldenfreies Eigenheim ist vorhanden. Darüber hinaus besitzt das Ehepaar eine vermietete Wohnung in der nahe gelegenen Großstadt, die eine Kaltmiete von 780 Euro im Monat einbringt. Nach Abzug der selbst zu tragenden Nebenkosten sowie der Instandhaltungsrücklage bleiben davon noch 650 Euro erhalten. Die Kreditfinanzierung für die Wohnung wurde wenige Jahre vor Renteneintritt komplett getilgt, sodass die Immobilie schuldenfrei ist.

Hier ist der Übergang zum beruflichen Ruhestand mit einigen finanziellen Um-

CHECKLISTE

Geldanlage im Rentenalter

Einkommen und monatlicher Geldbedarf

Einkommen aus gesetzlicher Rente: ________ Euro

Einkommen aus betrieblicher Altersvorsorge: ________ Euro

Weitere Einkünfte (zum Beispiel Miete etc.): ________ Euro

Abzüglich Steuern: ________ Euro

Abzüglich Krankenversicherung: ________ Euro

Einkommen insgesamt: ________ **Euro**

Lebenshaltungskosten

Miete (warm): ________ Euro

Laufende Lebenshaltungskosten: ________ Euro

Monatliche Rücklagen, z. B. für Renovierungen: ________ Euro

Monatliche Kosten insgesamt: ________ **Euro**

Eventuell verbleibende Einkommenslücke: ________ **Euro**

Vermögensplanung

Bereits vorhandenes und sofort verfügbares Vermögen: ________ Euro

Später verfügbares Vermögen: ________ Euro

Verfügbar am: ________

Gesamtvermögen: ________ **Euro**

Davon zu reservieren für

Ablösung noch laufender Kredite: ________ Euro

Private Rentenversicherung zur Einkommensergänzung: ________ Euro

Liquiditätsreserve: ________ Euro

Rücklage für geplante Anschaffungen, z. B. Auto: ________ Euro

Vorsorge für Gesundheit und Pflege: ________ Euro

Übertragung an Kinder oder Enkel: ________ Euro

Frei verfügbares Vermögen: ________ **Euro**

schichtungen verbunden. Zunächst müssen die magere gesetzliche Rente von zusammen 900 Euro und die Nettomiete aus der vermieteten Wohnung von gut 500 Euro monatlich mit einer sicheren privaten Rentenversicherung aufgestockt werden. Hier ist auch zu bedenken, dass im Fall des Ablebens des Ehemannes die Ehefrau nur eine minimale gesetzliche Witwenrente erhält. Daher werden die privaten Rentenzahlungen auf zwei Versicherungen verteilt: Eine läuft auf den Ehemann und eine läuft auf die Ehefrau. 220.000 Euro aus der freien Lebensversicherung und aus dem Verkaufserlös des Unternehmens werden jeweils zur Hälfte in eine Sofortrente für sie und ihn eingezahlt, sodass beiden zusammen rund 700 Euro als garantierte und jährlich ansteigende private Monatsrente zur Verfügung stehen. Mit den Einkünften aus gesetzlicher Rente, Privatrente und Miete lassen sich nun die laufenden Lebenshaltungskosten gut finanzieren.

Nun bleiben aus dem Unternehmensverkauf 10.000 Euro sowie die Guthaben aus Aktienfonds, Rentenfonds und Tagesgeld in Höhe von insgesamt 90.000 Euro, was in der Summe 100.000 Euro ergibt. Dies wird neu aufgeteilt: Der Anteil an Aktienfonds wird deutlich auf 20.000 Euro reduziert; um die Steuerlast zu senken, werden 40.000 Euro in offene Immobilienfonds angelegt; der Bestand an Rentenfonds (30.000 Euro) bleibt ebenso wie die eiserne Reserve von 10.000 Euro erhalten.

Kontoführung und Karten: So sparen Sie als Rentner Geld

Auch wenn die Differenz bei den monatlichen **Kontoführungsgebühren** einzelner Banken oft gering erscheint: Über die Jahre addieren sich solche vermeintlich kleinen Unterschiede zu stattlichen Beträgen – wenn Sie beispielsweise pro Monat 5 Euro bei der Kontoführung sparen können, ergibt das im Lauf von fünf Jahren eine Ersparnis von immerhin 300 Euro.

Wenn Sie sich ohnehin schon in der Vorbereitung auf den Renteneintritt mit Ihrer Finanzlage befassen, können Sie gleich Ihr Girokonto und Ihren Bestand an Kreditkarten auf Sparpotenziale prüfen.

Allerdings hat die Praxis gezeigt, dass – zur Freude der Finanzbranche – Kunden oft auch dann nicht die Hausbank wechseln, wenn es anderswo günstigere Angebote gibt. Grund für die Zurückhaltung beim Bankwechsel ist vor allem der damit verbundene Papierkrieg. Denn: Beim Wechsel der Bank sind viele Formalitäten für die Kontoeröffnung sowie Änderung von Daueraufträgen und Lastschriften zu erledigen und dafür muss der Bankkunde einige Stunden mühseliger Schreibarbeit einkalkulieren. Außerdem sollten über einige Monate hinweg das alte und neue Konto parallel geführt werden, um unnötige Mahnungen und Kosten wegen nicht eingelöster Lastschriften zu vermeiden, was zunächst zusätzlichen Aufwand verursacht. Auch die oftmals undurchschaubaren Gebührenstrukturen der Banken fördern nicht unbedingt die Bereitschaft zum Wechsel der Bankverbindung. Welcher Anbieter am Ende wirklich am günstigsten ist, können Sie meist nur anhand einer Modellrechnung feststellen.

Deshalb ist es empfehlenswert, vor dem eigentlichen Vergleich eine Liste mit den Buchungen der letzten drei Monate sowie den in Anspruch genommenen Zusatzprodukten wie Scheck- oder Kreditkarte zu erstellen. Erst dann ist aus den Preisverzeichnissen zu entnehmen, welche Angebote unterm Strich am günstigsten sind.

Je nach Verhalten des Kunden kann die persönliche Hitliste der Banken unterschiedlich aussehen. Verbraucher mit wenig Kontobewegung sollten vor allem die Höhe der festen Kontoführungsgebühren vergleichen, während für Vielnutzer auch die Preise für einzelne Buchungsvorgänge durchaus bedeutend sind. Wer sein Geld vorzugsweise am Automaten holt, sollte darauf achten, dass dabei möglichst keine Kosten anfallen. Das dichteste Automatennetz haben die Sparkassen (ca. 25.000) und die Volks- und Raiffeisenbanken (ca. 19.500). Die Cash Group von Deutscher Bank, Commerzbank, HypoVereinsbank, Postbank sowie den Direktbanken Comdirect und Norisbank sowie einigen kleineren Kreditinstituten verfügen zusammen über ein Netz von bundesweit rund 9.000 kostenlos nutzbaren Geldautomaten.

! WICHTIG

Gebühren für Fremdabhebungen bedenken

Insbesondere Bankkunden in ländlichen Gebieten sollten bedenken: Wer auf fremde Geldautomaten angewiesen ist und bei jeder Abhebung die üblichen 2 bis 4 Euro an Gebühren zahlen muss, landet übers Jahr schnell bei einer zusätzlichen Belastung von 50 bis 80 Euro. Manche Banken verlangen pro Fremdabhebung sogar bis zu 7,50 Euro. Da ist so mancher Kostenvorteil bei den reinen Kontoführungsgebühren oft schnell dahin.

Doch um Kontogebühren zu sparen, müssen Sie nicht einmal unbedingt die Bank wechseln. Manche Banken bieten speziell für Rentner günstige Girokonten an – allerdings erfolgt die Umstellung häufig erst auf Nachfrage. Wenn Sie mit dem Computer vertraut sind, können Sie mit der Umstellung auf ein Online-Konto Kosten sparen. Hier sollten Sie jedoch bedenken, dass Sie hohe „Strafgebühren“ zahlen müssen, wenn Sie einmal doch eine Überweisung auf Papier ausfüllen oder am Schalter einen Scheck einreichen wollen.

Auch die Kosten für Kontoauszüge lassen sich drastisch reduzieren, wenn der Auszug nicht mehr nach jeder Buchung, sondern einmal pro Monat ins Haus flattert oder am Kontoauszugdrucker selbst erstellt wird. Je nach Bank kann hier das Einsparpotenzial bis zu 25 Euro pro Jahr betragen.

Ohnehin sind die Gebührensätze für Kontoführung und Buchungen längst nicht immer so festzementiert, wie es den Anschein hat. Legt der Kunde die Konditionen der billigen Konkurrenz auf den Tisch und droht mit dem Wechsel, erhält er in manchen Fällen bis zu 50 Prozent Rabatt. Aber nicht immer: Das gilt nämlich nur für die Kundenkreise, die eine Bank nicht gern ziehen lässt. Die besten Karten haben Sie, wenn Sie bei der Bank auch Geld anlegen oder Fonds- und Versicherungsprodukte kaufen – und vor allem dem Institut nicht mit unpünktlichen Kreditzahlungen oder übermäßiger Kontoüberziehung Ärger machen.

Auch bei den **Kreditkarten** ist eine Überprüfung des Bestands oft lohnend. Was viele nicht wissen: Mit der Girocard – der ehemaligen EC-Karte – haben Sie praktisch eine vollwertige Kreditkarte schon im Geldbeutel. Der einzige Unterschied zu den meisten gängigen Kreditkarten besteht darin, dass die damit bezahlten Beträge sofort und nicht erst am Monatsende Ihrem Girokonto belastet werden. Doch mit der Girocard können Sie inzwischen nicht nur europaweit in vielen Geschäften bargeldlos bezahlen und an Bankautomaten Geld holen, sondern sogar auf der ganzen Welt. Damit stellt sich die Frage, ob Sie weitere Kreditkarten überhaupt benötigen. Dies ist eigentlich nur der Fall, wenn Sie in vergleichsweise exotische Länder verreisen – und selbst dann sind Reiseschecks eine brauchbare Alternative. Falls Sie eine Kreditkarte besitzen wollen, ist es sinnvoll, das Girokonto bei einer Bank zu führen, bei der die Kreditkarte schon in der Kontoführungsgebühr enthalten ist. Wenn Sie nämlich eine eigenständige Kreditkarte erwerben, müssen Sie mit jährlichen Gebühren von mindestens 20 Euro rechnen.

VORSICHT

Meiden Sie „Gold“- oder „Platin“-Kreditkarten, die dem Nutzer besondere Vorteile verheißen, aber mit jährlichen Gebühren von teils mehr als 100 Euro unverhältnismäßig teuer sind. Die scheinbaren Vorteile entpuppen sich häufig als eher überflüssige Marketing-Gags. So beispielsweise Unfallversicherungen, die nur in öffentlichen Verkehrsmitteln gelten, wenn das Ticket mit der Kreditkarte bezahlt wurde. Oder Reisegepäckversicherungen, deren Schutz schon dann nicht mehr gilt, wenn Sie das Gepäck für kurze Zeit aus den Augen lassen.

So ordnen Sie Ihre Versicherungen neu

Mit dem Eintritt ins Rentenalter verändert sich Ihr Versicherungsbedarf grundlegend. So wird beispielsweise die private Berufsunfähigkeitsversicherung, die für Arbeitnehmer und Selbstständige dringend empfehlenswert ist, überflüssig – denn als Rentner üben Sie ja keinen Beruf mehr aus und beziehen unabhängig von Ihrem gesundheitlichen Zustand Altersrente. Kapitallebens- und Privatrentenversicherungen sind nun zur Auszahlung gekommen und wie in diesem Kapitel bereits beschrieben wieder investiert worden.

Jedoch ist die Wahrscheinlichkeit groß, dass nun Versicherungsvertreter mit Ihnen Kontakt aufnehmen, um Ihnen „speziell auf Senioren zugeschnittene" Versicherungspakete zu verkaufen.

Da kommt schnell Verwirrung auf und es stellt sich für Sie die Frage: Welche Versicherungen sind im Rentenalter sinnvoll und welche Policen nützen eher der Versicherungsgesellschaft als dem Versicherten?

Private Haftpflichtversicherung: ein Muss für alle

Die private Haftpflichtversicherung schützt Sie vor Schadenersatzansprüchen bei Missgeschicken und ist ganz klar auch im Rentenalter ein Muss. Denn von Gesetzes wegen gilt: Für einen Schaden, den Sie auch bei nur leichter Fahrlässigkeit verursacht haben, können Sie zur Rechenschaft gezogen werden. Wenn dabei Personen zu Schaden kommen oder hoher Sachschaden entsteht, können die Erstattungsansprüche der Geschädigten Sie im schlimmsten Fall finanziell ruinieren, sofern Sie keine private Haftpflichtversicherung abgeschlossen haben.

Daher ist diese Versicherung so wichtig: Sie springt ein und zahlt den Schaden, den Sie verursacht haben. Allerdings übernimmt die Versicherungsgesellschaft den Schaden nicht in jedem Fall, denn in den jeweiligen Versicherungsbedingungen wird die Haftungsübernahme bei manchen Konstellationen ausgeschlossen. So gibt es meist keine Haftungsübernahme bei Schäden an ausgeliehenen Gegenständen. Vorsätzlich und widerrechtlich verursachte Schäden sind grundsätzlich vom Schutz ausgenommen.

Diese Versicherung bietet Ihnen im In- und Ausland Schutz. Dennoch gibt es einige Bereiche, für die eine spezielle Versicherung erforderlich ist, um sich im Schadensfall vor Regressansprüchen zu schützen. Hier die wichtigsten Ausschlüsse:

- → **Auto und Motorrad:** Für Autos, Motorräder und die meisten anderen motorisierten Fahrzeuge benötigen Sie eine gesonderte Haftpflichtversicherung.
- → **Haustiere:** Je nach Art des Haustiers ist eine Extraversicherung empfehlenswert,

wenn diese nicht in der Haftpflichtversicherung mitversichert sind. Vor allem Pferde- und Hundebesitzer sollten eine solche Police haben. Kleintiere wie Katzen, Vögel oder Kaninchen sind hingegen über die normale Privathaftpflichtversicherung mitversichert.

Wenn Sie einen Schaden verursacht haben, müssen Sie den Fall unverzüglich – das bedeutet in der Regel spätestens innerhalb einer Woche – der Versicherung melden. Ist die Forderung berechtigt, übernimmt die Versicherung die Regulierung. Ansonsten wird der Anspruch von der Versicherung abgewiesen und dann sind auch Sie als Kunde aus dem Schneider.

VORSICHT

Sie dürfen auf keinen Fall zuerst den Schaden bezahlen und dann erst der Versicherung melden. In diesem Fall würde ein Schuldanerkenntnis Ihrerseits vorliegen – und dann verlieren Sie Ihren Versicherungsschutz!

→ TIPP

Beim Vergleichen sollten Sie unbedingt auf eine eventuelle Selbstbeteiligung achten, die bei manchen Billigtarifen bis zu 250 Euro betragen kann. Fällt ein Schaden an, müssen Sie die Selbstbeteiligung auf jeden Fall aus eigener Tasche zahlen. Andere Anbieter verlangen eine Mindestschadenssumme in gleicher Höhe. Hier wird der Schaden nur dann komplett bezahlt, wenn er über der Mindestgrenze liegt. Zwar riskieren Sie mit solchen Policen im Ernstfall nicht den finanziellen Ruin. Doch weil sich für einen um 10 oder 20 Euro höheren Jahresbeitrag Versicherungen ohne Selbstbeteiligung abschließen lassen, ist diese Variante meist sinnvoller.

Speziell für Rentner bieten manche Versicherer besonders günstige Versicherungstarife an, da in aller Regel keine Kinder im eigenen Haushalt mehr mitversichert werden müssen. Daher lohnt es sich, beim Übergang in den beruflichen Ruhestand die Tarife neu zu vergleichen und bei Bedarf zu einem günstigeren Anbieter zu wechseln.

Versicherung von Gebäude und Hausrat

Wenn Sie Hauseigentümer sind, sollten Sie unbedingt Ihr Gebäude zumindest gegen Feuer versichern – das gilt unabhängig davon, ob Sie jung oder alt sind. Beim Übergang ins Rentenalter ändert sich bei der **Wohngebäudeversicherung** nichts. Spezielle Seniorentarife sind hier nicht zu finden, weil die Versicherungsprämie nicht von Ihrer Person, sondern von Wert und Risikoeinstufung Ihres Hauses abhängt. Die Wohngebäudeversicherung ist eine verbundene Versicherung und deckt nicht nur Schäden am Gebäude durch Feuer ab, sondern auch durch Blitzschlag und Explosion.

Die **Sturm- und Hagelversicherung** versichert Schäden durch Unwetter. Dieser Baustein ist – angesichts der in Deutschland häufiger gewordenen Wetterkapriolen – auf jeden Fall empfehlenswert.

Die **Leitungswasserversicherung** springt dann ein, wenn durch Defekte an Wasserrohren Schäden an der Bausubstanz entstehen – unabhängig davon, ob es sich um Wasser- oder Heizungsrohre handelt. Dieser Zusatzbaustein ist ebenfalls eine sinnvolle Ergänzung des Basisschutzes.

Für manche Hauseigentümer bleiben dennoch Lücken – denn die Wohngebäudeversicherung umfasst keine sogenannten **Elementarschäden.** Darunter fallen Schäden durch Überschwemmungen, Lawinen, Erdrutsch und Erdbeben. Diese sind nur in speziellen Policen versicherbar. Dabei sortieren die Versicherer jedoch gnadenlos aus: Als branchenüblich gilt, dass Sie eine solche Versicherung nur problemlos abschließen können, wenn Sie in den vergangenen zehn Jahren keine entsprechenden Schadensfälle hatten. Ansonsten müssen Sie zumindest mit hohen Risikoaufschlägen oder Selbstbehalten rechnen, im ungünstigsten Fall erhalten Sie überhaupt keinen Versicherungsschutz.

→ **TIPP**

Um die Wohngebäudeversicherung müssen Sie sich nur dann selbst kümmern, wenn Sie Eigentümer eines Hauses sind. Bei Eigentumswohnungen zählt der Abschluss einer angemessenen Wohngebäudeversicherung zu den Aufgaben der Hausverwaltung.

Unabhängig davon, ob Sie Hausbesitzer, Wohnungseigentümer oder Mieter sind, stellt sich überdies die Frage nach einer **Hausratversicherung.** Denn: Einrichtungsgegenstände wie Möbel, Schmuck und Haushaltsgeräte werden im Ernstfall nicht von der Gebäudeversicherung ersetzt.

Dabei gilt der Grundsatz: Je wertvoller Ihre Einrichtungsgegenstände sind, desto sinnvoller ist eine Hausratversicherung. Gerade bei Rentnern, wo sich oftmals im Lauf der Jahrzehnte wertvolle Einrichtungsgegenstände angesammelt haben, ist diese Versicherung daher in vielen Fällen empfehlenswert.

Die Höhe der Prämie richtet sich bei der Hausratversicherung nach dem Wert der zu versichernden Gesamtsumme. Dabei gibt es eine sogenannte Unterversicherungsgrenze: Um zu vermeiden, dass mit zu niedrigen Wertansätzen die Prämie nach unten geschummelt wird, zahlt bei solchen Konstellationen die Versicherung selbst bei kleinen Schäden nur anteiligen Ersatz. Wenn Sie Ihre Einrichtung umfassend absichern wol-

INFORMATION

Nützliche Extras bei der Hausratversicherung

Die Hausratversicherer bieten häufig gegen Aufpreis mehr oder weniger nützliche Extra-Absicherungen an. Sinnvoll können im Bedarfsfall die folgenden Zusatzoptionen sein:

Fahrradklausel. Hier ist der Diebstahl von Fahrrädern mitversichert, die auf der Straße oder in einem gemeinschaftlichen Fahrradkeller abgestellt waren. Auch ist der versicherte Wert der Fahrräder meist höher als bei der herkömmlichen Hausratpolice. Diese Option lohnt sich für Besitzer von höherpreisigen Fahrrädern oder E-Bikes.

Wasserschadenversicherung. Über die Hausratversicherung sind im Regelfall Wasserschäden aufgrund von Rohrbruch abgedeckt. Diese Zusatzklausel versichert auch Schäden durch das Auslaufen von Aquarien oder Wasserbetten.

Erhöhte Wertsachendeckung. Normalerweise zahlt die Versicherung entwendete oder zerstörte Schmuckstücke, Antiquitäten und Kunstgegenstände bis zu einer Grenze von 20 Prozent der Versicherungssumme. Wenn Sie teurere Wertsachen besitzen, kann eine Anhebung der Deckungssumme sinnvoll sein.

len, sollten Sie daher auf jeden Fall eine realistische Bewertung ansetzen.

Vermeiden können Sie das Risiko der Unterversicherung, indem Sie mit dem Versicherer einen Pauschalwert pro Quadratmeter Wohnfläche vereinbaren und dieser im Gegenzug auf die Prüfung der Unterversicherung verzichtet. Bei den meisten Assekuranzen liegt der Pauschalwert bei 650 Euro pro Quadratmeter. Damit würde die Versicherungssumme für ein Haus mit 130 Quadratmetern Wohnfläche 84.500 Euro betragen. Einzelne Anbieter variieren diesen Wert geringfügig nach oben oder unten.

Anteilig kürzen darf die Versicherung die Zahlung im Fall der groben Fahrlässigkeit, sofern der Vertrag keine Klausel enthält, die auch bei grober Fahrlässigkeit die Leistung garantiert. Das kann beispielsweise schon der Fall sein, wenn Sie in den Urlaub fahren und Ihre Haustür nur zuziehen, statt sie abzuschließen. Auch wenn Sie einen Tag lang unterwegs sind und im Erdgeschoss ein Fenster offen lassen, wird im Fall eines Einbruchs nur anteilig Schadenersatz geleistet.

Krankenversicherung: Entscheidungsbedarf bei Auslandsreisen

Je nachdem, ob Sie in der aktiven Berufszeit gesetzlich oder privat versichert waren, bleiben Sie auch im Rentenalter Ihrer Krankenkasse oder privaten Krankenversicherung erhalten. Der Abschluss von Zusatzversicherungen, die beispielsweise Heilpraktikerkosten oder Chefarztbehandlungen übernehmen, ist im Rentenalter zumeist so teuer, dass er sich nicht lohnt.

Dennoch bleibt in diesem Segment ein wichtiges Produkt übrig, bei dem Sie sich möglicherweise um einen Neuabschluss kümmern sollten: die Auslandsreisekrankenversicherung. Wenn aufgrund eines Unfalls oder einer Erkrankung im Ausland eine Behandlung notwendig wird, bleiben Sie als „Kassenpatient" oft auf hohen Kosten sitzen – vor allem bei Reisen außerhalb Europas. Auch die Kosten für einen medizinisch notwendigen Krankenrücktransport aus dem Ausland werden nicht übernommen. Diese Lücke kann mit einer Auslandsreisekrankenversicherung geschlossen werden. Die Versicherungen gelten immer bis zum Ende des Vertrags- und Kalenderjahres und können sich automatisch verlängern, wenn sie nicht drei Monate vorher gekündigt werden.

→ **TIPP**

In manchen Tarifen von privaten Krankenversicherungen ist bereits eine Auslandsreisekrankenversicherung enthalten. Wenn Sie privat versichert sind, sollten Sie daher zunächst prüfen, ob Sie diesen Schutz vielleicht schon haben. Falls dieser in ausreichendem Umfang vorhanden ist, können Sie sich den Neuabschluss sparen.

Beim Vergleich der Angebote ist für Rentner nicht nur die Höhe der Jahresprämie wichtig. Zunächst einmal sollten Sie sich erkundigen, ob Sie aufgrund Ihres Alters noch von der Versicherung angenommen werden. Falls Sie von einer privaten Auslandsreisekrankenversicherung abgelehnt werden und dies im Vorfeld Ihrer Reise nachweisen können, ist Ihre GKV dazu verpflichtet, die Kosten im Ausland (auch außerhalb Europas) zu übernehmen (6 Wochen, § 18 Abs. 3 SGB V). Insbesondere Billiganbieter setzen manchmal schon Altersgrenzen von weniger als sechzig Jahren. Ein weiterer wichtiger Fakt ist die Dauer der Reise: Viele Policen gelten nur für Auslandsreisen, die höchstens 42 Tage dauern. Wenn Sie so reiselustig sind, dass Sie sich mehrere Monate am Stück im Ausland aufhalten, sollten Sie eine entsprechend maßgeschneiderte Versicherung abschließen.

Unfallversicherung: sinnvolle Police, wenige Anbieter

Wenn es um Unfallversicherungen für Kinder oder Berufstätige geht, reißen sich die Versicherer um die Kunden. Doch deutlich zurückhaltender werden die Anbieter bei Unfallversicherungen für Rentner. Dabei wird gerade mit zunehmendem Alter die Unfallversicherung wichtiger, denn mit nachlassenden Körperkräften steigt die Unfallgefahr.
Je nach Funktionsfähigkeit einzelner Körperteile zahlt die Unfallversicherung nach einem Unfall eine bestimmte Summe, die sich aus der sogenannten Gliedertaxe errechnet. So wird beispielsweise bei einer Querschnittslähmung mehr gezahlt als beim Verlust einer Hand.

Allerdings bauen die Versicherungen für ältere Menschen oft hohe Hürden auf. So ist meist der Abschluss nicht mehr möglich, wenn das 65. Lebensjahr überschritten ist, und bestehende Verträge werden häufig mit der Vollendung des 75. Lebensjahres von der Versicherung automatisch gekündigt. Um zumindest bis zum 75. Lebensjahr Versicherungsschutz zu haben, sollten Sie sich vor dem Renteneintritt um den Abschluss einer Unfallversicherung kümmern. Ansonsten haben Sie kaum noch Auswahl und müssen auf teure „Sonderpolicen" ausweichen.

Ein wichtiges Kriterium bei der Auswahl ist, dass im Ernstfall die Versicherung eine ausreichende Summe zahlt, um einen eventuellen Umbau Ihrer Wohnung zu finanzieren. Manche Versicherer zahlen nur eine sogenannte Unfallrente – doch die bringt Ihnen wenig, wenn Sie hohe Einmalinvestitionen finanzieren müssen.

Manche Unfallversicherungen sind – ähnlich wie die kapitalbildende Lebensversicherung – mit einem Sparvertrag verknüpft. Die Erfahrung hat gezeigt, dass es oftmals lohnender ist, nur eine reine Risikoversicherung abzuschließen und den Sparanteil auf eigene Faust in einen rentablen Sparplan zu investieren.

Versicherungspakete für Senioren: nicht immer nützlich

Immer mehr Branchen entdecken die Rentner als kaufkräftige und somit interessante Zielgruppe – so auch die Versicherungsbranche. Zahlreiche Anbieter stellen Versicherungspakete zusammen, die laut Werbeaussage speziell auf die Bedürfnisse älterer Menschen abgestimmt sind. Doch in Wirklichkeit nutzen sie eher dem Geldbeutel des Versicherungsvertreters als dem Kunden.

Zum Teil werden die Pakete um eine abgespeckte Unfallversicherung herumgestrickt, die im Ernstfall nur eine monatliche Rente leistet und somit wenig finanziellen Schutz bietet. Dazu kommen ein paar Dienstleistungen, die die Versicherung wenig kosten und dem Kunden ebenso wenig Nutzen bringen. Zwei Beispiele:

→ Einmal pro Woche wird die Wäsche gewaschen und es wird täglich gekocht – aber nur maximal sechs Monate lang.
→ Bei einem Unfall wird die Unterbringung des Haustiers organisiert – aber für den Transport und die laufenden Kosten der Versicherung muss weiterhin der Kunde aufkommen.

→ TIPP

Wenn Sie mit einer vergleichsweise teuren „Seniorenversicherung" liebäugeln, sollten Sie darauf achten, dass als Mindestumfang die Kostenübernahme für die Hilfeleistungen und nicht lediglich die Vermittlung von solchen Leistungen gegeben ist und die Leistungsdauer mindestens sechs Monate beträgt. Die Versicherung sollte auch bei einem Oberschenkelhalsbruch zahlen, der allein durch Knochenermüdung verursacht wurde. Manche Anbieter schließen auch Schlaganfälle in den Leistungsumfang ein.

Sterbegeldversicherung: lieber selbst vorsorgen

Die Sorge vieler Senioren, dass im Todesfall die Angehörigen nicht mit hohen Beerdigungskosten belastet werden, ist Wasser auf die Vertriebsmühlen der Versicherungen. Bei der oft beworbenen Sterbegeldversicherung handelt es sich um nichts anderes als eine ganz normale Lebensversicherung. Im Todesfall wird eine feste Summe ausgezahlt.

Allerdings sind die Versicherungen zumeist sehr unrentabel, auch wenn sie oft als „günstige Gruppentarife" angepriesen werden, zum Beispiel von Gewerkschaften oder anderen. Die sinnvollere Vorsorgeform ist ebenso einfach wie effektiv: Auch wenn der Gedanke daran nicht leichtfällt, sollten Sie einen gewissen Teil Ihres Vermögens dafür vorsehen, dass Ihre Angehörigen im Fall Ihres Ablebens finanziell entlastet sind. Nur wenn sowohl bei Ihnen als auch bei Ihren Angehörigen so wenig Geld vorhanden ist, dass die Finanzierung einer würdigen Trauerfeier nicht gewährleistet ist, kann – sofern sie in diesem Fall noch finanzierbar ist – der Abschluss einer Sterbegeldversicherung sinnvoll sein.

CHECKLISTE

Versicherungen beim Renteneintritt

Private Haftpflichtversicherung

- ☐ Ist eine private Haftpflichtversicherung vorhanden?
- ☐ Kann durch den Wechsel in einen Seniorentarif oder zu einem günstigeren Anbieter die Prämie reduziert werden?

Wohngebäudeversicherung

- ☐ Sind bei der Wohngebäudeversicherung die benötigten Leistungen enthalten?
- ☐ Kann durch einen Anbieterwechsel die Prämie gesenkt werden?

Hausratversicherung

- ☐ Ist eine Versicherung vorhanden beziehungsweise ist aufgrund der im Haushalt vorhandenen Werte ein Neuabschluss ratsam?
- ☐ Ist eine Unterversicherung ausgeschlossen, beispielsweise durch eine Wertpauschale pro Quadratmeter?
- ☐ Sollten beispielsweise für die Versicherung von E-Bikes oder teurem Schmuck Zusatzbausteine abgeschlossen werden?

Auslandsreisekrankenversicherung

- ☐ Bei privater Krankenvollversicherung: Enthält die Police eine Auslandsreisekrankenversicherung?
- ☐ Deckt eine vorhandene Versicherung die geplanten Auslandsreisen ab oder sollte aufgrund der Reisedauer eine zusätzliche Police abgeschlossen werden?

Private Unfallversicherung

- ☐ Bei vorhandener Versicherung: Bis zu welchem Alter läuft die Versicherung?
- ☐ Besteht noch die Möglichkeit, zu günstigen Konditionen eine Unfallversicherung abzuschließen?

Anhang

Kurz und kompakt: Hier finden Sie die wichtigsten Begriffe mit ausführlichen Erklärungen in dem Glossar, ein Stichwortverzeichnis, das Ihnen den Weg zu den richtigen Seiten weist, und die Adressen der Verbraucherzentralen in Deutschland.

Glossar

→

A

Abgeltungsteuer

Die Einkommensteuer, die auf private Kapitalerträge wie Zinsen oder Dividenden direkt von der auszahlenden Bank einbehalten und ans Finanzamt abgeführt wird. Sie beträgt – unabhängig von der Höhe des Gesamteinkommens – pauschal 25 Prozent der abgeltungsteuerpflichtigen Erträge plus Solidaritätszuschlag und eventuell Kirchensteuer.

Abzugsverbot

Verbot, Aufwendungen steuerlich geltend zu machen. Beispielsweise gilt ein generelles Abzugsverbot für Aufwendungen, die anfallen, um steuerfreie Erträge zu erzielen.

Aktueller Rentenwert

Der aktuelle Rentenwert ist Teil der Rentenformel. Er entspricht der monatlichen Rente eines Versicherten, der für ein Jahr Beiträge nach einem Verdienst in Höhe des Durchschnittsentgelts gezahlt hat. Bis zur geplanten Vereinheitlichung im Jahr 2024 gibt es für die alten und neuen Bundesländer unterschiedliche aktuelle Rentenwerte. Derzeit beträgt der aktuelle Rentenwert für die alten Bundesländer 32,03 Euro, der aktuelle Rentenwert (Ost) für die neuen Bundesländer 30,69 Euro.

Alterseinkünftegesetz

Das Gesetz, mit dem die Besteuerung von Alterseinkünften grundlegend reformiert wurde. Durch das Alterseinkünftegesetz wurden mit Wirkung ab 2005 weite Teile des Einkommensteuergesetzes geändert und der Übergang auf eine nachgelagerte Besteuerung von Renten und anderen Alterseinkünften eingeleitet. Der Übergang von der vorgelagerten auf die nachgelagerte Besteuerung erfolgt sukzessive bis zum Jahr 2040.

Altersentlastungsbetrag

Vergünstigung, die ab Vollendung des 64. Lebensjahres unter anderem für Arbeitslöhne, für Einkünfte aus selbstständiger Arbeit, aus Vermietung und Verpachtung und für Kapitalerträge gewährt wird. Der Altersentlastungsbetrag wird durch das Alterseinkünftegesetz von zurzeit (2019) maximal 836 Euro sukzessive bis auf 0 Euro (2040) abgesenkt.

Altersrente

Unter Altersrenten sind alle Versichertenrenten zu verstehen, die im Zusammenhang mit Altersgrenzen möglich sind. Altersrenten sind frühestens ab Vollendung des 60. Lebensjahrs möglich. Es gibt folgende Altersrenten:

- → Regelaltersrente
- → Altersrente für langjährig Versicherte
- → Altersrente für besonders langjährig Versicherte
- → Altersrente für schwerbehinderte Menschen

Altersteilzeitarbeit

Wenn im Zusammenhang mit rentenrechtlichen Regelungen von Altersteilzeitarbeit gesprochen wird, muss es sich um Altersteilzeitarbeit im Sinn des Altersteilzeitgesetzes handeln. Das Gesetz zur Förderung eines gleitenden Übergangs in den Ruhestand – Altersteilzeitgesetz – trat am 1. August 1996 in Kraft. Es soll unter bestimmten Voraussetzungen einen sozial verträglichen Übergang vom Erwerbsleben in den Ruhestand ermöglichen. Die Altersteilzeit ist für Arbeitnehmer ab dem 55. Lebensjahr gedacht. Es gibt zwei Möglichkeiten: die Halbierung der wöchentlichen Arbeitszeit und das Blockmodell. Beim Blockmodell arbeitet der Arbeitnehmer in der ersten Hälfte der Altersteilzeit zeitlich unverändert weiter (aktive Phase), um in der zweiten Hälfte von der Arbeit freigestellt zu werden (passive Phase). Im Anschluss an die passive Phase sollte die Zahlung einer Altersrente möglich sein.

Anpassungsgeld

Anpassungsgeld ist eine Leistung für knappschaftlich Versicherte, die für aus dem Bergbau ausgeschiedene Bergleute vor der Rente gezahlt wird.

Anrechnungszeiten

Anrechnungszeiten gehören zu den beitragsfreien Zeiten. Es sind solche ohne Beitragszahlung, die trotzdem für die Höhe der Rente von Bedeutung sind. Dazu gehören unter anderem Zeiten der Schul-, Fachschul- und Hochschulausbildung nach dem 17. Lebensjahr, Zeiten der Arbeitsunfähigkeit und der Arbeitslosigkeit, für die keine Beiträge gezahlt worden sind, Mutterschutzfristen und Zeiten des Bezugs einer Rente, in der eine Zurechnungszeit enthalten ist.

Ausweis für Rentnerinnen und Rentner

Der Rentnerausweis ist ein Beleg darüber, dass eine Rente gezahlt wird. Er ist als Anlage im Rentenbescheid und in der Rentenanpassungsmitteilung enthalten.

Außergewöhnliche Belastungen

Die wichtigsten Fälle von außergewöhnlichen Belastungen sind Krankheitskosten, Aufwendungen, die aufgrund einer Behinderung entstehen, und bestimmte Unterhaltskosten. Außergewöhnliche Belastungen werden – soweit sie die für den Steuerpflichtigen zumutbare Belastung überschreiten – vom Gesamtbetrag der Einkünfte abgezogen. Menschen mit Behinderung können alternativ Pauschbeträge geltend machen, die vom Grad der Behinderung abhängig sind.

B

Basis-Krankenversicherungsaufwendungen

Beiträge zur gesetzlichen Krankenversicherung und der Teil der Beiträge zur privaten Krankenversicherung, der einen der gesetzlichen Krankenversicherung gleichwertigen Versicherungsschutz abdeckt. Basis-Krankenversicherungsbeiträge und Beiträge zur Pflegepflichtversicherung sind stets in voller Höhe als Sonderausgaben abziehbar.

Beitragsfreie Zeiten

Beitragsfreie Zeiten sind rentenrechtlich von Bedeutung, obwohl dafür keine Beiträge gezahlt wurden. Es sind Anrechnungs-, Zurechnungs- und Ersatzzeiten.

Beitragsgeminderte Zeiten

Zeiten, in denen in einem Kalendermonat eine Beitragszeit mit einer Anrechnungs-, Zurechnungs- oder Ersatzzeit zusammentrifft.

Beitragszeiten

Zeiten, für die Pflicht- oder freiwillige Beiträge gezahlt wurden oder für die Beiträge als gezahlt gelten.

Berücksichtigungszeit wegen Kindererziehung

Die Berücksichtigungszeit hat anwartschaftserhaltende und anspruchsbegründende sowie im Zusammenhang mit der Gesamtleistungsbewertung indirekt eine rentenerhöhende Funktion. Sie zählt vom Tag der Geburt eines Kindes an für höchstens zehn Jahre. Bei Selbstständigen sind Besonderheiten zu beachten.

Berücksichtigungszeit wegen Pflege

Die Zeit der nicht berufsmäßigen Pflege eines Pflegebedürftigen zwischen Januar 1992 und längstens März 1995 wirkt sich wie die Berücksichtigungszeit wegen Kindererziehung anwartschaftserhaltend, anspruchsbegründend und im Zusammenhang mit der Gesamtleistungsbewertung indirekt auch anspruchserhöhend aus.

Besteuerungsanteil

Der Teil von gesetzlichen Renten- oder Rürup-Renten, der zu versteuern ist. Der Besteuerungsanteil wird im Zuge des Übergangs auf die nachgelagerte Besteuerung jährlich bis 2040 jährlich erhöht. Entscheidend für den individuellen Besteuerungsanteil einer

Rente ist das Kalenderjahr, in dem sie erstmalig gezahlt wurde (bei Folgerenten: das Kalenderjahr, in dem die vorhergehende Rente erstmalig gezahlt wurde).

Betriebsrenten

Betriebsrenten, die vom ehemaligen Arbeitgeber gezahlt werden, werden steuerlich als Einkünfte aus nichtselbstständiger Arbeit erfasst und müssen in der Anlage N eingetragen werden. Sie sind bis auf einen Versorgungsfreibetrag, dessen Höhe sich nach dem Jahr des Versorgungsbeginns richtet, voll zu versteuern.

Bruttorente

Die Rente, die sich vor Abzug der Beiträge zur Kranken- und Pflegeversicherung ergibt.

E

Einkünfte

Die Einkünfte ergeben sich, indem von steuerpflichtigen Einnahmen (bzw. Betriebseinnahmen) die Werbungskosten (bzw. Betriebsausgaben) abgezogen werden.

Entgeltpunkte

Entgeltpunkte sind Teil der Rentenberechnung. Für die Berechnung der Entgeltpunkte wird das individuelle versicherte Entgelt ins Verhältnis zum Durchschnittsverdienst aller Versicherten gesetzt. Hat der Versicherte ein Einkommen in Höhe des Durchschnittseinkommens aller Versicherten erzielt, resultiert daraus ein Entgeltpunkt. Derzeit (Stand Januar 2019) entspricht ein Entgeltpunkt einer monatlichen Rente von 32,03 Euro in den alten bzw. 30,69 Euro in den neuen Bundesländern.

Ertragsanteil

Der Anteil an den regelmäßigen Auszahlungen einer privaten, nicht steuerlich oder durch Zulagen begünstigten Rente, der als Einkommen versteuert werden muss. Da bei diesen Renten in der Beitragszeit keine Vergünstigungen in Anspruch genommen werden konnten, werden sie nicht auf die nachgelagerte Besteuerung umgestellt und ihre Ertragsanteile sind entsprechend niedrig. Der Ertragsanteil wird anhand einer Tabelle des Gesetzgebers ja nach Alter des Policeninhabers zum Zeitpunkt der ersten Auszahlungsrate festgelegt und bleibt über den gesamten Auszahlungszeitraum gleich. Je älter der Versicherungsnehmer zu Beginn der Auszahlung, desto niedriger ist der Ertragsanteil.

Erwerbsminderungsrente

Es wird zwischen teilweiser und voller Erwerbsminderung differenziert. Teilweise erwerbsgemindert ist, wer aus gesundheitlichen Gründen nur mindestens drei, aber weniger als sechs Stunden täglich auf dem allgemeinen Arbeitsmarkt arbeiten kann. Bei voller Erwerbsminderung sind es weniger als drei Stunden täglich.

Erziehungsrente

Diese Rente erhalten geschiedene Ehegatten, wenn die Ehe nach dem 30. Juni 1977 geschieden wurde und der frühere Ehepartner verstorben ist. Voraussetzung: Sie erziehen ein eigenes Kind oder das des geschiedenen Ehegatten. In den neuen Ländern wird die Erziehungsrente bei Vorliegen der Voraussetzungen auch bei Scheidungen vor dem 1. Juli 1977 gewährt.

F

Flexirente

Der Begriff Flexirente bezeichnet die Möglichkeit, Rentenbezug und Einkommen zu verbinden. Es handelt sich dabei nicht um eine eigene Rentenart.

Folgerente

Eine Rente, die auf eine bereits vorher gewährte Rente folgt, beispielsweise eine Witwen-/Witwerrente, die auf die Rente des verstorbenen Ehegatten folgt. Für die Folgerente gilt derselbe Besteuerungsanteil wie für die vorhergehende Rente.

Freibetrag

Teil der Einkommensanrechnung bei Hinterbliebenen- und Erziehungsrenten. Ein Einkommen in Höhe des Freibetrags hat keine Auswirkung auf die Höhe der Rente. Ein darüber hinausgehendes Einkommen wird zu 40 Prozent auf die Rente wegen Todes angerechnet.

Freistellungsvolumen

Maximalbetrag, bis zu dem bei Banken Freistellungsaufträge eingereicht werden können. Die Summe der eingereichten Freistellungsaufträge darf den Sparerpauschbetrag in Höhe von 801 Euro pro Person nicht übersteigen. Auf die freigestellten Kapitalerträge wird keine Abgeltungsteuer einbehalten, sondern sie werden zu 100 Prozent an den Sparer ausgezahlt.

Fremdrentengesetz (FRG)

Das FRG dient in der Hauptsache der Eingliederung von Aussiedlern und Spätaussiedlern in die gesetzliche Rentenversicherung der Bundesrepublik.

Fünftelungsregelung

Kompliziertes Verfahren, mit dem für Einkünfte, die in mehreren Jahren erwirtschaftet wurden, die aber in einem Jahr „zusammengeballt" versteuert werden müssen, der Steuersatz ermäßigt wird, indem die Einkünfte rechnerisch sozusagen auf fünf Jahre verteilt werden. Die Fünftelungsregelung kommt beispielsweise zur Anwendung, wenn in einem Jahr eine Rentennachzahlung für mehrere vorhergehende Jahre vereinnahmt wird.

G

Gesamtleistungsbewertung

Durch die Gesamtleistungsbewertung wird die Bewertung der beitragsfreien Zeiten geregelt.

Geringfügige Beschäftigung

Das Entgelt, das im Rahmen eines geringfügigen Beschäftigungsverhältnisses (sog. „Minijob") gezahlt wird, wird beim Empfänger steuerlich nicht erfasst und ist daher nicht in dessen Einkommensteuererklärung einzutragen. Der Grund hierfür ist, dass die vom Arbeitgeber abgeführten pauschalen Abgaben Abgeltungswirkung haben.

Grundsicherung

Die Grundsicherung ist als Existenzsicherung bei voller Erwerbsminderung und im Alter gedacht. Erreicht die eigene Rente nicht eine bestimmte Höhe, dann fügen die Rentenversicherungsträger dem Rentenbescheid einen Antrag auf Grundsicherung bei.

H

Hinzuverdienstgrenzen

Das sind die Grenzen, die den unschädlichen Hinzuverdienst bei Renten angeben. Ein Überschreiten der Hinzuverdienstgrenzen führt, abhängig von der Höhe, zu einer teilweisen Minderung der Rente beziehungsweise zu deren Wegfall.

K

Krankenversicherung der Rentner

Rentner, die in einer gesetzlichen Krankenkasse oder in einer Ersatzkasse versichert sind und bestimmte anwartschaftsrechtliche Voraussetzungen erfüllen, werden mit dem Rentenbezug in der Krankenversicherung der Rentner versicherungspflichtig. Der Beitragssatz bei einem Pflichtversicherten bestimmt sich nach dem allgemeinen Beitragssatz der gesetzlichen Krankenkasse oder Ersatzkrankenkasse, in der er versichert ist. Mit Stand Januar 2019 sind es 14,6 Prozent der Rente, der Anteil des Rentenversicherungsträgers beträgt 7,3 Prozent. Der Rentner zahlt ebenfalls einen Anteil von 7,3 Prozent. Hinzu kommt die Hälfte des Zusatzbeitrags, der von Krankenkasse zu Krankenkasse unterschiedlich ist. Den Beitrag zur Pflegeversicherung zahlt der Rentner allein. Er beträgt derzeit (Stand Januar 2019) 3,05 Prozent der Rente (Rentner mit Elterneigenschaft). Bei Rentnern ohne Elterneigenschaft beträgt der Beitragssatz 3,3 Prozent. Der Beitrag des pflichtversicherten Rentners wird automatisch vom Rentenversicherungsträger einbehalten. Ist jemand privat versichert oder freiwillig bei einer gesetzlichen Krankenkasse oder Ersatzkasse, so zahlt ihm der Rentenversicherungsträger auf Antrag einen Beitragszuschuss in Höhe von derzeit 7,75 Prozent, höchstens die Hälfte des Beitrags zur privaten Krankenversicherung.

L

Leibrenten

Renten, die bis zum Lebensende der berechtigten Person gezahlt werden. Zeitrenten bzw. abgekürzte Leiberenten werden dagegen nur für eine im Vorhinein festgelegte Maximaldauer gezahlt.

N

Nachgelagerte Besteuerung

Bei der nachgelagerten Besteuerung von Alterseinkünften werden die in der Ansparphase gezahlten Beiträge steuerlich entlastet; die später bezogene Rente/Pension ist folgerichtig in voller Höhe steuerpflichtig. Durch das Alterseinkünftegesetz werden gesetzliche Renten und sogenannte Rürup-Renten sukzessive auf die nachgelagerte Besteuerung umgestellt. Für sogenannte Riester-Renten gilt sie bereits von Anfang an.

Nettorente

Rente nach Abzug der Beiträge zur Kranken- und Pflegeversicherung.

Nichtveranlagungsbescheinigung

Bescheinigung, dass die betreffende Person (bzw. die Ehegatten) nicht verpflichtet ist/sind, sich zur Einkommensteuer veranlagen zu lassen. Es besteht dann keine Pflicht zur Abgabe einer Einkommensteuererklärung. Die Nichtveranlagungsbescheinigung (NV-Bescheinigung) gilt für jeweils drei Jahre. Die Banken, denen eine NV-Bescheinigung vorgelegt wird, behalten für die betreffende Person (bzw. die Ehegatten) keine Abgeltungsteuer ein.

P

Persönliche Entgeltpunkte (PEP)

Die persönlichen Entgeltpunkte sind Teil der Rentenformel. Sie errechnen sich aus der Summe aller Entgeltpunkte bzw. Entgeltpunkte (Ost) und dem Zugangsfaktor.

Pflegeversicherung der Rentner

Zusammen mit dem Beitrag zur Krankenversicherung der Rentner wird auch der Beitrag zur Pflegeversicherung einbehalten. Einen Zuschuss zur Pflegeversicherung gibt es vom Rentenversicherungsträger nicht.

Private Renten

Auch private, nicht steuerlich geförderte Renten sind zu versteuern, allerdings nur in

Höhe von relativ niedrigen Ertragsanteilen (meistens unter 20 Prozent der ausgezahlten Rente).

R

Regelaltersgrenze

Mit Erreichen der Regelaltersgrenze können Sie die Regelaltersrente in Anspruch nehmen, wenn Sie über die Mindestversicherungszeit von 60 Beitragsmonaten (Wartezeit) verfügen. Für Geburtsjahrgänge 1946 und früher lag die Regelaltersgrenze beim 65. Geburtstag. Für Geburtsjahrgänge 1947 bis 1963 wird die Regelaltersgrenze schrittweise auf das 67. Lebensjahr angehoben. Neben der Regelaltersrente kann unbegrenzt hinzuverdient werden.

Rentenanwartschaft

Die Rentenanwartschaft ist der erworbene Rentenanspruch zu einem bestimmten Zeitpunkt aufgrund der bis dahin erworbenen rentenrechtlichen Zeiten, ohne dass eine Rente gezahlt wird.

Rentenartfaktor

Der Rentenartfaktor (RAF) ist Teil der Rentenformel und regelt das Sicherungsziel der jeweiligen Rentenart. So haben zum Beispiel die Altersrenten und die Renten wegen voller Erwerbsminderung mit Lohnersatzfunktion den Rentenartfaktor 1,0. Die Rente wegen teilweiser Erwerbsminderung hat eine Lohnzuschussfunktion und den Rentenartfaktor 0,5.

Rentenbezugsmitteilung

Gesetzliche Rentenversicherungsträger, private Versicherungsunternehmen und alle anderen Stellen, die Renten auszahlen, sind verpflichtet, einer „Zentralen Stelle" die Höhe der ausgezahlten Renten und Angaben über deren Empfänger in digitaler Form mitzuteilen. Die „Zentrale Stelle" übermittelt diese Rentenbezugsmitteilungen an die jeweils zuständigen Finanzämter, wodurch die lückenlose steuerliche Erfassung von Renten gewährleistet ist.

Rentenformel

Die Rentenformel besteht aus vier Faktoren: Entgeltpunkte beziehungsweise Entgeltpunkte (Ost) × Zugangsfaktor × Rentenartfaktor x aktueller Rentenwert (beziehungsweise aktueller Rentenwert Ost).

Rentenfreibetrag

Für gesetzliche Renten und sogenannte Rürup-Renten wird vom Finanzamt im zweiten Jahr des Rentenbezugs ein Rentenfreibetrag ermittelt und festgesetzt. In dieser Höhe ist die betreffende Rente für den Rest des Lebens von der Einkommensteuer befreit.

Rentensplitting

Das Rentensplitting ist dem Versorgungsausgleich nachempfunden. Die Ehepartner/Lebenspartner einer eingetragenen Lebenspartnerschaft können unter bestimmten Umständen die während der Ehezeit/Partnerschaftszeit erworbenen Rentenansprüche so gegen einander ausgleichen, dass beide über den gleichen Rentenanspruch verfügen.

Rentnerquotient

Der Rentnerquotient ist Teil der Rentenanpassungsformel. Er zeigt das Verhältnis der Zahl der Rentner zur Zahl der Beitragszahler. Nimmt die Zahl der Beitragszahler in Relation zur Zahl der Rentner ab, führt das zu einer geringeren Rentenanpassung. Erfolgt die Entwicklung umgekehrt, führt das grundsätzlich zur Erhöhung der Renten.

RV-Altersgrenzenanpassungsgesetz

Mit dem RV-Altersgrenzenanpassungsgesetz vom 20. April 2007 wurde die gesetzliche Grundlage für die Anpassung der Regelaltersgrenze auf das 67. Lebensjahr geschaffen. Die Anhebung dient der Anpassung an die demografische Entwicklung und der Stärkung der Finanzierungsgrundlagen der gesetzlichen Rentenversicherung. Das Gesetz trat am 1. Januar 2008 in Kraft.

S

Sonderausgaben

Sonderausgaben werden bei der Ermittlung des Einkommens zugunsten der betreffenden Person von den Einkünften abgezogen. Besonders wichtig – da stets in voller Höhe abziehbar – sind die Basis-Krankenversicherungsbeiträge und die Beiträge zur Pflegepflichtversicherung sowie die gezahlte Kirchensteuer. Der Höhe nach begrenzt abziehbar sind bestimmte Spenden und bestimmte andere Versicherungsbeiträge.

Sparerpauschbetrag

Für Erträge aus Zinsen, Dividenden und Wertpapiergewinnen können Anleger den jährlichen Sparerpauschbetrag in Anspruch nehmen. Die Höhe des Pauschbetrags liegt bei 801 Euro für Ledige bzw. 1.602 Euro für Verheiratete. Darüber hinausgehende Kapitalerträge unterliegen der Abgeltungsteuer. Mit dem Sparerpauschbetrag werden die Werbungskosten bei den Einkünften aus Kapitalvermögen in Höhe von 801 Euro je Person und Jahr pauschaliert. Das heißt, dieser Betrag wird bei der Ermittlung der Einkünfte stets abgezogen, egal wie hoch die tatsächlichen Werbungskosten sind.

Sterbevierteljahr

Als Sterbevierteljahr wird im Rentenrecht die Zeit vom Tod des Versicherten bis zum Ende des dritten Kalendermonats bezeichnet. Die Witwen-/Witwerrenten werden in dieser Zeit wie eine Altersrente mit dem Rentenartfaktor 1,0 berechnet. Während dieser Zeit erfolgt auch keine Einkommensanrechnung Die Regelungen gelten auch für Lebenspartner einer eingetragenen Lebenspartnerschaft.

Steuerermäßigung

Steuerermäßigungen (beispielsweise für haushaltsnahe Beschäftigungsverhältnisse/ Dienstleistungen oder Handwerkerleistungen) werden nicht bei der Ermittlung des Einkommens, sondern von der Steuerschuld abgezogen. Es wird sozusagen ein Teil der festzusetzenden Steuer – unabhängig vom individuellen Steuersatz – zurückgezahlt. Von Steuerermäßigungen profitieren daher besonders Menschen mit niedrigerem bis mittlerem Einkommen.

U

Umlageverfahren

Finanzierungsverfahren für die gesetzliche Rentenversicherung. Aus den aktuellen Beitragszahlungen, dem Bundeszuschuss und den sonstigen Einnahmen werden die aktuellen Ausgaben der Rentenversicherung wie zum Beispiel die Renten und die Rehabilitationsleistungen gezahlt.

V

Versorgungsausgleich

Beim Versorgungsausgleich werden im Zusammenhang mit einer Scheidung alle von den Ehepartnern während der Ehezeit erworbenen Versorgungs- und Rentenansprüche ausgeglichen, sodass beide Ehepartner über die gleichen Ansprüche verfügen. Die Regelungen gelten auch für Lebenspartner einer eingetragenen Lebenspartnerschaft.

Versorgungsfreibetrag

Der Freibetrag, der für vom früheren Arbeitgeber gezahlte Betriebsrenten und für Beamtenpensionen (= sogenannter Versorgungsbezüge) gewährt wird. Er wird durch das Alterseinkünftegesetz von zurzeit (2019; inkl. Zuschlag) maximal 1.716 Euro sukzessive auf 0 Euro (2040) abgesenkt.

Vollrente

Als Vollrente wird die volle Altersrente im Gegensatz zur Teilrente bezeichnet. Entsprechendes gilt auch für Erwerbsminderungsrenten. Zur Teilrentenzahlung kommt es immer dann, wenn die Rente aufgrund von Hinzuverdienst in verminderter Höhe gezahlt wird.

Vorgelagerte Besteuerung

Bei der vorgelagerten Besteuerung von Alterseinkünften müssen die Beiträge in der

Ansparphase aus voll versteuertem Einkommen geleistet werden. Die später bezogenen Renten sind folgerichtig weitgehend steuerbefreit; nur ein relativ geringer Ertragsanteil – dieser steht für die Verzinsung des angesparten Kapitals – muss versteuert werden. Die vorgelagerte Besteuerung gilt nur noch für private, ungeförderte Kapitallebens-/Rentenversicherungen.

W

Waisenrente

Anspruch auf Waisenrente haben die Kinder eines verstorbenen Versicherten bis zum 18. Lebensjahr, wenn dieser die allgemeine Wartezeit von 60 Beitragsmonaten erfüllt hat. Solange die Waise sich in Ausbildung befindet, wird die Waisenrente über das 18. Lebensjahr hinaus bis zum 27. Lebensjahr gezahlt. Wurde die Ausbildung durch Wehrpflicht oder Zivildienst unterbrochen, wird die Waisenrente die weitere Dauer der Ausbildung im Umfang des geleisteten Dienstes über das 27. Lebensjahr hinaus gezahlt. Während des Bundesfreiwilligendienstes wird die Waisenrente für höchstens 18 Monate, in besonderen Fällen bis zu 24 Monaten gezahlt. Zu den Kindern gehören auch Stiefkinder, Pflegekinder, die in den Haushalt des Verstorbenen aufgenommen waren sowie Enkel und Geschwister, die im Haushalt des Verstorbenen lebten und von ihm überwiegend unterhalten wurden (das gilt nur für Enkel und Geschwister!). Die Waisenrente wird als Halbwaisenrente beim Tod eines Elternteils beziehungsweise als Vollwaisenrente beim Tod beider Elternteile gewährt. Hinzuverdienstgrenzen sind nicht zu beachten. Zwischen zwei Ausbildungsabschnitten wird die Waisenrente für maximal vier Monate, zum Beispiel zwischen Ende der Schulausbildung und Beginn des Studiums gezahlt.

Wartezeit

Um einen Rentenanspruch zu haben muss, neben weiteren Voraussetzungen, eine bestimmte Wartezeit erfüllt werden. Das heißt, es muss eine Mindestversicherungszeit vorliegen, deren Höhe und Zusammensetzung von der Rentenart abhängig ist. Für die Regelaltersrente sind zum Beispiel 60 Beitragsmonate erforderlich. Für die Altersrente für langjährig Versicherte sind es 35 Jahre an rentenrechtlichen Zeiten. Neben Beitragszeiten werden dabei auch beitragsfreie Zeiten und Berücksichtigungszeiten berücksichtigt.

Werbungskosten

Werbungskosten können zu Gunsten des Steuerpflichtigen bei der Ermittlung von sogenannten Überschusseinkünften (= Einkünfte der Arbeitnehmer, Miet- und ähnliche Erträge, Sonstige Einkünfte) abgezogen werden.

Witwen- und Witwerrente

Anspruch auf Witwen-/Witwerrente hat der überlebende Ehepartner, wenn der verstorbene Ehegatte die allgemeine Wartezeit erfüllt hat oder diese als erfüllt gilt. Bei Tod des Ehegatten nach dem 31. Dezember 1985 werden bestimmte Einkommen, zum Beispiel aus Erwerbstätigkeit, angerechnet, soweit der Freibetrag überschritten wird. Der überlebende Ehegatte erhält eine „kleine" Witwen-/Witwerrente, es sei denn, er

- → hat ein bestimmtes Lebensalter erreicht oder
- → ist erwerbsgemindert oder
- → erzieht ein eigenes Kind oder das des verstorbenen Versicherten, welches das 18. Lebensjahr noch nicht vollendet hat.

Es sind Hinzuverdienstgrenzen zu beachten. Die Regelungen gelten auch für Lebenspartner einer eingetragenen Lebenspartnerschaft.

Z

Zeitrenten

Renten wegen Erwerbsminderung werden grundsätzlich als Zeitrenten gezahlt, wenn begründete Aussicht besteht, dass die Erwerbsminderung in absehbarer Zeit zu beheben ist. Eine Zeitrente beginnt frühestens sieben Monate nach Eintritt der Erwerbsminderung. Eine Dauerrente ist nur möglich, wenn unwahrscheinlich ist, dass die Erwerbsminderung behoben werden kann.

Zugangsfaktor

Der Zugangsfaktor ist im Zusammenhang mit den persönlichen Entgeltpunkten Bestandteil der Rentenformel. Er bestimmt sich am Alter bei Rentenbeginn. Wird eine Rente vorzeitig in Anspruch genommen, erfolgt eine Minderung (Malus) von 0,3 Prozent pro Monat der vorzeitigen Inanspruchnahme. Bei der Regelaltersrente ist der Zugangsfaktor 1,0. Wird eine Altersrente erst nach Vollendung der Regelaltersgrenze in Anspruch genommen, obwohl die Voraussetzungen für einen Anspruch vorgelegen haben, gibt es einen Bonus von 0,5 Prozent für jeden Monat der späteren Inanspruchnahme.

Stichwortverzeichnis

→

Adressen

→

VERBRAUCHERZENTRALEN

Verbraucherzentrale Baden-Württemberg e. V.
Paulinenstraße 47
70178 Stuttgart
Telefon: 07 11/ 66 91-10
Fax: 07 11/66 91-50
www.vz-bawue.de

Verbraucherzentrale Bayern e. V.
Mozartstraße 9
80336 München
Telefon: 0 89/5 52 79 4-0
Fax: 0 89/53 75 53
www.vz-bayern.de

Verbraucherzentrale Berlin e. V.
Hardenbergplatz 2
10623 Berlin
Telefon: 0 30/2 14 85-0
Fax: 0 30/2 11 72 01
www.verbraucherzentrale-berlin.de

Verbraucherzentrale Brandenburg e. V.
Babelsberger Straße 12
14473 Potsdam
Telefon: 03 31/2 98 71-0
Fax: 03 31/2 98 71-77
www.vzb.de

Verbraucherzentrale Bremen e. V.
Altenweg 4
28195 Bremen
Telefon: 04 21/1 60 77-7
Fax: 04 21/1 60 77 80
www.verbraucherzentrale-bremen.de

Verbraucherzentrale Hamburg e. V.
Kirchenallee 22
20099 Hamburg
Telefon: 0 40/2 48 32-0
Fax: 0 40/2 48 32-290
www.vzhh.de

Verbraucherzentrale Hessen e. V.
Große Friedberger Straße 13–17
60313 Frankfurt/Main
Telefon: 0 69/97 20 10-900
Fax: 0 69/97 20 10-40
www.verbraucher.de

Verbraucherzentrale Mecklenburg-Vorpommern e. V.
Strandstraße 98
18055 Rostock
Telefon: 03 81/2 08 70-50
Fax: 03 81/2 08 70-30
www.verbraucherzentrale-mv.eu

Verbraucherzentrale Niedersachsen e. V.
Herrenstraße 14
30159 Hannover
Telefon: 05 11/9 11 96-0
Fax: 05 11/9 11 96-10
www.vz-niedersachsen.de

Verbraucherzentrale Nordrhein-Westfalen e. V.
Mintropstraße 27
40215 Düsseldorf
Telefon: 02 11/38 09-0
Fax: 02 11/38 09-216
www.verbraucherzentrale.nrw

Verbraucherzentrale Rheinland-Pfalz e. V.
Seppel-Glückert-Passage 10
55116 Mainz
Telefon: 0 61 31/28 48-0
Fax: 0 61 31/28 48-66
www.vz-rlp.de

Verbraucherzentrale des Saarlandes e. V.
Trierer Straße 22
66111 Saarbrücken
Telefon: 06 81/5 00 89-0
Fax: 06 81/5 00 89-22
www.vz-saar.de

Verbraucherzentrale Sachsen e. V.
Katharinenstraße 17
04109 Leipzig
Telefon: 03 41/69 62 90
Fax: 03 41/6 89 28 26
www.vzs.de

Verbraucherzentrale Sachsen-Anhalt e. V.
Steinbockgasse 1
06108 Halle
Telefon: 03 45/2 98 03-29
Fax: 03 45/2 98 03-26
www.vzsa.de

Verbraucherzentrale Schleswig-Holstein e. V.
Hopfenstr. 29
24103 Kiel
Telefon: 04 31/5 90 99-0
Fax: 04 31/5 90 99-77
www.vzsh.de

Verbraucherzentrale Thüringen e. V.
Eugen-Richter-Straße 45
99085 Erfurt
Telefon: 03 61/5 55 14-0
Fax: 03 61/5 55 14-40
www.vzth.de

Verbraucherzentrale Bundesverband e. V.
Rudi-Dutschke-Straße 17
10969 Berlin
Telefon: 0 30/2 58 00-0
Fax: 0 30/2 58 00-518
www.vzbv.de

Bildnachweis

Fotolia
Seite 4 und 10: bilderstoeckchen
Seite 4/5 und 64: PeJo
Seite 5 und 128: WavebreakMediaMicro
Seite 15: Stockfotos-MG
Seite 50: Stockfotos-MG
Seite 53: Syda Productions
Seite 61: Robert Kneschke
Seite 62: Stockfotos-MG
Seite 123: Robert Kneschke
Seite 124: Belkin & Co
Seite 174: forkART Photography
Seite 178: rock_the_stock

Umschlagfoto
istockphoto – RBOZUK

Expertenfotos
David Riechmann: Verbraucherzentrale NRW
Bernd Urban: privat
Irmhild Venschott: Deutsche Rentenversicherung Westfalen

Im Interesse der Lesbarkeit verzichten wir darauf, in jedem Fall explizit die weibliche und die männliche Form einer Bezeichnung zu verwenden, und benutzen nur das sogenannte generische Maskulinum, das heißt den verallgemeinernden, grammatikalisch männlichen Begriff. Er umfasst, ohne jegliche Diskriminierung, beide Geschlechter.

2. Auflage, Februar 2019

ISBN 978-3-86336-120-4

Printed in Germany

Impressum

Herausgeber
Verbraucherzentrale
Nordrhein-Westfalen e. V.
Mintropstraße 27, 40215 Düsseldorf
Telefon: 02 11/38 09-555
Telefax: 02 11/38 09-235
E-Mail: ratgeber@verbraucherzentrale.nrw
www.verbraucherzentrale.nrw

Mitherausgeber
Verbraucherzentrale Hamburg e. V.
(Adresse → Seite 196)

Autoren
Joachim Fox, Thomas Hammer,
Gudrun Reichert

Koordination
Wolfgang Starke

Lektorat
Kathrin Nick, Köln

Umschlaggestaltung
Ute Lübbeke, Köln
www.LNT-design.de

Gestaltungskonzept
Lichten Kommunikation und Gestaltung,
Hamburg
www.lichten.com

Layout und Satz
ce redaktionsbüro für digitales publizieren,
heinsberg

Druck
optimal-media GmbH, Röbel/Müritz
www.optimal-media.com

Gedruckt auf 100 Prozent Recyclingpapier

Redaktionsschluss: Januar 2019